J.-C. KERN

DOCTEUR EN DROIT
ANCIEN ENVOYÉ EXTRAORDINAIRE ET MINISTRE PLÉNIPOTENTIAIRE
DE LA CONFÉDÉRATION SUISSE A PARIS

SOUVENIRS POLITIQUES

1833 à 1883

RÉDIGÉS

AVEC LA COLLABORATION DE

CHARLES DUBOIS

FONCTIONNAIRE A LA CHANCELLERIE FÉDÉRALE SUISSE

(TOUS DROITS RÉSERVÉS)

BERNE — 1887 — PARIS

| JENT ET REINERT | A. LEMOIGNE |
| LIBRAIRIE | RUE BONAPARTE, 12 |

DEUXIÈME ÉDITION

REVUE ET CORRIGÉE

J.-C. KERN

DOCTEUR EN DROIT
ANCIEN ENVOYÉ EXTRAORDINAIRE ET MINISTRE PLÉNIPOTENTIAIRE
DE LA CONFÉDÉRATION SUISSE A PARIS

SOUVENIRS POLITIQUES

RÉDIGÉS

AVEC LA COLLABORATION

DE

CHARLES DUBOIS

FONCTIONNAIRE A LA CHANCELLERIE FÉDÉRALE SUISSE

DEUXIÈME ÉDITION
REVUE ET CORRIGÉE

(TOUS DROITS RÉSERVÉS)

BERNE 1887
LIBRAIRIE JENT ET REINERT
PARIS
A. LEMOIGNE, RUE BONAPARTE, 12

TABLE DES MATIÈRES

IV

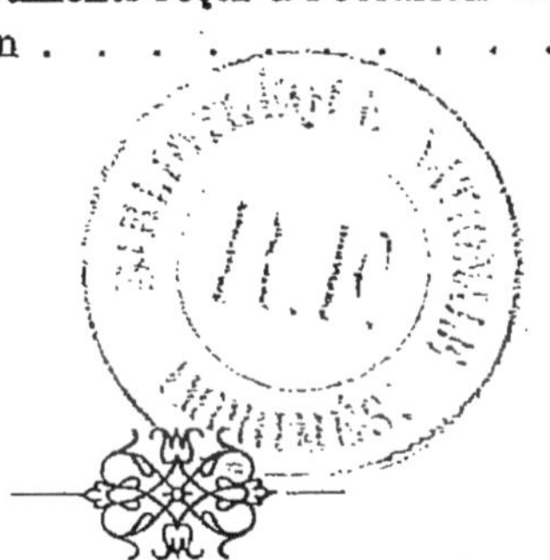

SOUVENIRS POLITIQUES

INTRODUCTION

En écrivant ces lignes, je cède au désir exprimé par de nombreux amis et parents qui, à plusieurs reprises, m'ont demandé de ne pas attendre mes derniers jours pour retracer par écrit les événements les plus importants qui se rattachent au demi-siècle pendant lequel j'ai exercé des fonctions publiques en Suisse et en France.

Depuis le moment de ma retraite, j'ai pu m'occuper de ce travail, et je crois que les détails donnés sur les circonstances relatives aux parties les plus importantes de ma carrière auront, aux yeux des personnes impartiales, l'intérêt qu'elles en attendent.

Je compte donc sur leur bienveillante sympathie, et, si quelque erreur de détail, bien involontaire du reste, s'était glissée dans ces souvenirs, je m'empresserais de faire droit aux rectifications qui pourraient me parvenir.

Je me déclarerai très-heureux si je réussis à procurer aux amis de notre histoire nationale des matériaux qui pourront faire aimer davantage encore, s'il est possible, notre chère patrie et surtout contribuer à son développement, ainsi qu'on est en droit de l'exiger, dans l'intérêt de la vérité historique, de tout homme d'état qui a eu le privilège de participer, pendant de longues années, aux affaires publiques.

J'ai exposé, dans mes *souvenirs politiques,* les parties les plus importantes des événements auxquels j'ai assisté pendant ma longue carrière, tant en Suisse qu'en France, de 1833 à 1883.

Tout ce que je puis regretter, c'est que mon âge avancé et surtout ma santé ébranlée, affaiblie pendant les dernières années de mes fonctions diplomatiques, ne m'aient pas permis d'ajouter, comme je l'aurais vivement désiré, d'autres considérations, d'autres compléments à mon travail; mais le renouvellement *d'insomnies nerveuses*, dont j'avais déjà souffert précédemment pendant deux hivers, a retardé considérablement mes travaux et m'a rendu extrêmement difficiles les recherches ultérieures.

Les médecins — qui sont en même temps mes amis — qui m'ont soigné à Nice, comme ceux qui, plus tard, m'ont traité à Zurich, ont tous déclaré, d'un commun accord, qu'il ne me restait quelque chance de retrouver un sommeil réparateur, et avec lui la santé, qu'en renonçant à des travaux littéraires ou historiques.

En terminant, qu'il me soit permis cependant d'espérer que les communications contenues dans ce travail et qui embrassent une période de cinquante années, offriront quelque intérêt pour l'appréciation des événements politiques qui ont contribué à classer notre chère patrie au même rang que celui occupé par d'autres états.

Que ces témoignages soient donc accueillis avec la sympathie et avec la bienveillance que je réclame en raison de mon âge avancé et de ma santé bien affaiblie depuis trois ans.

Zurich, en février 1887.

Dr J.-C. KERN.

J'ai constaté avec plaisir que ce livre a été lu avec beaucoup d'intérêt et qu'il est devenu nécessaire, après un court laps de temps, d'en publier une seconde édition et une traduction en langue allemande.

J'ai profité de cette occasion pour apporter quelques rectifications et changements à la nouvelle édition.

Zurich, le 9 juillet 1887.

Dᴿ J.-C. KERN.

CHAPITRE Ier

NOTES AUTOBIOGRAPHIQUES

Je suis né le 11 juin 1808 à Berlingen (canton de Thurgovie), où mon enfance s'écoula paisiblement.

Mes premières études classiques remontent aux années 1826 à 1827. A cette époque, j'étudiais la *philologie* (les classiques grecs et latins) chez le pasteur de Diessenhofen, qui, plus tard, fut appelé aux fonctions de recteur de l'école cantonale de Frauenfeld.

M. Benker, tel était le nom de l'éminent pasteur, avait, par sa grande amabilité et son talent, le don tout particulier d'encourager ses élèves dans l'étude souvent aride des auteurs classiques, de sorte que, en peu de temps, je devins grand admirateur des Ovide, Cicéron, Homère, etc.

Après un séjour de deux ans à Diessenhofen, je continuai mes études au gymnase de Zurich, puis plus tard aux universités de Bâle, Heidelberg et Paris.

Ce fut à Heidelberg et sous la présidence du professeur Mittermaier que, le 6 septembre 1830, j'obtins le diplôme de docteur en droit.

De retour en Suisse et ayant atteint l'âge d'éligibilité, mes concitoyens m'envoyèrent siéger au grand conseil du canton de Thurgovie. L'année suivante, en 1833, celui-ci me choisit à son tour pour représenter mon canton à la diète fédérale.

Comme ces fonctions me laissaient naturellement bien des journées de liberté, je pris la résolution de me vouer à l'instruction en général, et, pendant un certain nombre d'années, je fus membre, puis président du conseil de l'instruction publique de mon canton.

Tout le temps de ces nouvelles fonctions officielles, soit pendant deux ans, j'ai pratiqué le barreau.

Plus tard, nommé président du tribunal et de la commission de justice, j'ai travaillé avec le concours de mes collègues, MM. Gräflein et Streng, à la rédaction des lois sur la législation civile et pénale du canton de Thurgovie; mais ce qui eut le don de captiver mon intérêt au plus haut degré, ce furent les affaires fédérales.

Déjà avant la constitution fédérale de 1848, c'est-à-dire sous le régime du pacte de 1815, je faisais, comme je viens de le dire, partie de la diète fédérale comme député du canton de Thurgovie.

C'est en cette qualité que j'ai été appelé à prendre part aux délibérations de cette autorité supérieure les plus importantes de cette époque.

CHAPITRE II

CONFLIT ENTRE LA SUISSE ET LA FRANCE, SURVENU DANS LE COURANT DE L'ANNÉE 1838, AU SUJET DU PRINCE LOUIS-NAPOLÉON BONAPARTE

Dans le courant de l'année 1838, des réclamations si sérieuses furent présentées à la diète de la part du gouvernement français, sous le règne du roi Louis-Philippe, ayant M. Molé comme ministre des affaires étrangères, que non seulement les rapports entre les deux gouvernements devinrent *très-tendus,* mais encore que des hostilités ont été sur le point d'éclater entre les deux pays.

Après les événements de 1814, la reine Hortense (reine de Hollande) avait acheté sous le nom de duchesse de St-Leu, dans le canton de Thurgovie et sur les bords du lac de Constance, le château d'Arenenberg, qu'elle habitait avec son fils le prince Louis-Napoléon Bonaparte qui, sous le nom de Napoléon III, régna plus tard sur les Français.

Le 3 août 1838, la diète fédérale réunie à Lucerne en session extraordinaire, et occupée des affaires de Schwyz, où de graves collisions avaient éclaté, reçut une note de M. le duc de Montebello, alors ambassadeur de France en Suisse.

Par cette note, le duc demandait, au nom de son gouvernement, que le prince Louis-Napoléon *quittât,* sans aucun retard, *le territoire de la Confédération suisse.*

Pour motiver une pareille demande, l'ambassadeur n'était pas en mesure de *constater* des faits positifs à la charge de la Suisse, mais il se bornait à reprocher à notre pays et au canton de Thurgovie en particulier, d'être un « foyer d'intrigues » dirigées contre la France et son gouvernement.

La diète, en recevant cette communication, conserva une attitude digne de mandataires d'états indépendants et ayant la conscience de leur bon droit. Il fut décidé que la délibération serait mise à l'ordre du jour de la séance du 6 août, le conseil devant se garder, surtout en pareille occurrence, d'agir avec précipitation.

Donc, le 6 août, la séance de la diète s'ouvrit en présence d'une foule considérable qui, loin de manifester de l'agitation, se fit remarquer par un calme imposant. L'avoyer du canton de Lucerne présidait l'assemblée.

La discussion eut lieu avec solennité, et les députés des cantons motivèrent successivement leur vote.

On décida, par une majorité de treize états et demi, de demander au gouvernement thurgovien des renseignements sur la question de savoir si le prince Louis-Napoléon était réellement citoyen de ce canton et si les intrigues dont le château d'Arenenberg (à en croire la note du duc de Montebello) serait le foyer se trouvaient bien constatées.

A cet effet, une commission de sept membres fut chargée de cette enquête. Sur ces sept membres, six se prononcèrent par un refus d'adhérer à l'expulsion demandée. '

En présence des sentiments peu bienveillants exprimés contre la Suisse, le gouvernement de Thurgovie opposait au gouvernement du roi Louis-Philippe la déclaration que l'accusation n'avait aucun fondement et demandait que la diète priât le ministère Molé de fournir des preuves à l'appui de ses arguments.

Comme le prince Louis-Napoléon avait formellement annoncé *qu'il désirait vivre tranquillement en Thurgovie, en évitant tout ce qui pourrait nuire aux relations amicales existant entre les deux pays*, le gouvernement de Thurgovie déclarait de son côté qu'il veillerait toujours soigneusement à ce qu'aucun acte contraire aux relations internationales ne fût commis sur son territoire.

Il ajoutait qu'il devait en outre se réserver la souveraineté de faire une enquête et de provoquer le jugement des tribunaux, *seuls compétents*, si réellement on venait à constater l'existence d'intrigues politiques.

Dans cette séance mémorable du 6 août, comme représentant du canton de Thurgovie à la diète, je fis la preuve que le grand conseil thurgovien avait accordé au prince, déjà en avril 1832, le droit de bourgeoisie de la commune de Salenstein, dans laquelle est situé le château d'Arenenberg, et que ce personnage jouissait de la plénitude de ses droits de citoyen. J'ajoutai qu'aux termes de la constitution cantonale il ne pouvait être l'objet d'une mesure exceptionnelle.

Quant aux intrigues qui auraient eu lieu à Arenenberg, je m'exprimai positivement à cet égard, en déclarant que Louis-Napoléon serait bien coupable vis-à-vis de la Suisse si, abusant de l'hospitalité qu'il y avait reçue, il compromettait sa nouvelle patrie pour des intérêts personnels.

C'est en me basant sur cette déclaration, votée par une forte majorité du grand conseil de mon canton, que je repoussai par mon vote, inséré dans le protocole de la diète, la demande du duc de Montebello.

Pendant ce temps, la commission des sept ne restait pas inactive. Elle avait examiné cette grave question, sans toutefois se mettre d'accord, car elle se partagea en trois camps.

La majorité avait décidé, entre autres conclusions, de charger le gouvernement thurgovien d'inviter le prince à renoncer à sa qualité de Français et à ne plus formuler de prétentions en cette qualité.

Une minorité, composée de deux membres, MM. Rigaud, de Genève, et Monnard, de Vaud, présentait des conclusions conformes au vœu de mon gouvernement et dont voici la teneur.

„Attendu qu'il résulte des rapports authentiques mis sous „les yeux de la diète, que Louis-Napoléon Bonaparte jouit des „droits de citoyen thurgovien et qu'aux termes de la cons- „titution de Thurgovie, aussi bien que d'après le droit fédéral, „une disposition exceptionnelle d'expulsion ne peut être prise „à son égard, il sera adressé une réponse dans ce sens à la „note de l'ambassadeur de France, en date du 1er août. La „diète rappellera, à cette occasion, que, respectant les devoirs „que lui impose le droit international, elle veille à l'accom- „plissement de tout ce qu'il prescrit à l'égard des états voisins. „La diète s'occupera immédiatement des mesures à prendre „en vue des circonstances nouvelles dans lesquelles pourrait „se trouver la Suisse.“

Enfin, une seconde minorité demandait que le gouvernement du roi Louis-Philippe portât la demande d'expulsion du prince devant les tribunaux et que la Suisse, pour se prémunir en cas d'éventualité contre toute violation de notre territoire, réclamât l'appui des puissances qui avaient garanti notre souveraineté en signant les traités de 1815.

De ces trois propositions de la commission, à mon sentiment, la plus logique était celle de MM. Monnard et Rigaud.

La qualité de Suisse une fois reconnue au prince, celui-ci *ne pouvait être expulsé de la Suisse*, et cette dernière devait accepter les conséquences de cette décision, la seule honorable.

Par le canton de Thurgovie, Louis-Napoléon avait été naturalisé Suisse en vertu du droit que possédait chaque canton de faire citoyen suisse celui qu'il recevait citoyen de son canton.

Que Louis Bonaparte perdît sa qualité de Français en devenant Suisse, c'était une application du code français qui ne nous regardait nullement, et c'était une argutie de vouloir prétendre que, parce qu'il se donnait comme Français aux Français, il n'était plus Suisse.

Chacun sait que les députés des cantons suisses à la diète, lorsqu'il s'agissait de questions importantes, ne pouvaient émettre un vote qu'ensuite d'instructions qui leur étaient données par les autorités cantonales compétentes.

Dans le cas particulier et les propositions de la commission une fois connues, la diète ne pouvait plus prendre sur cette question une décision quelconque avant que ses membres eussent reçu les instructions de leur grand conseil respectif. On fut donc obligé de proroger la session, la diète ne devant se réunir de nouveau que le 27 août suivant.

Dans l'intervalle, les grands conseils cantonaux étaient convoqués. L'opinion publique en Suisse, et particulièrement dans les cantons appartenant au parti progressiste, se prononçait généralement, avec peu d'exceptions, contre la demande de M. l'ambassadeur de France et pour le refus énoncé par le grand conseil du canton de Thurgovie.

L'inviolabilité de la neutralité de notre patrie émouvait énormément le peuple; chacun trouvait que, du moment où nous offrions à nos voisins la garantie qu'ils n'avaient rien à craindre de l'exercice de ce droit, ils n'avaient absolument rien à réclamer.

Cependant ces pourparlers sans fin ne faisaient pas l'affaire du gouvernement français, qui, s'impatientant de ce qu'une réponse positive de la diète n'arrivait pas, fit savoir au vorort que si, contre toute attente, la Suisse prenait fait et cause pour celui qui compromettait si gravement son repos et refusait l'expulsion de Louis Bonaparte, M. le duc de Montebello *avait ordre de demander ses passeports.*

« La France », ajoutait M. Molé dans sa note, « forte de son droit et de la justice de sa demande, *usera de tous les moyens en son pouvoir pour obtenir de la Suisse une satisfaction à laquelle aucune considération ne saurait la faire renoncer.* »

Voulant donner un corps à cette menace, le gouvernement français nomma le général *Aymard* commandant des troupes françaises destinées à marcher contre la Suisse et dont une partie était déjà placée tout près de nos frontières.

Dans un ordre du jour publié à Lyon, le général français se permettait, vis-à-vis de la Suisse, la menace suivante.

« Nos *turbulents voisins* se convaincront bientôt « qu'il aurait mieux valu se soumettre à la demande « du gouvernement français plutôt que de répondre « par des déclarations blessant notre orgueil national. »

Le 22 août, le grand conseil thurgovien, assemblé à Weinfelden, déclarait, à la suite d'une longue discussion, que le canton ne se rendrait pas à la demande du gouvernement français, tendant à l'expulsion de Louis-Napoléon Bonaparte. Cette déclaration était fondée sur ce que le prince était, depuis 1832, citoyen thurgovien, argument combattu par le duc de Montebello qui prétendait qu'il manquait à cette naturalisation la renonciation du prince à sa qualité de Français.

On décidait en outre que — le prince fût-il l'auteur de quelque conspiration — il n'appartenait, dans l'état actuel des choses, ni à la diète ni à la France, mais au seul état de Thurgovie dont il était ressortissant, le droit de sévir contre lui.

Cette décision avait été prise à la suite de la lecture d'une lettre datée d'Arenenberg, le 20 août, adressée par Louis-Napoléon au grand conseil et qui renfermait entre autres cette phrase:

« Le gouvernement français, qui maintient la loi « qui me considère comme *mort civilement*, n'a pas

« besoin de s'adresser à la Suisse pour savoir *qu'il*
« *n'y a qu'en Thurgovie où j'ai des droits de citoyen.*
« *Quand il s'agit de me persécuter, il me reconnaît*
« *alors seulement comme Français ; à Strasbourg*[1]*, il*
« *faisait déclarer qu'il me regardait comme étranger.* »

Cinq jours après, le 27 août, j'informais la diète
de la décision ci-dessus du grand conseil de Thurgovie.

En outre, je faisais observer que l'opinion que le
prince émettait dans sa lettre sur la qualité de
citoyen thurgovien n'avait aucune importance ; il
s'agissait peu, dans l'espèce, des qualités que le
prince se reconnaissait à lui-même, mais de celles
que la loi lui conférait.

Je déclarais que mon canton opposait, à la demande
d'une renonciation à des droits de Français, l'article 17
du code Napoléon qui prescrit que le Français perd
ses droits comme tel par sa naturalisation en pays
étranger, sans faire dépendre cette perte de la déclaration d'une renonciation spéciale. Pour la seconde
fois, je repoussais comme erronés les renseignements
qu'on se plaisait à répandre dans le public sur Arenenberg.

---

(1) Lors du soulèvement qui éclata parmi les troupes à
Strasbourg, le 30 octobre 1836, Napoléon fut fait prisonnier
puis déporté en Amérique sur l'ordre du gouvernement français ; toutefois, l'année suivante, à la nouvelle que sa mère
était atteinte de maladie, il obtint l'autorisation de revenir à
Arenenberg.

En terminant, je me référais à la décision antérieure prise par mon gouvernement et dont j'avais donné communication à la diète dans sa séance du 6 août.

Mais les menaces contenues dans les dépêches du ministre des affaires étrangères et la proclamation du général Aymard ne restaient pas sans inquiéter les grands conseils cantonaux et sans augmenter l'irritation du peuple tout entier.

Ce fut dans les cantons de Vaud et de Genève surtout que cette irritation se manifesta le plus énergiquement.

Les déclarations de la légation suisse à Paris et les notes des représentants des cantons susmentionnés, soit de M. Rigaud, syndic et député du canton de Genève, et de M. le professeur Monnard, député du canton de Vaud, étaient accueillies au sein de la population suisse par une vive sympathie et avec un véritable enthousiasme.

Vaud et Genève s'empressèrent de mettre sur pied non seulement les contingents que leur imposait l'organisation militaire de cette époque, mais en grande partie aussi leurs troupes de réserve.

Le prince, voyant la tournure que prenaient les affaires et ne voulant à aucun prix être la cause de malheurs pour sa patrie adoptive, prit la résolution de quitter Arenenberg. A cet effet, il adressa au grand conseil thurgovien la lettre que je reproduis ici in extenso:

„Monsieur le landammann,

„Lorsque la note du duc de Montebello fut adressée à la „diète, je ne voulus point me soumettre aux exigences du „gouvernement français; car il m'importait de prouver, par „mon refus de m'éloigner, que j'étais revenu en Suisse sans „manquer à aucun engagement, que j'avais le droit d'y rester „et que j'y trouverais aide et protection.

„La Suisse a montré depuis un mois, par ses protestations „énergiques et maintenant par la décision des grands conseils „qui se sont assemblés jusqu'ici, qu'elle était prête à faire les „plus grands sacrifices pour maintenir sa dignité et son droit. „*Elle a su faire son devoir comme nation indépendante; „je saurai faire le mien et rester fidèle à l'honneur. On „peut me persécuter, mais on ne pourra jamais m'avilir.*

„Le gouvernement français ayant déclaré que le refus de „la diète d'obtempérer à sa demande serait le signal d'une „conflagration *dont la Suisse pourrait être victime,* il ne me „reste plus qu'à m'éloigner d'un pays où ma présence est le „sujet d'aussi injustes préventions, où elle serait le prétexte „d'aussi grands malheurs.

„Je vous prie donc, monsieur le landammann, d'annoncer „au directoire fédéral que je partirai dès qu'il aura obtenu, „des ambassadeurs des diverses puissances, les passeports qui „me sont nécessaires pour me rendre dans un lieu où je „trouverai un asile assuré.

„En quittant aujourd'hui *volontairement le seul pays où „j'avais trouvé en Europe appui et protection,* en m'éloignant „des lieux qui m'étaient devenus chers à tant de titres, j'es„père prouver au peuple suisse que j'étais digne des marques „d'estime et d'affection qu'il m'a prodiguées.

„*Je n'oublierai jamais la noble conduite des cantons qui „se sont prononcés si courageusement en ma faveur; et sur„tout le souvenir de la généreuse protection que m'a accordée*

„le canton de Thurgovie restera profondément gravé dans
„mon cœur.

„J'espère que cette séparation ne sera pas éternelle, et
„qu'un jour viendra où je pourrai, *sans compromettre les
„intérêts de deux nations qui doivent rester unies, retrouver
„l'asile où vingt ans de séjour et des droits acquis m'avaient
„créé une seconde patrie.*

„Soyez, monsieur le landammann, l'interprète de mes
„sentiments de reconnaissance envers les conseils, et croyez
„que la pensée d'éviter des troubles à la Suisse *peut seule
„adoucir les regrets que j'éprouve à la quitter.*

„Recevez l'expression de ma haute estime et de mes sen-
„timents distingués.

„Arenenberg, le 20 septembre 1838.

„LOUIS-NAPOLÉON."

Le 1ᵉʳ octobre, la diète, étant de nouveau réunie
pour entendre la lecture d'un rapport ayant trait au
conflit, chargea le directoire de communiquer d'office
la lettre du prince à la population et de faire les
démarches nécessaires en vue d'obtenir le passeport
qui permît à Louis-Napoléon de quitter la Suisse.

Quelques jours après, le 6, la diète adopta le texte
de la note à adresser au duc de Montebello, et, le
même jour, le prince obtint un passeport signé par
deux diplomates accrédités en Suisse, les ministres
du grand-duché de Bade et de Prusse, de même que
par le consul général de Hollande.

La réponse de la diète à la note française était
conçue en ces termes:

« LES AVOYERS ET CONSEIL D'ÉTAT DU CANTON DE
LUCERNE, DIRECTOIRE FÉDÉRAL, A S. EXC. M. LE
DUC DE MONTEBELLO.

„S. Exc. M. le duc de Montebello, ambassadeur de S. M. le
„roi des Français, ayant, par son office du 1ᵉʳ août, demandé
„aux autorités fédérales que Louis-Napoléon Bonaparte fût
„tenu de quitter le territoire helvétique, les avoyers et conseil
„d'état de Lucerne, directoire fédéral, ont reçu de la haute
„diète l'ordre de répondre ce qui suit.

„Lorsque les grands conseils des cantons ont été appelés à
„délibérer sur la demande de M. le duc de Montebello, leurs
„votes se sont partagés sur la position de Louis-Napoléon
„Bonaparte et sur la question de nationalité, *mais non sur
„le principe que la demande d'expulsion d'un citoyen suisse
„serait inadmissible, comme contraire à l'indépendance d'un
„état souverain.*

„Depuis que Louis-Napoléon a fait, pour s'éloigner du ter-
„ritoire de la Confédération, des démarches publiques que le
„directoire s'est occupé à faciliter, une délibération de la diète
„sur cette matière devient superflue.

„Fidèle aux sentiments qui, depuis des siècles, l'ont unie à
„la France, la Suisse ne peut toutefois s'empêcher d'exprimer
„avec franchise le pénible étonnement que lui ont causé les
„démonstrations hostiles faites contre elle avant que la diète
„ait été réunie pour délibérer définitivement sur la récla-
„mation qui lui était adressée.

„La diète désire, autant que peut le désirer le gouverne-
„ment français, que des complications de la nature de celles
„qui ont eu lieu ne se renouvellent plus et que rien ne trouble
„à l'avenir la bonne harmonie de deux pays rapprochés par
„leurs souvenirs comme par leurs intérêts. Elle se livre à
„l'espérance de voir promptement rétablies et consolidées,

„entre la France et la Suisse, les précédentes relations de
„bon voisinage et la vieille réciprocité d'affection.

„Les avoyers et conseil d'état du canton de Lucerne,
„directoire fédéral, ont l'honneur de réitérer à S. Exc. M. le
„duc de Montebello l'assurance de leur très haute considé-
„ration.

„Lucerne, le 6 octobre 1838."

(Suivent les signatures.)

Après l'envoi de cette note et la remise du passeport au prince, chacun était en droit de supposer
qu'enfin le différend avec la France était terminé et
que le cas de guerre ne pouvait plus exister. Il n'en
était rien pourtant, et le baron Aymard, sur l'ordre
qu'il avait reçu du cabinet Molé, continuait ses préparatifs de guerre.

Voyant cela, la diète, dans sa séance du 8 octobre,
prend une grave résolution, que justifiaient néanmoins
les circonstances.

Elle ordonne la levée de deux corps d'armée, qui,
sous les ordres du général Guiguer, sont chargés de
garder la frontière de Genève à Bâle, et elle prescrit que, dans chaque canton, des contingents seront
mis de piquet.

Pendant que l'horizon politique se chargeait de
nuages sombres, la presse s'occupait à l'envi du compromis et cela d'une manière — je puis bien l'avouer
ici — tout à l'avantage de notre pays. Certains
journaux français n'ont pas craint de montrer leur

sympathie pour le peuple suisse et ses conseils, et
la note adressée au duc de Montebello était analysée
dans des termes approuvant hautement l'attitude de
la nation helvétique et de ses autorités.

Cet état de choses, pénible pour chacun, ne pouvait durer davantage; les esprits s'aigrissaient de
plus en plus, lorsque, le 16 octobre, la diète reçut
la communication officielle du départ du prince et la
réponse de M. Molé (adressée à M. de Montebello
et communiquée au directoire le jour précédent),
ainsi conçue:

„Paris, le 12 octobre 1838.

„Monsieur le duc,

„M. le comte Reinhardt m'a remis, avec votre dépêche du
„6 octobre, la réponse du directoire fédéral à votre office du
„1ᵉʳ août, et je m'empresse de vous en accuser réception.

„Le gouvernement du roi n'a jamais demandé à la Suisse
„d'éloigner de son sein un de ses citoyens. Autant qu'aucune
„autre nation, la France respecte l'indépendance et la dignité
„de ses voisins; mais elle veille en même temps au maintien
„de son honneur et de son repos. La Confédération, nous le
„croyons, ne laissera plus abuser d'une généreuse hospitalité
„celui dont les étranges prétentions sur la France prouvent
„assez que la Suisse ne saurait le compter parmi ses enfants.
„C'est avec une véritable satisfaction, M. le duc, que le gou-
„vernement du roi a vu la diète déclarer *qu'elle désire, au-*
„*tant que peut le désirer le gouvernement français, que des*
„*complications de la nature de celles qui ont eu lieu ne se*
„*renouvellent plus.*

„La Suisse sentira sûrement, sans qu'il soit besoin de le
„rappeler ici, tout ce que la France se devrait à elle-même,
„si jamais, et par impossible, les mêmes conjonctures se re-
„produisaient.

„Quant aux démonstrations que la diète appelle *hostiles* et
„qui lui auraient causé un *pénible étonnement*, le gouverne-
„ment du roi n'a pas cessé d'espérer, un seul *instant*, que
„des mesures suggérées par la prudence prendraient un autre
„caractère.

„Pour comprendre ces mesures et le sentiment qui les a
„dictées, la diète aurait pu se reporter à l'attitude qu'elle-
„même avait prise, et au refus dont les délibérations des
„grands conseils menaçaient la France. Aujourd'hui, M. le duc,
„ces circonstances ont changé: Louis Bonaparte quitte la
„Suisse. Il vous reste à annoncer au vorort que le corps
„d'observation formé sur notre frontière de l'est va se dis-
„soudre.

„Ce n'est pas sans émotion que le roi et son gouvernement
„ont lu les paroles qui terminent la réponse de la diète.
„Comme à toutes les époques de son histoire, la France est
„encore prête à témoigner à la Suisse qu'elle est son alliée
„la plus fidèle, son ami le plus sincère, le défenseur le plus
„invariable de son indépendance. De son côté, la Suisse
„veillera, nous n'en doutons pas, à ce qu'aucune cause de
„mésintelligence ou de mécontentement ne vienne troubler
„désormais la bonne harmonie et les rapports d'une amitié
„si ancienne et que les deux pays ont tant d'intérêt à per-
„pétuer.

„Veuillez, M. le duc, donner lecture de cette lettre à Mon-
„sieur le président du directoire, et lui en laisser copie.

„Recevez l'assurance de ma haute considération.

„Molé.“

Par cette note, le différend prenait donc fin ; la France se déclarait satisfaite du départ du prince, et, tout en protestant de son amitié sincère pour son *plus fidèle allié*, elle recommandait à la Suisse d'éviter à l'avenir de pareilles complications.

Voilà, en résumé, le résultat de cette grave question qui, heureusement pour les deux pays, s'est terminée sans effusion de sang, grâce au patriotisme de la Suisse en général et des cantons de Vaud et de Genève en particulier, qui ont montré une énergie digne d'éloges en se préparant à défendre leur frontière contre l'invasion imminente des troupes du baron Aymard. La diète, en récompense de leur conduite, leur vota de chaleureux remercîments, de même qu'aux autres états confédérés qui avaient déclaré être prêts à secourir notre chère patrie.

Avant de clôturer la session, la diète prit encore un arrêté, adopté à l'unanimité des états et prescrivant le licenciement des troupes.

On a souvent parlé de relations amicales qui auraient existé entre le prince et moi durant son séjour à Arenenberg, ce qui se comprend d'autant plus facilement que le village de Berlingen, ou je suis né et que j'ai habité dans ma jeunesse, n'est éloigné d'Arenenberg que d'une demi-lieue.

Il est donc tout naturel que je sois allé quelquefois à Arenenberg, comme d'autres compatriotes de mon âge habitant les environs, mais il n'a jamais existé entre le prince et moi de *rapports spéciaux d'amitié*.

Napoléon se considérait toujours comme *prince* vis-à-vis de ses concitoyens, et il n'a jamais oublié cette position.

C'était surtout la mère du prince qui, par ses bienfaits et sa générosité vis-à-vis des Suisses, s'était acquis une grande popularité, qui contribua essentiellement à procurer au prince Louis-Napoléon le titre de bourgeois de la commune de Salenstein.

Plus tard, soit par suite de la polémique provoquée par la demande d'expulsion soit par tout autre motif, on a mis en doute le fait que le prince ait réellement acquis un droit de bourgeoisie, et l'on parlait d'un titre simplement honorifique, autrement dit « Ehren-bürgerrecht » (bourgeoisie d'honneur), qui aurait été accordé à Louis-Napoléon Bonaparte.

Pour écarter tous les doutes à cet égard et pour prouver que le prince avait bien droit au titre de citoyen, il me suffira de citer le document officiel, qui prouve surabondamment, d'une manière *incontestable*, qu'il a été reconnu par le grand conseil thurgovien, le 18 avril 1832, bourgeois de Salenstein et du canton de Thurgovie, donc « citoyen suisse ».

Ce document est conçu comme suit:

Extrait du procès-verbal du petit conseil (gouvernement) du canton de Thurgovie.

§ 842.

18 avril 1832.

„Suivant message du grand conseil du 14 courant, faisant „connaître la décision par laquelle il a donné, sur la propo-„sition du petit conseil, le droit de bourgeoisie du canton au „prince Louis-Napoléon, fils de madame la duchesse de Saint-„Leu, à Arenenberg;

„ensuite de son admission comme bourgeois. par la com-„mune de Salenstein, arrête:

„Un titre formel sera décerné au prince désigné plus haut „et en même temps confirmation sera donnée *à la lettre* „*régulière de bourgeoisie* à établir par la commune de „Salenstein.

„Pour extrait,

„Frauenfeld, le 3 août 1838.

„Au nom de la chancellerie d'état du canton de Thurgovie, „Le chancelier d'état: (Signé) Müller."

Ce titre est expressément mentionné dans les procès-verbaux de la diète (Tagsatzungsabschiede).

La législation de Thurgovie ne reconnaît aucunement une naturalisation qui n'accorde que des *titres honorifiques*. L'acquisition du droit de bourgeoisie d'une commune et d'un canton assure *toujours, à la personne à laquelle elle est octroyée, le droit de bourgeoisie* dans le canton et implicitement aussi les *droits de citoyen suisse*.

C'est en application de ces principes de la législation du canton de Thurgovie que le nom du prince Louis-Napoléon a été inscrit dans les registres de la commune de Salenstein et dans ceux du cercle électoral et constitutionnel de Berlingen, dont la commune de Salenstein fait partie.

Le prince Louis-Napoléon, en application des principes mentionnés plus haut, avait donc *le droit incontestable* de jouir en Suisse *de tous les avantages conférés par la naturalisation à un citoyen suisse.*

CHAPITRE III

LE SONDERBUND

OU ALLIANCE SÉPARÉE ENTRE LES CANTONS CATHO-
LIQUES DE LUCERNE, URI, SCHWYZ, UNTERWALDEN,
ZOUG, FRIBOURG, VALAIS. — SES CONSÉQUENCES ET
SA DISSOLUTION. — EXPULSION DES JÉSUITES PAR
LA DIÈTE

L'origine du Sonderbund, contre lequel la Confédération s'est élevée en 1847, remonte sans contredit à l'année 1843. Sa forme en fut modifiée deux
ans plus tard.

En 1843, la diète venait de terminer l'affaire des
couvents d'Argovie conformément au pacte, c'est-à-
dire au moyen d'une transaction qui, en admettant
la suppression des abbayes coupables, laissait subsister les moins compromises. La majeure partie de
la Suisse salua avec joie le jour qui semblait mettre
fin à une lutte passionnée de plusieurs années. Il ne
se passait alors rien qui pût, même de loin, inspirer
la moindre inquiétude aux sept états.

Cependant, à cette même époque, avait lieu à Lucerne, entre les cantons catholiques, une conférence, dans laquelle on jetait les bases d'une *alliance politique séparée*, et où le plan d'une scission entre les Suisses était sérieusement présenté; le grand conseil du canton de Lucerne décrétait en outre, en octobre 1843, des préparatifs militaires extraordinaires. Depuis ce moment, les sept états sonderbundiens tinrent séparément leurs réunions et leurs diètes.

Bientôt après, se révélait le projet d'appeler l'ordre des jésuites à Lucerne, l'un des trois cantons directeurs.

Un cri unanime de mécontentement et d'indignation retentit dans presque toutes les contrées de la patrie, et un nouveau brandon de discorde se trouva ainsi jeté dans la Confédération.

Il est vrai qu'à la diète de 1844 la majorité des états n'avait pas voulu entrer en matière sur cet objet, parce que le danger, pour la tranquillité et l'ordre intérieur, n'existait pas encore au point de déclarer cette question affaire fédérale. C'est en vain que plusieurs députations donnèrent alors de sérieux avertissements; c'est en vain qu'elles adressèrent à l'état de Lucerne les prières les plus amicales et les plus instantes; c'est en vain que l'état de Zurich délégua dans ce but une députation particulière; au mépris de toutes les intercessions amiables des confédérés et malgré la grande agitation qui devait s'en suivre presque partout, Lucerne *décida* l'appel des jésuites. Le mécontentement d'une partie de la population déborda sous une forme illégale, et l'on vit la première expédition des corps francs. L'issue en est connue, ainsi que la rigueur sans mesure avec laquelle la justice lucernoise procéda contre les individus qui y avaient pris part. Des centaines de citoyens durent abandonner le foyer domestique pour chercher un refuge dans les cantons voisins. L'agitation croissait de jour en jour dans toute la Confédération, et la diète, assemblée en février 1845, ne pouvait réussir à opposer au torrent qui grossissait une digue suffisante, parce qu'il ne se formait aucune majorité pour donner à la population irritée la moindre garantie sur le sort futur d'une foule de malheureux. C'est ce qui provoqua la seconde expédition des corps francs; un armement fédéral était devenu nécessaire pour détourner les dangers que courait la paix du pays et pour rétablir l'ordre et la tranquillité. La diète blâma fortement les entreprises des corps francs et rendit des arrêtés que les états de la ligue du Sonderbund demandaient comme garantie contre le renouvellement de ces irruptions.

Après la défaite des corps francs et quoique l'opinion publique et la législation de presque tous les cantons présentassent une garantie pleinement suffisante, le Sonderbund n'en exploitait pas moins ces attaques comme prétexte de son existence, de sa justification politique et de son caractère toujours plus prononcé, jusqu'à ce que le masque tombât le 20 juillet 1847, jour où les sept états déclarèrent ouvertement que l'alliance séparée avait été conclue pour résister à tous les arrêtés de la diète que la ligue ne reconnaissait pas comme légitimes.

En attendant, l'ordre des jésuites n'avait pas dédaigné de faire son entrée au vorort de Lucerne, en exposant notre chère patrie à tous les périls qu'entraîne une scission profonde.

Devant cette hardiesse, l'opinion publique se prononçait toujours plus fortement contre l'admission des jésuites, et deux gouvernements suisses succombèrent pour avoir résisté à son impulsion.

Longtemps avant que la diète ne s'assemblât en 1847, le Sonderbund avait continué ses préparatifs militaires avec une extrême ardeur, mis son conseil de guerre en activité, formé un état-major, fait des achats d'armes et de munitions dans le pays et à l'étranger et se trouvait ainsi armé contre la Confédération, qui s'était abstenue de toutes mesures semblables.

C'est dans ces conditions que se réunit la diète, en session ordinaire, dans le mois de juillet 1847.

Ensuite de délibérations approfondies et après que la question eut été à réitérées fois mûrement examinée, la diète prit, le 20 juillet, un arrêté conçu en ces termes:

„Art. 1er. — L'alliance séparée des sept cantons de Lucerne,
„Uri, Schwyz, Unterwald, Zoug, Fribourg et Valais est dé-
„clarée incompatible avec le pacte fédéral et par conséquent
„dissoute.

„Art. 2. — Les cantons susnommés sont rendus respon-
„sables de l'observation de cet arrêté, et la diète se réserve,
„si les circonstances l'exigent, de prendre les mesures ulté-
„rieures pour le faire exécuter."

A la suite de cette décision, adoptée à une majorité de douze états confédérés, la ligue du Sonderbund
protesta en déclarant que cet arrêté était un nouvel
empiétement sur les droits cantonaux et refusa de
le reconnaître.

Quoique, comme je viens de le dire, il n'y eût
aucune perspective d'une exécution armée et que la
Confédération se fût abstenue de prendre des mesures militaires, les états de la ligue continuèrent
à augmenter leurs préparatifs de guerre. Ainsi, les
cantons d'Uri et d'Unterwalden avaient commencé à
élever des retranchements sur la frontière du côté
du canton de Berne, et une réunion d'officiers avait
eu lieu à Meiringen. De plus, le Tessin annonça
qu'un chargement considérable d'armes et de munitions, transitant par ce canton à destination des états
du Sonderbund, avait été arrêté à Lugano.

Sur la proposition des représentants zurichois à la
diète, cette autorité nomma, le 31 juillet, une commission de sept membres pour examiner cette affaire.

Cette commission était composée de MM. Ochsenbein, de Berne; Furrer, de Zurich; Munzinger, de Soleure; Näff, de St-Gall; Luvini, du Tessin; Druey, de Vaud, et moi, comme représentant de Thurgovie à la diète.

Nous délibérâmes les unes après les autres, les démarches qu'il y avait à faire contre le Sonderbund. Nous décidâmes de soumettre à la diète l'idée de sommer les états de la ligue de s'abstenir de tout ce qui pourrait troubler la paix publique et notamment de suspendre les préparatifs militaires extraordinaires. L'expulsion des jésuites fut également proposée comme une mesure d'ordre, à laquelle la diète adhéra, dans sa trente-sixième séance du 3 septembre, par l'adoption de l'arrêté suivant:

„LA DIÈTE FÉDÉRALE

„considérant que, d'après les articles I et VIII du pacte, la „Confédération a incontestablement le droit et le devoir de „prendre les mesures nécessaires pour la sûreté intérieure et „le maintien de la tranquillité et de l'ordre en Suisse,

„considérant que les jésuites reçus dans quelques cantons „compromettent cette tranquillité et cet ordre, et que leur „appel dans un canton directeur, tout particulièrement, a été „reconnu incompatible avec la tranquillité et l'ordre dans la „Confédération,

„arrête:

„1° L'affaire des jésuites sera traitée comme étant de compétence fédérale.

„2° En conséquence, les états de Lucerne, Schwyz, Fri-

„bourg et Valais sont invités à éloigner les jésuites de leur
„territoire.

„3° Toute admission future de l'ordre des jésuites dans les
„cantons suisses est interdite au nom de la Confédération."

Après ces décisions d'une haute portée au point
de vue de la tranquillité du pays, la diète s'ajourna
le 9 septembre jusqu'au 18 octobre suivant, pour
laisser aux cantons le temps de se consulter et de
donner des instructions à leurs représentants.

Les états de la ligue profitèrent du délai qui leur
était accordé, pour inspirer à leurs administrés les
dispositions les plus belliqueuses, de sorte qu'au
mois d'octobre, au moment où s'ouvrait la diète, le
Sonderbund était prêt à la guerre, mais à une guerre
intestine, qu'il importait d'étouffer dès son origine.

Tels sont les faits historiques qui ont occasionné
à notre pays une crise terrible et menacé sérieusement la base de nos institutions républicaines.

N'ayant pas écrit de *journal* sur la suite de ces
événements, je veux tâcher de remplacer cette lacune
par des extraits de correspondances adressées soit à
ma famille soit à mes amis.

Berne, le 19 octobre 1847.

Depuis hier, la diète est assemblée, et déjà le
conseil a fait comprendre qu'il voulait avoir partout
table nette.

La conférence des XII cantons libéraux m'a chargé de rédiger, au nom de la diète, un projet de proclamation à adresser aux cantons du Sonderbund.

J'ai donc rédigé la nuit dernière ce projet, que je présenterai ce matin à 10 heures.

La diète a en outre désigné des représentants fédéraux, qui ont pour mission de se rendre dans les cantons de la ligue séparée, de s'entendre avec les autorités rebelles et de tâcher par ce moyen d'arriver à une solution pacifique, que les armes ne nous donneraient certainement pas.

M. l'ancien landammann Péquignot, représentant du canton de Berne, et moi, avons été choisis à cet effet pour nous rendre dans le canton de Schwyz.

M. Péquignot, mon collègue dans la mission délicate qui nous est confiée, est un homme d'état modéré et qui jouit d'une considération générale.

A mon avis et à celui de la diète, il est fort douteux que notre mission obtienne du succès.

Berne, le 20 octobre 1847.

Le texte de la proclamation — qui sera adressée non seulement aux états du Sonderbund, mais à tous les états confédérés — a été approuvé par tous les membres de la conférence.

Cette proclamation est écrite dans un esprit si conciliant qu'il semble qu'elle devrait rencontrer beaucoup de sympathie.

« Une alliance (est-il dit dans ce document) qui met le contingent des troupes qui en font partie sous la direction d'un conseil spécial de la guerre, investi de pleins pouvoirs généraux et qui les soustrait par là à la disposition des autorités fédérales, est dangereuse pour les grands intérêts de la Confédération et lèse les droits des états confédérés. Une alliance qui, d'après les déclarations qui ont été faites par quelques états, est également dirigée contre la diète elle-même et contre les décisions qui émanent de cette autorité, décisions contre lesquelles on ordonne d'avance une résistance armée, ne peut exister en présence du pacte général et dans le pacte général, sans mettre en péril au plus haut degré la sûreté intérieure de la Confédération et sans précipiter vers sa dissolution le lien commun qui unit les confédérés. »

La proclamation invoque ensuite l'arrêté du 20 juillet dernier, par lequel cette alliance séparée est déclarée incompatible avec l'alliance générale et par conséquent dissoute; elle fait ressortir les suites de la non-observation de cet arrêté de la part des sept états; elle rappelle la déclaration, faite dans le sein de la diète, qu'on opposerait une résistance armée à l'exécution de cet arrêté; elle parle des préparatifs militaires extraordinaires depuis longtemps en voie d'exécution; puis elle démontre que la diète ne peut tolérer un pareil état de choses, à moins d'anéantir toute la considération qui est due à l'autorité fédérale, de briser la force du pouvoir fédéral légitime et de sacrifier l'honneur de la Confédération. La diète donne, dans cette proclamation, l'assurance la plus solennelle qu'elle ne veut point l'oppression des confédérés, l'anéantissement des souverainetés cantonales, le renversement violent des institutions fédérales actuellement existantes; qu'elle ne veut point de gouvernement unitaire, point de violation de leurs droits et de leurs libertés, point de danger pour leur religion, mais qu'elle garantira plutôt en toute fidélité à tous les cantons, contre des attaques injustes, la protection qu'ils sont en droit de réclamer des états confédérés, protection que commandent les dispositions et le but du pacte commun. La proclamation se termine par ces mots:

« C'est pourquoi, confédérés, nos frères dans l'alliance helvétique, retirez-vous d'une alliance séparée *qui n'est pas nécessaire* pour vous pour le cas où elle ne contient que ce qui est en harmonie avec le pacte commun, mais qui n'est pas admissible, comme *contraire au pacte,* si elle renferme quelque chose d'autre. N'oubliez pas que de telles alliances séparées sont déjà contraires à l'esprit et au sens des plus anciens traités d'alliance entre les confédérés. Le pacte actuellement existant vous garantit une protection suffisante pour la jouissance de vos droits. C'est pourquoi ne persistez pas plus longtemps dans une position qui sape les bases sur lesquelles repose le droit fédéral, divise les confédérés en deux camps hostiles, et qui, pour ce motif, met aussi en péril au dehors notre liberté et notre indépendance. Vous connaissez maintenant les motifs qui nous ont déterminés à prendre notre arrêté. Des représentants fédéraux que, suivant la coutume traditionnelle, nous déléguons auprès de vous, vous feront connaître plus spécialement ces motifs dans le sens de la présente publication. Faites-leur un accueil d'amitié confédérale. Ecoutez avec confiance les ouvertures qu'ils vous feront. Pesez bien la lourde responsabilité que vous assumez sur vous, si des décisions basées sur des prescriptions non équivoques du pacte fédéral, et les avertissements d'amitié confédérale que vous donne l'autorité suprême de la Confédération devaient continuer à ne pas être respectés. Incalculables sont les suites qu'entraînerait pour vous et la patrie tout entière votre persistance dans une pareille position. Il dépend encore de vous de les détourner. Prenez des résolutions telles que les réclament les obligations fédérales, la paix et le bonheur de la Confédération, ainsi que de vos propres cantons. Comme frères et confédérés, nous n'appartenons qu'à une seule et même alliance ! *Ce que nous voulons, c'est la légalité;* c'est, conformément au devoir qui nous est imposé, *le maintien de la sûreté intérieure* et la sauvegarde de l'ordre garanti par le pacte. »

« Fidèles et chers confédérés, donnez nous fraternellement la main pour atteindre ce but qui nous est prescrit à tous en commun par nos devoirs fédéraux, que nous avons juré de remplir.

« Dieu conserve et protège notre chère patrie! »

Notre séjour à Schwyz sera de courte durée, car il est maintenant certain que le gouvernement ne nous permettra pas de nous adresser au peuple schwyzois dans une *landsgemeinde*, comme nous l'aurions désiré.

Et pourtant, cette proclamation est conçue en termes tellement conciliants, je le répète, qu'il semble qu'elle devrait être un des moyens pacifiques les mieux choisis pour faire entendre raison aux états rebelles que la diète, quoi qu'ils disent, désire voir rentrer dans le giron du pacte fédéral.

Berne, le 25 octobre 1847.

Conformément à la mission que nous avons reçue de la diète, M. Péquignot et moi, nous nous sommes rendus à Schwyz, où nous arrivions dans l'après-midi du 22 courant.

Ayant voulu annoncer notre arrivée à M. le landammann Ab-Yberg en lui demandant une audience, il nous a été répondu qu'il était absent et qu'il avait remis à M. le vice-landammann Duggelin la direction de la commission gouvernementale et les fonctions liées à la présidence de cette autorité. En conséquence, c'est à ce dernier que nous avons communiqué les instructions que nous avions reçues de la diète fédérale. Nous lui avons demandé, conformément à ces instructions, que la proclamation adoptée le 20 octobre par l'autorité fédérale suprême fût immédiatement répandue par les autorités du canton de Schwyz et que l'on convoquât dans le plus bref délai l'autorité chargée de donner les instructions, afin de pouvoir défendre devant elle le contenu de la proclamation et faire, dans le sens de celle-ci, les représentations utiles; nous nous sommes aussi déclarés prêts, une fois que la proclamation aurait été répandue, à remplir, devant une landsgemeinde, la mission qui nous avait été confiée.

M. le vice-landammann Duggelin nous a immédiatement déclaré qu'il ne pouvait être fait droit à *aucune de nos demandes;* qu'il avait déjà été décidé qu'on ne permettrait pas de répandre la proclamation adoptée par la diète et qu'on ne convoquerait ni l'autorité chargée de donner les instructions ni la landsgemeinde; que les autorités du canton de Schwyz n'entreraient aucunement en relations avec les représentants fédéraux; que la députation du canton de Schwyz est munie d'instructions et de pleins pouvoirs et qu'en conséquence c'est à elle qu'on doit faire les ouvertures qu'on jugera convenables; qu'on ne peut, il est vrai, méconnaître le langage conciliant dans lequel est conçue la proclamation, mais que l'état de Schwyz ne peut y trouver les garanties qu'il a réclamées à réitérées fois dans le sein de la diète.

Nos représentations, basées sur la décision de la diète et appuyées en considération du but de notre mission, n'ont pas trouvé d'accueil, et il nous fut simplement répondu que le rejet de la demande formulée par nous avait été convenu *d'avance avec les six autres états du Sonderbund*, et qu'en conséquence toute nouvelle tentative de la faire aboutir demeurerait *absolument infructueuse*. Ensuite de déclarations faites d'une manière aussi formelle, nous avons dû renoncer à obtenir accès auprès d'une autorité quelconque du canton de Schwyz. Après que M. le vice-landammann Duggelin nous eut, le même soir, rendu notre visite, nous partions le lendemain pour Berne, où nous sommes rentrés hier soir.

Berne, le 29 octobre 1847.

Pour épuiser tous les moyens de conciliation, il a été décidé, sur la demande de la délégation de Bâle-ville, de convoquer une conférence mixte, c'est-à-dire composée de membres du Sonderbund et de ceux des XII cantons, appelée *conférence médiatrice*.

La majorité des cantons libéraux a désigné, comme ses représentants pour cette conférence, MM. le Dr Furrer, Munzinger, Näff et moi.

Les délibérations ont été calmes et dignes, mais sans succès quant au fond de la question principale.

M. Munzinger, comme représentant d'un canton catholique libéral, proposa de confier la solution du conflit au saint-père. Je fis observer qu'il serait difficile que les députations protestantes, qui constituaient la majorité de la diète, reconnussent le pape en qualité d'arbitre, attendu qu'en partant même du point de vue purement confessionnel, le saint-père ne doit être considéré que comme une puissance étrangère. J'ajoutai qu'il appartenait au député de Lucerne, qui avait jadis dissuadé le grand conseil de son canton, d'appeler les jésuites, en faisant ressortir les suites malheureuses de cet appel, d'entreprendre la belle tâche de provoquer l'éloignement de cet ordre. Le député de Lucerne refusa d'accepter cette charge.

Une proposition très-conciliante de Bâle-ville n'a pu, non plus, obtenir gain de cause.

Berne, le 30 octobre 1847.

Ensuite de notre rapport, la diète a décidé hier soir de mettre sur pied la landwehr et de placer sous le commandement d'un général en chef — qui a été choisi en la personne de M. *G.-H. Dufour*, de Genève — une armée de 50,000 hommes. Avec le général en chef de l'armée suisse, la diète a nommé comme chef de l'état-major M. le colonel *Frey-Hérosée.*

L'élection, tant du général que du chef de l'état-major général, a inspiré une grande confiance aux milices.

Immédiatement après ces importantes décisions, Lucerne a déclaré, au nom des sept états du Sonderbund, que le moment était venu pour eux de quitter la diète et que le motif principal de cette retraite était la mise sur pied des 50,000 hommes.

Le député de Lucerne invoqua encore un manifeste que les sept cantons adresseraient au peuple suisse pour justifier leurs démarches, puis les députés de Lucerne, Uri, Schwyz, Unterwalden, Zug, Fribourg et Valais quittèrent la salle, après avoir fait consigner une déclaration au procès-verbal, déclaration qui expose évidemment sous un faux jour les tendances de la majorité de la diète et lui conteste son droit d'une manière qui ne repose sur aucun principe de droit public.

— — — — — — — — — — — —

Il y eut un moment de silence solennel lorsque les députés des sept états quittèrent la salle de la diète; puis l'assemblée reprit le cours de ses importants travaux.

Il est probable que — sitôt les milices fédérales bien organisées, ce qui est une affaire d'un ou de deux jours — l'attaque sera dirigée en première ligne sur Fribourg.

Nous sommes tous très-satisfaits d'avoir employé tous les moyens et fait toutes les propositions possibles dans un sens conciliant, pour amener une entente entre les cantons divisés.

Berne, le 6 novembre 1847.

(Extrait d'une lettre à ma famille.)

Votre inquiétude au sujet des graves événements qui se passent actuellement dans notre chère patrie est bien compréhensible. Moi-même, et malgré les généreux efforts de la diète pour atténuer autant que possible le conflit, j'en suis bien attristé.

Cependant soyez pleinement convaincus qu'il n'y a possibilité de sauver les intérêts de la patrie menacée qu'en *agissant avec fermeté et énergie.*

Les troupes occuperont premièrement le canton de Fribourg, puis on réunira ensuite toutes les forces de l'armée fédérale pour vaincre le canton de Lucerne, foyer de la ligue, en l'attaquant de tous côtés, de manière qu'une résistance sérieuse de sa part ne puisse se prolonger indéfiniment.

Berne, le 8 novembre 1847.

La ferme conviction que nous avons d'avoir proposé tout ce que nous pouvions *dans l'intérêt de la paix et de la conciliation,* et malgré le fait que toutes nos propositions ont été repoussées, me confirme dans l'assurance que nous pouvons prévoir avec calme les événements futurs.

Les nouvelles très-encourageantes qui nous arrivent de tous côtés sur l'entrain de nos troupes me donnent, de même qu'à mes collègues, une confiance bien légitime.

Nous pouvons d'ores et déjà espérer *qu'une meilleure organisation politique du pays sortira de ces tristes événements, et une pareille victoire est digne de grands sacrifices.*

Berne, le 14 novembre 1847.

Après les combats livrés ces derniers jours près d'Airolo, dans le canton du Tessin, près de Lunnern et de Rickenbach, de Geltwyl et de Menzikon, la terreur a été grande à Lucerne, et le conseil de la guerre du Sonderbund et son commandant en chef ont renoncé à l'idée de prendre l'offensive.

Toutefois, ces escarmouches ne satisfont guère le peuple, qui attend avec une grande impatience que les cantons du Sonderbund soient définitivement attaqués.

Je ne puis que répéter ce que je vous écrivais le 8 novembre écoulé, savoir que les nouvelles arrivant de différents côtés sont unanimes pour annoncer que les troupes fédérales sont animées d'un véritable enthousiasme, et si, comme je n'en doute pas, la ville de Fribourg est occupée sous peu — probablement encore aujourd'hui — notre cause sera gagnée, car, dans ce cas, des renforts considérables, que l'on évalue à 15,000 hommes de troupes bernoises et vaudoises, pourront s'unir à l'armée fédérale, qui marchera alors avec plus de sûreté contre Zoug et Lucerne.

Berne, le 22 novembre 1847.

Fribourg a donc capitulé. C'est maintenant au tour de Zoug, car la diète a reçu ce matin la nouvelle que le gouvernement zougois vient de conclure avec le général en chef un armistice, dont les délégués du canton de Zoug ont réservé la ratification par l'autorité législative de ce canton.

D'après le rapport du général Dufour, il n'y a aucun doute que cet armistice ne soit ratifié, ce qui est heureux, car plus vite la victoire nous sera assurée par la modération, plus aussi nous pourrons nous en réjouir.

Lucerne, le 3 décembre 1847.

Depuis ma lettre du 22 novembre, les affaires ont marché à pas de géant. Après Zoug, les deux Unterwalden, Schwyz, Lucerne, etc. ont enfin capitulé.

La ligue séparée est maintenant anéantie. Le général en chef des troupes fédérales ayant communiqué à la diète ces capitulations, qui se sont succédé si promptement, cette autorité a décidé d'envoyer des représentants fédéraux dans les cantons soumis.

La délégation chargée de se rendre à Lucerne a été composée de trois députés.

J'ai été élu le premier, Bollier, conseiller d'état de Zurich, le second, et Latour, juge d'appel de Coire, le troisième.

Notre tâche est très-sérieuse et très-importante, mais je trouve *qu'il est de notre devoir* de répondre à l'appel de la patrie partout où il est demandé. Je ne puis assez dire combien je me félicite que Lucerne soit vaincue.

— — — — — — — —

A Lucerne où nous sommes depuis hier, les affaires nous sont facilitées dans une large mesure, car il s'est immédiatement formé un gouvernement provisoire, qui renferme des éléments plus modérés que dans certains autres cantons.

C'est une véritable joie pour nous de voir les hommes se présenter, qui en uniforme ou en vêtements civils, remplis d'une joyeuse humeur.

Nous avons naturellement reconnu sans retard le gouvernement provisoire. Cela me fait une singulière impression en voyant, dans les rues, des groupes de citoyens lisant, avec une grande satisfaction, notre proclamation de conciliation, celle-là même qu'on ne permettait pas de lire, il y a quelques semaines seulement, sans s'exposer à la prison.

Décembre 1847.

La diète a vraiment eu beaucoup de bonheur dans ses décisions, ce dont il faut nous féliciter.

J'ai vu lundi passé Stratford Canning, et me suis entretenu avec lui plus d'une demi-heure. Il recommande la modération et des ménagements, mais toujours avec *la déclaration formelle que l'Angleterre,* dont il est le représentant en Suisse, *ne s'immiscera pas dans nos affaires intérieures.*

Stratford Canning est un homme d'état très-fin et des plus versés dans la diplomatie. Il m'a prié de lui communiquer les documents officiels se rattachant à la situation du canton de Lucerne.

Berne, le 10 janvier 1848.

Il y avait hier séance de la commission et aujourd'hui séance de la diète. Dans cette dernière, ses membres étaient tous présents, à l'exception de ceux du canton de Zoug.

On s'est entendu pour faire parvenir au général Dufour une preuve bien méritée de reconnaissance pour l'intelligence qu'il a montrée dans la direction des mesures militaires.

J'ai eu une grande satisfaction à le voir si décidé et si content malgré le malentendu qui est survenu au moment où il s'agissait pour lui d'accepter la grande mission de pacifier la Confédération. (¹)

---

(1) Le malentendu dont il est ici question fait le sujet du chapitre suivant.

Il m'a remercié pour les sentiments de modération que renferme la proclamation que j'ai rédigée sur l'ordre de la diète, de même que pour mon discours adressé, dans sa première séance, au sein du grand conseil lucernois nouvellement reconstitué.

J'ai appris en outre que M. Stratford Canning avait également exprimé à M. Ochsenbein sa satisfaction pour l'esprit conciliant qui a dirigé les actes des représentants fédéraux lors de leur mission à Lucerne.

CHAPITRE IV

NOMINATION DE G.-H. DUFOUR COMME GÉNÉRAL DE L'ARMÉE FÉDÉRALE PENDANT LA GUERRE DU SONDER-BUND. — SES HÉSITATIONS D'ACCEPTER CETTE NOMINATION

Il n'exista qu'une voix en Suisse pour qualifier d'heureuse la nomination de Dufour comme commandant en chef de l'armée fédérale chargée d'anéantir l'alliance catholique séparée dite du Sonderbund. Ce choix inspira confiance à l'armée et à la nation et produisit surtout une excellente impression sur la plupart des officiers supérieurs, qui tous appréciaient hautement le colonel Dufour en raison des services rendus par lui, à Thoune et ailleurs, dans nos écoles militaires. — Les événements ont du reste pleinement justifié cette élection.

La modération de Dufour, sa prudence, sa circonspection sont connues de tous, *mais ce qu'un petit nombre connaît seulement*, c'est que la Suisse fut *sur le point d'être privée de cette excellente direction* pour les opérations militaires destinées à assurer l'exécution de l'arrêté rendu par la diète contre le Sonderbund.

Etant, avec M. Ochsenbein, le seul ancien membre de la diète de cette époque qui soit encore en vie et connaissant tous les détails de cet incident, je ne crois pas devoir omettre de transcrire ici un épisode des faits qui présentent un intérêt historique.

Toutes les résolutions importantes et toutes les élections étaient préparées, pendant la diète de 1847, par ce qu'on appelait la *„conférence des XII"*, c'est-à-dire la réunion des députés des douze cantons et des deux demi-cantons qui s'étaient prononcés *contre* le *Sonderbund*. Ces réunions étaient d'autant plus indispensables que l'absence d'une seule voix pouvait tout compromettre dans les séances plénières de la diète.

La conférence des XII se réunissait à l'hôtel de ville de Berne. De leur côté, les députés du Sonderbund avaient des réunions préparatoires, soit dans un hôtel, soit chez l'un des députés de ces cantons.

L'élection du commandant de l'armée fédérale avait naturellement fait l'objet de délibérations dans la conférence et la plupart des députés des XII avaient consulté soit leur gouvernement soit des officiers distingués de leur canton.

La conférence était tombée d'accord pour appeler au commandement en chef de l'armée fédérale M. Dufour, alors « colonel quartier-maître ». Cette décision fut prise avant le départ de ceux des membres de la conférence qui étaient désignés pour porter aux cantons du Sonderbund la proclamation dite « de conciliation ».

Peu après, Furrer, Munzinger et moi, quittions Berne, chacun de notre côté, pour remplir cette mission.

Les cantons avaient déjà appelé, de leur chef, un certain nombre d'hommes sous les drapeaux, afin de parer à toutes les éventualités.

Le 21 octobre 1847, la diète décide de placer ces troupes sous le commandement fédéral, et, le même jour, Dufour est officiellement nommé commandant de l'armée fédérale par onze voix sur douze. Frey-Hérosée est désigné comme chef d'état-major par dix voix sur douze.

Le 24 octobre suivant, lorsqu'on reçut l'avis que des troupes s'étaient mutinées à St-Gall et que les cantons du Sonderbund prenaient aussi des mesures militaires, les députés des XII restés à Berne rendirent immédiatement, comme je l'ai dit dans le chapitre précédent, sur la proposition de Zurich, un arrêté par lequel ils appelaient au service fédéral une armée de cinquante mille hommes environ; Dufour reçut par ce même arrêté le titre de général. Ces résolutions furent prises en séance extraordinaire et, comme c'était un dimanche, les députés du Sonderbund refusèrent d'y assister.

Par cet arrêté du 24 octobre, la diète donnait au

général certaines instructions et directions relatives à la mission qui lui était confiée. L'article 8, entre autres, contenait les dispositions suivantes.

« Le commandant en chef aura soin de donner aux « troupes des chefs qui jouissent de leur confiance « et, s'il ne s'en trouve pas un nombre suffisant dans « l'état-major fédéral, de les remplacer provisoirement « par des officiers cantonaux. A cet effet, il aura à « prendre le préavis des cantons. »

Cet article fut adopté par douze voix.

Le colonel Dufour avait été précédemment invité, pour cette même séance du 24 octobre, à venir prêter serment devant la diète en qualité de général.

Après que M. Ochsenbein, président de la diète, eut lu, en présence de Dufour, les dispositions de l'arrêté qui venait d'être adopté, ce dernier, prénant la parole, présenta diverses observations sur le contenu de cet arrêté. Dans ses critiques, il insista spécialement sur l'article 8 précité et déclara en terminant que *si cette disposition n'était pas modifiée, il ne pourrait pas prêter serment.*

Les paroles de Dufour provoquèrent des murmures de la part de quelques membres de l'assemblée et l'un d'eux dit même à haute voix: « Eh bien, s'il ne veut pas accepter, nous en trouverons un autre. »

Le président déclara qu'à la suite des observations présentées il se voyait obligé de renvoyer à une réunion ultérieure la prestation du serment.

En sortant de la séance, Dufour écrivit à M. Ochsenbein qui était, comme je l'ai dit, président de la diète, la lettre suivante, datée du 23 octobre,([1]) dont je possède l'original.

« Berne, le 23 octobre 1847.

« Excellence,

« Je suis désolé de ce qui s'est passé en diète, mais je ne pouvais pas en conscience jurer de me conformer à des instructions dont je n'avais aucune connaissance. Et j'ai bien fait, car il y a plusieurs points, dans la copie que j'ai maintenant sous les yeux, *que je ne puis décidément pas accepter,* parce qu'elles s'écartent beaucoup du mandat que j'ai cru accepter avec mon brevet.

« J'ai cru que je m'engageais par là à faire respecter l'arrêté de dissolution, et j'étais prêt à faire, en homme d'honneur, tout ce qui dépendrait de moi pour atteindre ce but, avec le concours des troupes fédérales que la haute diète mettrait à ma disposition, et que le conseil de la guerre *enverrait* conformément au règlement militaire général.

« Je ne m'engagerai jamais à les aller *chercher.* Or, c'est ce que suppose le préambule des instructions, en parlant de *rétablir l'ordre* là où il a été troublé.

------

(1) La lettre originale porte bien la date du 23 octobre, mais suivant la marche des événements elle fut écrite le 24.

« *Je maintiendrai l'ordre dans toutes les localités où se trouveront réunies les troupes fédérales,* d'après mes indications, en vue de l'expédition qui peut devenir nécessaire. Mais, s'il arrivait que, dans quelques parties éloignées, des bataillons ou de simples compagnies refusassent de marcher, c'est aux cantons que cela concerne *à les obliger* à partir, et non au commandant des troupes. S'il y a quelque part des récalcitrants, il sera obligé de se passer de leur concours; si par exemple trois bataillons refusent de marcher, ce sera trois bataillons de moins sous les drapeaux; ce sera fâcheux, mais du moins il ne se sera pas affaibli, pour les faire marcher, d'un nombre égal ou peut-être plus grand, ce qui ferait six bataillons au lieu de trois, et ainsi du reste. Et, d'ailleurs, que ferait-il de ces bataillons amenés par contrainte? Il aime mieux *trente mille* hommes sur lesquels il puisse compter que *cinquante mille* dans des dispositions contraires ou obligés à se surveiller les uns les autres. Il est donc nécessaire de changer le préambule à peu près en ce sens: La diète fédérale voulant que ses arrêtés relatifs au Sonderbund soient mis à exécution et sauvegarder les droits de la Confédération, arrête de..... ou quelque chose de semblable.

« Mes autres observations portent sur quelques passages du dernier article.

« 1° Le rétablissement de l'ordre et de la légalité

là où ils ont été troublés. Même observation que ci-dessus.

« 2° Donner aux troupes des chefs *qui méritent leur confiance. Cette disposition est au moins inutile, car les répartitions sont faites et le conseil de la guerre y a donné son assentiment.* Pour remplir cette condition, il faudrait consulter les troupes, et le chef qui plairait aux uns déplairait aux autres ; comment faire ? Un chef d'armée a assez d'embarras sans se jeter encore dans ce genre de difficultés. Avec cette disposition, on attaquera nos commandants, les uns dans un sens, les autres dans l'autre, en alléguant qu'ils n'ont pas ou qu'ils ne méritent pas la confiance des troupes. *Elle est donc dangereuse. Je n'y puis pas consentir.*

« 3° Si l'on veut autoriser le commandant en chef à requérir, en cas de besoin, des gouvernements cantonaux des secours de troupes ou le service d'officiers spéciaux, c'est bien ; c'est lui donner une preuve de confiance et pourvoir à des éventualités qui peuvent se présenter ; mais le contraindre à *demander le préavis* du canton que cela concerne, c'est mettre dans les mains de ceux-ci ce qui ne doit pas sortir des siennes.

« C'est encore un point *auquel je ne peux pas consentir.* Si l'on veut que l'affaire se fasse cantonalement, très bien — les officiers fédéraux ne doivent pas s'en mêler ; dans le cas contraire, il faut laisser

à ces derniers toute latitude et se conformer entièrement aux prescriptions du règlement militaire général.
Or, le règlement exige que, dans un armement, on
emploie des *officiers fédéraux* pour commander les
troupes, tandis que, par les instructions, il faudrait
remplacer ceux qui ne méritent pas leur confiance
par des officiers choisis dans les cantons par les
autorités cantonales !!

« Je prie donc qu'on veuille bien apporter aux
instructions du commandant en chef des modifications
*qui les rendent acceptables. Alors, je serai prêt à
prêter le serment requis et à employer toutes mes
facultés à faire respecter les décrets de la haute
diète fédérale.*

« J'ai l'honneur d'être, avec respect, M. le président, de votre Excellence le très obéissant serviteur

(Signé) G.-H. DUFOUR. »

Aussitôt après avoir pris connaissance de cette lettre,
M. Ochsenbein invita la conférence des XII à se réunir
à l'hôtel de ville, le soir même à 8 heures.

C'était un dimanche. Nous avions voyagé toute la
journée, Munzinger et moi. Munzinger avait été
délégué dans les deux demi-cantons d'Unterwald et
revenait de sa mission ; de mon côté, j'avais été
porter à Schwyz la proclamation de conciliation
(Versöhnungsproklamation), approuvée sans changement par la conférence et par la diète.

Notre mission, comme on le sait, n'avait pas abouti. En arrivant à Berne, j'appris que mon collègue M. Gräflein, second député de Thurgovie, avait été convoqué à l'hôtel de ville pour assister à la conférence. Bien que l'heure fût assez avancée, je m'y rendis immédiatement. Munzinger en fit de même.

Au moment de notre entrée dans la salle, les débats provoqués par la lecture de la lettre de Dufour étaient très vifs. Le président Ochsenbein, défendant énergiquement l'opinion d'une certaine phalange du conseil, demandait que la démission de Dufour fût acceptée purement et simplement. Cette manière de voir fut chaudement appuyée par d'autres orateurs. Munzinger et moi, arrivés les derniers, regardions la question comme déjà tranchée dans le sens de la proposition Ochsenbein.

La tournure que prenaient les choses *nous affligeait fort* et avec d'autant plus de motifs que l'attitude des cantons du Sonderbund, où nous avions été envoyés, nous faisait supposer une résistance très décidée contre l'exécution de l'arrêté de la diète.

Bien que sans grand espoir, je pris néanmoins la parole dans le sens suivant.

« Je ne puis qu'exprimer *la pénible émotion* que j'éprouve en voyant les difficultés provoquées par la nomination du commandant de l'armée fédérale.

« Le choix de Dufour avait été accueilli avec la plus grande satisfaction dans les XII cantons. L'impression du refus sera d'autant plus fâcheuse lorsqu'on apprendra que Dufour croit devoir refuser ces fonctions *par suite des instructions votées par la diète. Il en résultera de la méfiance.* On attribuera à la diète des intentions qu'elle n'a pas; on fera croire à des sous-entendus politiques ou militaires.

« Dufour a déjà nommé ses divisionnaires et parmi eux Ziegler, Bontems, Burckhardt et Donatz. Tous ces officiers sont amis personnels de Dufour. Quelques-uns d'entre eux se placent sur le même terrain politique que lui et partagent sans doute aussi les idées de leur chef au sujet des restrictions apportées aux attributions du général. Nous risquerions donc non seulement de nous priver d'un commandant auquel on accorde une confiance générale, mais de désorganiser une bonne partie de notre état-major.

« *Il a été commis une faute à mon avis.* Il n'aurait pas fallu appeler Dufour à prêter serment en séance publique, *sans lui avoir donné connaissance, ne fût-ce qu'officieusement, des instructions proposées à la diète.* La responsabilité d'un général est si grande que des égards sont dûs à l'homme qui consent à l'assumer, *et il aurait dû être tenu davantage compte de cette considération.*

« Je m'oppose donc *énergiquement* à la proposition du président et de quelques autres membres de la conférence tendant à son remplacement, et je propose de faire des démarches auprès de Dufour pour l'engager à revenir sur la résolution dont il nous fait part.

« Si, contre mon attente, notre tentative ne devait pas réussir, *nous aurions du moins rempli un devoir que la situation de notre pays nous impose.* »

Munzinger prit la parole immédiatement après moi. (Furrer était absent, sa mission à Zoug n'étant pas encore terminée.) Munzinger appuya avec chaleur ma proposition et la compléta en demandant que je fusse délégué pour faire immédiatement, au nom de la conférence, des démarches personnelles auprès de Dufour.

Nous pûmes bientôt nous convaincre que notre opposition n'était pas restée sans produire quelque impression sur nos collègues. Plusieurs cependant, tout en déclarant ne pas vouloir s'opposer à notre manière de voir, répliquèrent qu'ils n'en attendaient pas de résultat favorable.

Je me déclarai prêt à accepter la mission proposée par Munzinger, *mais à la condition formelle, en raison de l'importance que j'attachais à cette démarche, de ne pas m'en charger seul.* Je demandai de m'adjoindre, pour remplir cette mission, M. Näff de St-Gall qui, plus tard, fut conseiller fédéral.

Celui-ci me répondit que, l'opinion des députés réunis à *l'abbaye des maréchaux* étant trop bien arrêtée, *il n'avait plus d'espoir;* cependant que, si je voulais parler encore de la chose à M. Dufour, *il s'en remettait entièrement à moi, mais qu'il ne vien-drait pas le lendemain,* comme je l'aurais désiré, *pour régler cette affaire.*

C'est dans cette nuit agitée que je me fortifiai dans la résolution que j'avais prise de tenter l'effort que l'on attendait de moi. Il était évident que M. Dufour ne pouvait revenir sur sa résolution, déjà connue de quelques officiers (Ziegler, Bontems, etc.), sans qu'il lui fût ouvert une porte quelconque pour justifier un changement de conduite et renoncer à sa première hésitation.

Je fis, auprès de M. Näff, une nouvelle démarche le lendemain matin de bonne heure, dans le but d'obtenir de celui-ci qu'il se joignît à moi pour décider Dufour à accepter sa nomination, mais Näff *refusa* encore et exprima le désir que je pusse réussir seul.

Vers sept heures, je me rendis chez Dufour; il fut consterné d'apprendre le résultat des délibérations des XII à l'abbaye des maréchaux, et son premier mot fut: « Je vous le disais bien, il y a de la méfiance envers moi ».

Je répondis qu'il avait tort de parler de méfiance et qu'on avait craint plutôt de paraître compromettre la dignité de la diète en revenant sur des instructions déjà approuvées et livrées à la publicité. J'ajoutai de nouveau que les XII états n'avaient nullement l'intention de le priver du droit de nommer ses officiers en attribuant à l'article 8 ce caractère restrictif. Pour en bien déterminer le sens, l'idée me vint d'offrir à Dufour de lui remettre une déclaration, signée par moi, et que je soumettrais aussi à Munzinger et à Näff, portant que, d'après les délibérations de la conférence, dans sa réunion du dimanche soir, nous étions convaincus que l'article 8 de l'arrêté de la diète n'avait pas *cette portée de priver le général du droit de désigner les officiers supérieurs.*

Ayant rencontré Näff, en rentrant à mon hôtel, je le priai de venir chez moi le lendemain matin, à sept heures, afin de rechercher ensemble si nous ne pourrions pas trouver un autre moyen de sortir de cette fâcheuse situation et d'écarter les difficultés soulevées ensuite de la nomination de Dufour. *Nox dabit consilium,* dis-je à Näff en lui serrant la main au moment de nous séparer.

Le lendemain matin, après quelques pourparlers avec Näff, celui-ci ayant consenti enfin à m'accompagner chez M. Dufour, j'en informai, dans le courant de la journée, la conférence qui décida d'attendre le résultat de notre visite; à cet effet, ses membres se transportèrent à l'abbaye des maréchaux, lieu habituel des réunions du soir.

Accompagné de Näff, je me rendis immédiatement à l'hôtel du faucon, où logeait le général Dufour. Il était plus de dix heures, et celui-ci était sur le point de se coucher.

Nous le trouvâmes très agité. Au nom de la délégation, je lui exposai le but de notre visite. J'exprimai mes regrets personnels de ce qu'on ne lui avait pas donné connaissance, au moins officieusement, du texte de l'arrêté.

Le général Dufour, en me remerciant de la preuve de confiance et d'amitié que je lui donnais, me fit alors observer que la déclaration proposée par moi, le jour précédent, n'avait absolument rien d'officiel et qu'il pourrait difficilement s'en contenter.

Je lui répondis que sa remarque était parfaitement fondée et qu'aussi je ne prétendais point lui apporter une déclaration *officielle;* que mon but était de lui remettre par écrit l'opinion de deux hommes d'état, MM. Näff et Munzinger, connus de lui depuis longtemps et ayant connaissance des délibérations de la conférence des XII. J'ajoutai qu'une déclaration officielle, à insérer au procès-verbal de la diète, et conçue dans les termes arrêtés par nous la veille, était chose *absolument impossible* en face de l'opposition rencontrée dans la réunion à l'abbaye des maréchaux, mais que je lui assurais, avec l'approbation de Näff et de Munzinger, que la majorité de la conférence, en ce qui concernait la nomination des officiers supérieurs, était tout à fait décidée à reconnaître ce droit au général Dufour.

« Dans la situation actuelle de la Suisse, — dis-je « en terminant, — et en présence de l'effet déplorable

« que produira votre refus de prêter serment, je fais
« appel *à votre patriotisme connu de nous tous depuis*
« *longtemps.* Je vous prie instamment de mettre fin
« à toute hésitation et de prêter le serment de-
« mandé. »

Ne voulant pas insister davantage, et vu l'heure
avancée, nous nous retirâmes en lui déclarant encore
que M. Munzinger et nous, signerions la déclaration
spécifiant qu'il ne serait nullement privé de nommer
ses officiers supérieurs, parce que nous trouvions nos
explications conformes à ce que nous avions appris
dans la conférence et *au texte même de l'article 8.*

Le lendemain, je retournai à l'hôtel du faucon
et déclarai à M. Dufour que je ne prévoyais d'autre
issue que celle-ci : ou bien maintenir sa démission,
ce que *nous aurions vivement regretté à tous les points
de vue et, avec nous, toute la Suisse,* ou bien prêter
serment sur la foi de la déclaration que nous lui
avions faite la veille.

Dufour, les larmes aux yeux, me tendant la main,
répondit :

« Vous en appelez à mon patriotisme, mon cher
« ami ! Oh ! il en faut beaucoup pour accepter *une*
« *pareille responsabilité dans de pareilles conditions.* »

Dufour finit donc par céder à mes instances, comprenant que les divisionnaires qu'il avait déjà nommés pourraient se retirer en même temps que lui.
En effet, j'avais appris la veille qu'ils suivraient

Dufour dans sa retraite. Quelles conséquences à prévoir! Ni général, ni divisionnaires! Quelle influence en serait-il résulté sur l'armée, les gouvernements cantonaux et le peuple!

C'est au dernier moment, à huit heures du matin, que j'obtenais le « oui » définitif du général pour son acceptation.

« Lorsqu'on connaîtra le résultat de notre démarche,
« — dis-je à M. Dufour en le remerciant, — la majorité
« des XII en aura une grande joie; mais certains
« membres seront consternés, car on parlait déjà de
« vous remplacer par M. Ochsenbein ou M. Rilliet. »

La diète était déjà rassemblée le matin à neuf heures, et mes collègues attendaient, soit dans la salle des séances, soit dans la salle des pas-perdus. Ils avaient appris par M. Gräflein, second député de Thurgovie, que j'étais de nouveau en pourparlers avec Dufour à l'hôtel du faucon. La diète ne s'occupait que d'affaires de peu d'importance, et chacun attendait le résultat de ma démarche avec une impatience bien naturelle.

La grande majorité des députés des XII cantons fut, comme je m'y attendais, très satisfaite d'apprendre que Dufour viendrait prêter serment dans la journée, sans faire de réserves. Je ne parlai à personne des détails de la conversation qui avait eu lieu entre Dufour et nous, ni de la déclaration promise, — et s'il y eut des mécontents, c'était une minorité très peu nombreuse.

Entre dix et onze heures, Dufour se présentait en uniforme, accompagné de son état-major, et prêtait le serment prescrit par le règlement, sans qu'aucune observation fût faite ni d'un côté ni de l'autre.

Dans la séance suivante des XII à l'hôtel de ville, Munzinger me remercia de mes nouvelles démarches auprès de Dufour et du résultat obtenu. Il exprima encore une fois ses regrets de ce qui s'était passé dans la séance du 24 octobre et fit observer qu'il serait de la plus haute importance d'éviter à l'avenir tout germe de conflit entre les XII et le commandant de l'armée. Il ajouta que le meilleur moyen, à son avis, d'atteindre ce résultat, *désiré par tous,* serait de déléguer l'un de nous auprès du général, afin de le tenir au courant de tout ce qui se passerait dans nos conférences et de lui prouver de cette manière que nous avions pleine confiance en lui. Il proposa de désigner comme délégué auprès du général, pendant toute la durée de la guerre, celui qui avait réussi à écarter les difficultés soulevées lors de la prestation du serment.

Je n'hésitai pas à accepter cette mission, et, à partir de ce jour, *je fis régulièrement part à Dufour de toutes les délibérations d'une certaine importance,* prises, soit au sein de la conférence, soit souvent aussi par la commission des sept, chargée de préparer les arrêtés et de formuler les décisions de la conférence et de la diète.

Ayant eu l'honneur d'être membre et rapporteur de la commission des sept, je pouvais informer le général de tout ce qui me paraissait devoir l'intéresser à un titre quelconque. J'étais, de cette manière, en rapports journaliers avec Dufour pendant tout le temps de son séjour à Berne, et la mesure proposée ne tarda pas à lui inspirer la conviction qu'il jouissait de la confiance de la grande majorité de la diète. Il alla même jusqu'à oublier complétement, au milieu des complications militaires et autres dont il était assiégé, la déclaration que je lui avais promise sur l'interprétation de l'article 8 de l'arrêté de la diète et lorsque je lui en reparlai, il me répondit que, par suite de nos entretiens personnels, il n'en avait plus besoin.

Il m'avait prié, du reste, après la prestation du serment, de retirer des mains du président de la diète l'original de sa lettre du 23 octobre pour me laisser ce document en souvenir, comme un gage d'amitié de cette époque mouvementée.

Pendant la journée du 24 octobre et après le refus conditionnel de Dufour, il fut naturellement question, dans les conversations entre les députés à la diète, de ceux auxquels il conviendrait de confier éventuellement le commandement supérieur de notre armée. Deux noms surtout furent prononcés. Je les ai nommés, c'étaient MM. Ochsenbein et Rilliet.

Ce qui est incontestable, c'est que la démission de Dufour aurait *très probablement* entraîné celle de quelques-uns des officiers les plus distingués de l'armée, tels que Ziegler, Bontems, Burckhardt, Donatz, dont les excellents services ont tout particulièrement contribué à l'heureuse issue de la guerre. Elle aurait jeté le désarroi dans les diverses opérations préliminaires destinées à assurer l'exécution de l'arrêté de la diète et dans l'organisation des services militaires.

Sans me permettre de formuler un jugement sur l'un ou sur l'autre des officiers supérieurs proposés comme général en chef par certains membres de la diète, je ne puis cependant m'empêcher d'exprimer la conviction personnelle que la Suisse peut se féliciter de ce qu'on ait *réussi à maintenir le commandement entre les mains du général Dufour.*

Avec les forces très supérieures mises à sa disposition, la diète aurait sans doute réussi à vaincre le Sonderbund et à le dissoudre, mais il est cependant permis de croire que la Suisse n'aurait nullement eu la certitude de voir d'autres chefs, à l'exclusion du général Dufour, atteindre les grands résultats que ce dernier a obtenus, en suivant les instructions prescrites.

D'après ces instructions, il aurait fallu remplacer les officiers fédéraux qui ne méritaient pas la confiance de la troupe par des officiers choisis dans les cantons par les autorités cantonales!

Ces instructions contenaient, en outre, la mention que le préavis des autorités cantonales n'était pas *obligatoire* pour le général, mais avait simplement le caractère d'une « proposition recommandée » (empfohlener Vorschlag).

M. Dufour hésitait beaucoup à accepter à cause de cela sa nomination, et on le comprend.

Sa démission aurait diminué dans certains cantons la confiance des troupes en leurs chefs et surtout donné plus d'assurance aux cantons du Sonderbund. J'avais, en effet, eu l'occasion de me convaincre, dans le cours de ma mission de conciliation à Schwyz et spécialement dans un entretien avec M. Duggelin, vice-landammann de ce canton, que le parti du Sonderbund avait été péniblement surpris de la nomination de M. Dufour et qu'il espérait et désirait un refus de sa part.

Sa démission n'aurait en outre *pas manqué de provoquer* une certaine *méfiance au point de vue politique.*

Le peuple aurait cru à l'existence de certains plans secrets de la part de la majorité de la diète.

Il était dans l'intérêt de la vérité historique, dans une question si importante, d'exposer *complètement* les motifs qui ont été de nature à empêcher, dès l'origine, M. Dufour d'accepter sa nomination de général de l'armée suisse, motifs qui ont été heureusement écartés *par la fermeté avec laquelle il a maintenu les droits d'une position légale et réglementaire.*

On doit donc *hautement féliciter la Suisse de l'acceptation de cette position légale.* Les faits mentionnés dans ce chapitre et la lettre officielle du général Dufour, du 23 octobre 1847, expliquent pleinement son hésitation, *tout à fait consciencieuse et bien justifiée.*

N'était-ce pas un grand avantage pour la Confédération de savoir que les mesures militaires, organisées pour exécuter les arrêtés de la diète, seraient dirigées par un chef aussi habile, aussi sage et aussi modéré et cela conformément aux intérêts de la Suisse entière?

Il m'a paru que les faits qui précèdent méritaient d'autant plus d'être signalés qu'ils font ressortir l'esprit *d'abnégation* et *de dévouement patriotique de Dufour.* Il a consenti à mettre de côté toutes les susceptibilités personnelles provoquées par la rédaction des instructions votées par la diète, instructions, qui *ne lui ont pas été communiquées,* d'une manière ou d'une autre, *avant* la prestation du serment, en séance publique.

Puisse cet exemple de patriotisme et de dévouement donné par Dufour trouver de l'imitation, si, par malheur, de nouveaux troubles venaient atteindre notre chère patrie!!

CHAPITRE V

EMPRUNT FORCÉ DANS LE CANTON DE FRIBOURG. — INTERVENTION DE LA CONFÉDÉRATION DANS CETTE AFFAIRE

Je dois mentionner ici un fait qui se rattache aux conséquences du *Sonderbund* et auquel j'ai pris une part active.

La guerre du Sonderbund terminée, la diète prit, le 2 décembre 1847, un arrêté imposant de fortes contributions aux cantons de l'alliance séparée, afin de compenser les sacrifices faits par le fisc pour couvrir les dépenses considérables occasionnées par la guerre.

Le gouvernement provisoire du canton de Fribourg, pour se couvrir de sa part de contribution, décréta, le 29 novembre 1847, qu'il y avait lieu de mettre en état d'accusation, pour cause de haute trahison, les membres du conseil d'état, du conseil diplomatique et du conseil de guerre du Sonderbund qui avaient voté pour l'accession à la ligue séparée et pour la résistance à la diète; en outre, les membres du grand conseil qui avaient confirmé cette décision et enfin les chefs militaires, les ecclésiastiques, les fonctionnaires et autres personnes qui, en vue de favoriser la guerre civile, avaient enfreint leurs devoirs ou commis des actes qui ne leur étaient pas imposés par leur position.

L'arrêté énumérait 79 personnes dans ce cas et portait en outre qu'elles seraient traduites devant les tribunaux ordinaires, qui auraient à statuer tant sur les peines que sur l'indemnité.

Les prévenus furent suspendus dans l'exercice de leurs droits civiques et leurs biens mis sous séquestre.

Le 20 janvier 1848, le grand conseil fribourgeois décida qu'une amnistie générale serait accordée à des conditions telles que les personnes à désigner par le gouvernement auraient à déclarer, dans un délai de quinze jours, si elles acceptaient le décret d'amnistie avec ses conditions, ou si elles voulaient recourir aux tribunaux.

L'essentiel de ces conditions consistait en ce que les auteurs du Sonderbund et de la guerre, à *désigner par le gouvernement,* devaient payer au canton, en se portant solidaires, la somme de 1,600,000 francs de Suisse à titre de dommages-intérêts, réclamés par la diète au canton de Fribourg pour sa part de contribution.

Les personnes impliquées dans la sentence ci-dessus étaient en outre suspendues, pendant dix ans, dans l'exercice de leurs droits politiques et pouvaient en outre être temporairement bannies du canton par des mesures de police, si elles se rendaient coupables de menées politiques.

Le 11 février 1848, une ordonnance d'exécution, émanant du gouvernement provisoire, citait vingt personnes qui devaient payer la contribution de 1,600,000 francs et cela jusqu'au 28 février suivant, délai avant l'expiration duquel elles pouvaient se pourvoir par devant les tribunaux.

Ces vingt personnes adressèrent au grand conseil fribourgeois une pétition. où elles protestaient de leur innocence et de leur irresponsabilité. Se référant au procès-verbal du séquestre, elles déclarèrent que leur fortune commune (1,200,000 francs) était insuffisante pour couvrir la somme exigée de 1,600,000 francs; mais que, vu l'état misérable dans lequel se trouvaient les finances cantonales, les pétitionnaires étaient disposés à faire des sacrifices matériels, cela au prorata de leur fortune.

Cette pétition eut pour résultat que le grand conseil, par décret du 23 février 1848, prolongea jusqu'au 31 mars le délai fixé aux intéressés pour la déclaration qu'ils avaient à faire et que leur prescrivait l'arrêté du 20 janvier précité.

Cependant, le 28 mars, une revision du décret

du 20 janvier ayant été résolue, il fut arrêté ce qui suit:

„ Les dispositions du décret qui imposent une contribution aux intéressés sont suspendues; en revanche, il sera adressé une proclamation au peuple pour l'inviter à contribuer par des dons volontaires à la liquidation des frais de guerre. Les couvents sont supprimés, et leur fortune est incorporée à celle de l'état pour être affectée à des buts d'utilité publique.“

Mais cet appel n'obtint pas le résultat attendu et le grand conseil fribourgeois se trouva dans la nécessité de rendre, le 20 mai 1848, un nouveau décret dans cette affaire.

Par cette nouvelle décision, une amnistie conditionnelle était proclamée pour délits politiques aux conditions suivantes.

„Une somme de 1,600,000 francs serait imposée aux principaux fauteurs du Sonderbund, ainsi qu'à tous les individus et personnes morales qui, directement ou indirectement, avaient excité à la résistance aux arrêtés de la diète. Les coupables devaient être répartis en cinq classes, selon le degré de leur participation, et leurs obligations fixées en proportion. Il devait y avoir solidarité entre les intéressés de la même classe,“ etc., etc.

En vertu de l'exécution de ce décret, le conseil d'état rendit, le 7 septembre 1848, une ordonnance dans laquelle 214 personnes ou familles et 139 communes étaient désignées comme débitrices et taxées séparément, sous répartition en cinq classes. Le terme du premier paiement était fixé au 31 octobre 1848.

Sur ces entrefaites, environ 40 des intéressés adressèrent au directoire fédéral une requête, par laquelle ils le sollicitaient d'interdire au gouvernement fribourgeois l'exécution de ces décrets jusqu'à ce que l'autorité fédérale eût prononcé sur cette affaire.

Cette demande était accompagnée d'un mémoire circonstancié très-étendu, dans lequel les intéressés demandaient que les frais de guerre fussent supportés dans une proportion équitable par tout le pays et subsidiairement que les voies judiciaires fussent ouvertes aux pétitionnaires.

D'autres pétitions émanant de citoyens frappés de la même peine parvinrent encore à l'autorité fédérale.

L'une d'elles, couverte de nombreuses signatures, déclarait en substance qu'un *emprunt forcé* pouvait devenir nécessaire par suite des circonstances, mais qu'on devait se borner au besoin le plus urgent et s'écarter le moins possible des exigences de la justice. Cet emprunt forcé devait du reste être réparti équitablement entre tous les citoyens, porter si possible intérêt et fournir des garanties (ce qui n'était pas le cas).

Sur ces entrefaites, le grand conseil rendit, le 23 décembre 1848, un nouveau décret qui se rapportait aux divers soulèvements et contenait à son article 7, relativement à l'emprunt, ce qui suit.

„La contribution de 1,600,000 francs imposée aux auteurs et fauteurs du Sonderbund par décret du 20 mai et par l'ordonnance d'exécution du 7 septembre 1848 est convertie en un emprunt forcé, remboursable sans intérêt. Le mode de liquidation et d'amortissement, ainsi que le terme de remboursement, fera l'objet d'une loi particulière."

Par l'article 8, le conseil d'état était autorisé à permettre, sur leur demande, la rentrée de quelques bannis.

Dans l'intervalle, le conseil fédéral, qui venait d'être institué ensuite de l'entrée en vigueur de la constitution fédérale de 1848, fut chargé d'examiner les pétitions des recourants et de donner son préavis sur cette épineuse affaire.

Après avoir entendu le conseil d'état de Fribourg, le conseil fédéral fournit aux chambres, le 20 mars 1850, son rapport, qui concluait à inviter le gouvernement fribourgeois à modifier les décrets du 20 mai, 7 septembre et 23 décembre 1848, dans ce sens qu'on devait fixer aux personnes intéressées un délai pour faire valoir leurs moyens de droit.

J'étais à cette époque vice-président du conseil national et, dans l'intérêt de la justice, j'appuyai hautement l'intervention de la Confédération dans cette affaire.

Je proposai de déléguer à Fribourg, dans un but

de conciliation, deux commissaires fédéraux, et l'assemblée fédérale, avant de se prononcer d'une manière définitive sur les réclamations des imposés touchant les décrets du grand conseil de Fribourg, décida, par un arrêté en date du 6/8 mai 1850, que le conseil fédéral devait s'interposer, de la manière qu'il jugerait convenable, dans le but d'obtenir une solution amiable.

Cette dernière autorité, par sa résolution du 10 mai suivant, nous chargea, moi comme premier et M. Pioda, conseiller national, comme second commissaire, de nous rendre à Fribourg pour tenter un arrangement.

Nous partîmes pour cette ville le dimanche 12 mai, ainsi qu'il en avait été convenu dans une conférence que nous avions eu l'honneur d'avoir, le jour précédent, avec le président de la Confédération, M. Druey.

Le jour de notre arrivée, nous eûmes une entrevue avec M. Castella, président du gouvernement. Celui-ci désigna, sur notre demande, MM. Schaller et Pittet pour se mettre en rapport journalier avec nous.

Nous vîmes également le président et le vice-président du grand conseil, MM. Rémy et Bussard, qui, à en juger par les quelques mots que nous échangeâmes, semblaient montrer d'excellentes dispositions pour une solution pacifique de cette affaire.

Il n'en était pas de même de quelques citoyens imposés, avec qui nous eûmes une entrevue. Ces messieurs montraient par leurs paroles que les négociations seraient difficiles.

Le gouvernement s'empressa de mettre à notre disposition des sauf-conduits pour ceux d'entre les imposés qui avaient été bannis du canton. Il fut fait cependant une exception pour MM. Fournier et Aebi dont le gouvernement crut devoir laisser subsister l'éloignement, vu la part très-active que ces messieurs avaient prise au Sonderbund.

Par notre rapport, du 18 mai, nous annoncions au conseil fédéral qu'on avait rédigé divers projets de conciliation, qui se résument comme suit.

A. *Projet de transaction de la commission des imposés,* qui disait en substance que les personnes visées dans les décrets du grand conseil fribourgeois étaient disposées à verser dans la caisse fédérale une somme de 800,000 francs, versement qui serait effectué dans le terme de trois mois, à condition que le gouvernement fribourgeois prît l'engagement de rembourser ce capital par annuités de 50,000 francs, qui commenceraient leur effet dix ans après, avec un intérêt de 2 %.

Ensuite de cet arrangement, si celui-ci venait à être accepté, les décrets du grand conseil des 20 mai et 23 décembre 1848 relatifs aux imposés, ainsi que l'arrêté d'exécution du 7 septembre de la même année, seraient abrogés.

B. *Deux propositions du gouvernement* accompagnées de *dispositions communes* à toutes les deux. Ces propositions renfermaient, outre les différentes garanties accordées aux imposés, deux différents projets de rembourser le capital par annuités. La première de ces propositions soumettait l'idée de rembourser le capital dès la fin de l'année 1859 pour se terminer dans le courant de 1865; les dispositions des décrets susmentionnés seraient maintenues.

La seconde des propositions soumettait un projet de remboursement de 30,000 francs pendant les cinq premières années, de 35,000 francs pendant les dix années suivantes, et ainsi de suite, toujours en progressant jusqu'à l'extinction de la dette. De plus, un intérêt de 1 °/o aurait été bonifié aux imposés à dater du 1ᵉʳ janvier 1859.

Ces deux propositions étaient accompagnées, comme je l'ai dit, de dispositions qui réglaient ces concessions faites, d'après le gouvernement, dans l'espoir que non seulement la Confédération ne réclamerait pas des cantons de l'ancien Sonderbund le paiement du compte final ou supplémentaire des frais de guerre, mais encore qu'elle accorderait un rabais sur le compte primitivement fourni.

Après avoir pris connaissance de ces projets, nous résolûmes, M. Pioda et moi, de soumettre aux imposés des propositions que, vu leur importance, je reproduis in extenso.

Art. I. Les personnes désignées dans l'arrêté d'exécution du 7 septembre 1848 déclarent que, dans le but de venir en aide au pays dans les circonstances difficiles où il se trouve, elles sont prêtes à faire des sacrifices pécuniaires, afin de procurer au gouvernement du haut état de Fribourg les moyens de couvrir une partie des frais de guerre résultés de la prise d'armes de l'année 1847.

Art. II. Ces sacrifices pécuniaires, consentis par les personnes ci-dessus mentionnées, sont réglés aux points suivants.

1° Elles verseront dans les caisses de l'état de Fribourg la somme de un million six cent mille francs de Suisse, sauf les réductions mentionnées dans le présent acte et dans les termes fixés ci-après.

A. Huit cent mille francs seront acquittés en espèces dans le terme de trois mois, à compter du jour où l'affaire pendante devant l'assemblée fédérale, sur les réclamations des imposés fribourgeois, sera déclarée terminée.

B. La somme restante de huit cent mille francs sera acquittée en espèces dans le terme de six mois, à compter du même jour.

2° Seront déduites de la somme prémentionnée d'un million six cent mille francs, les sommes capitales portées dans l'arrêté du 7 septembre 1848 à la charge des personnes signataires auxquelles leur contribution a déjà été remise ou à la charge des personnes signataires qui sont notoirement dans l'impossibilité d'acquitter toute leur contribution.

Cette déduction est définitivement réglée à la somme de cent mille francs, dont l'application sera faite par les contribuables eux-mêmes.

3° Il sera prélevé sur la somme de un million six cent mille francs le montant nécessaire pour rembourser les sommes capitales *déjà payées par les contribuables, et leurs intérêts,* en ce sens que les sommes payées en espèces sont déduites de la somme de sept cent cinquante mille francs qui devra être versée dans les trois premiers mois, et la déduction du montant des titres qui ont été cédés se fera sur la somme de sept cent cinquante mille francs qui devront être payés à l'expiration des trois mois subséquents.

4° Comme les contribuables devront se procurer la somme à payer au moyen d'un emprunt à contracter auprès de capitalistes suisses ou étrangers, le gouvernement du haut état de Fribourg prend l'engagement vis-à-vis d'eux de rembourser cette somme dans le terme et de la manière indiqués ci-après : il sera stipulé un acte notarié de cet engagement portant hypothèque sur les grandes forêts de l'état (avec réserve, en faveur de l'état, de transporter sur des immeubles d'égale valeur en cas d'aliénation), afin que les contribuables puissent au besoin déposer cet acte en nantissement auprès des capitalistes qui consentiront à leur fournir des fonds.

5° Le remboursement du capital ci-dessus mentionné sera effectué, comme il est dit dans le paragraphe précédent, par l'état de Fribourg et par dixièmes annuels qui commenceront à échoir dans le terme de quinze années.

6° Les contribuables feront le service, jusqu'à extinction du capital, des intérêts de la somme empruntée par eux solidairement et se répartiront entre eux les charges nécessaires pour subvenir à ce service dans les proportions réglées par l'arrêté du 7 septembre 1848.

L'état de Fribourg, de son côté, leur bonifiera annuellement un intérêt de:

1 % pour les cinq premières années;
1½ % pour les cinq années subséquentes;
et 2 % pour les années ultérieures.

Art. III. Il est réservé que, pour le cas où la haute assemblée fédérale consentirait à un rabais sur les frais de guerre dûs par le canton de Fribourg, ce rabais profitera pour la première moitié à la caisse de l'état et pour la deuxième moitié à la caisse des *imposés,* de sorte que l'état de Fribourg, dans les six mois qui suivront l'arrêté de l'assemblée fédérale y relatif, sera tenu de rembourser à la décharge de ceux-ci la moitié de la somme qui lui aura été remise.

Il est entendu que le rabais en question ne concerne que le compte des frais de guerre sur lequel a été réglée jusqu'à présent la contribution de Fribourg et nullement le rabais qui pourra être fait sur le compte final.

Art. IV. Il est réservé que, pour le cas où quelques-uns des contribuables refuseraient d'adhérer au présent acte de médiation, les signataires profiteront, pour les sommes mises à leur charge, du bénéfice réservé au second alinéa de l'article 5 du décret du 5 mai 1848, à la condition que les paiements réservés dans le présent acte soient effectués aux époques fixées. Les sommes mises à la charge des non-signataires, par l'arrêté du 7 septembre 1848, seront déduites de la somme totale de 1,600,000 francs et l'état de Fribourg restera, vis-à-vis d'eux, dans ses droits.

Art. V. Les personnes morales, soit les communes et paroisses frappées de contribution par l'arrêté d'exécution du 7 septembre 1848, pourront participer aux bénéfices et aux charges du présent acte; il leur sera fixé par le gouvernement un terme suffisant pour déclarer leur adhésion.

Art. VI. Tout différend qui pourrait s'élever relativement à l'exécution de ces dispositions entre le gouvernement de Fribourg et les contribuables sera décidé par arbitrage.

Art. VII. Les frais de séquestre seront payés par les contribuables.

A l'égard des contribuables avec lesquels des procès civils ont été engagés, chaque partie supporte ses frais.

Art. VIII. Les réclamations à l'assemblée fédérale par les contribuables et qui ont fait l'objet de ses délibérations du 6/8 mai, étant désormais sans objet, sont retirées.

Les commissaires fédéraux,

(signé)   Dr KERN.

„   Jⁿ B. PIODA.

Ce fut le 21 mai 1850 que nous présentâmes ces propositions à la commission des imposés qui, sous réserve de ratification de l'assemblée des contribuables, les accepta par l'apposition de la signature de huit de ses membres.

Le même jour, nous soumettions au gouvernement un exemplaire de ce document, en le priant de l'accepter tout en demandant au grand conseil de consentir à la modification — qui devenait nécessaire par nos propositions — des décrets des 20 mai et 23 décembre ainsi que de l'arrêté du 7 septembre 1848 et de réintégrer dans leurs droits politiques les personnes qui en avaient été privées par l'article 7 du décret du 20 mai 1848.

Les huit contribuables, membres de la commission des imposés, qui avaient adopté et signé nos propositions, s'adressèrent aussi au gouvernement dans le même esprit que celui contenu dans les vœux que nous lui avions formulés.

Dans sa réponse, celui-ci déclara adhérer à nos conditions, sous la réserve toutefois que la grande majorité des contribuables les accepte et s'y soumette.

Si cette réserve venait à être acceptée, le gouvernement déclarait, en outre, vouloir demander la convocation du grand conseil, sous serment, pour le samedi suivant, 25 mai, afin de discuter un projet de décret qu'il présenterait dans le sens de nos propositions acceptées.

Le 16 mai, une assemblée générale des contribuables ayant eu lieu, ceux-ci déclarèrent accepter nos offres, ensuite de la promesse que nous leur avions faite qu'il n'y avait pour eux aucune possibilité d'obtenir d'autres concessions que celles qui se trouvaient mentionnées dans l'acte et dans l'office que nous avions, M. Pioda et moi, adressés au conseil d'état du canton de Fribourg.

Après cette explication, nous annonçâmes à l'assemblée que la commission des contribuables n'aurait pu obtenir de modifications ultérieures, notamment en ce qui concerne l'article 7 de l'arrêté du 7 septembre 1848; que, du reste, chaque contribuable, après avoir entendu et examiné nos propositions, était libre d'y adhérer ou non.

Suivant la promesse qui nous en avait été faite par le conseil d'état, le grand conseil se réunit le 25 mai suivant.

La commission de ce conseil avait préalablement, par 5 voix contre 2, décidé de ne pas entrer en matière sur nos amendements, et, en outre, dans une réunion qui avait eu lieu le jour précédent, la majorité des membres du conseil avait montré les dispositions les plus hostiles à nos propositions.

On donnait à notre système une interprétation des plus fâcheuses.

Dès l'ouverture de la première séance du conseil, on vint nous avertir que tout serait perdu, si une réaction ne venait pas changer les mauvaises dispositions qui continuaient à se manifester.

Ayant résolu de nous rendre à l'assemblée, nous formulâmes notre demande par écrit au président, en le priant d'en faire part au conseil. Celui-ci suspendit immédiatement toute discussion et nous envoya une députation chargée de nous faire savoir qu'on serait satisfait de nous entendre.

Nous prîmes donc place au sein du grand conseil, et exposâmes, l'un après l'autre, les intentions bienveillantes de l'autorité fédérale et le soin que nous avions eu de répondre par nos actes aux intentions du conseil fédéral.

Après ces explications, un membre du conseil soumit l'idée de renvoyer la discussion au 26 juin; un second député voyant l'inconvenance d'un si long délai, proposa le renvoi au 28 mai, ce qui fut adopté.

Dans notre position de commissaires fédéraux, nous n'avions pas cru devoir, bien qu'interpellés, nous prononcer sur cette question de renvoi, car nous ne voulions à aucun prix prétendre à une délibération faite avec précipitation, ni prendre sur nous la responsabilité d'un renvoi.

Le 28 mai, le grand conseil sanctionna un projet d'arrêté du conseil d'état, par lequel le bannissement était levé, excepté pour MM. Fournier et Aebi. Nos propositions furent trouvées conformes et adoptées par 50 voix contre 17, et le gouvernement eut mission de s'entendre avec les contribuables pour les opérations financières ultérieures.

Notre mandat était, par ces différentes décisions, arrivé à son terme.

Nous en avisâmes le conseil fédéral, qui voulut bien accorder à nos actes son entière approbation, ce qui fut pour nous une belle récompense, et nous fit oublier la peine et les nombreux tracas que nous avions éprouvés pendant le cours de nos négociations.

Peu après notre mission à Fribourg, l'assemblée fédérale — soit le conseil des états le 5 août et le conseil national le 12 août 1850 — décréta certains allégements dans les conditions de paiement des frais de la guerre du Sonderbund, dont voici la teneur:

« 1° Les paiements avant échéance faits par les états de l'ancien Sonderbund, à compter sur leur quote-part, porteront intérêt pour ces états.

« 2° Des titres pourront être acceptés en paiement au lieu d'argent comptant. »

CHAPITRE VI

ÉLABORATION D'UNE CONSTITUTION FÉDÉRALE, EN 1848, POUR REMPLACER LE PACTE FÉDÉRAL DE 1815

La nécessité de reviser le pacte fédéral du 7 août 1815 se faisait sentir toujours davantage, surtout après les événements du Sonderbund.

Produit d'une époque de réaction, l'origine de ce pacte fut toujours impopulaire. Basé sur les constitutions cantonales de 1814 qui avaient fait place, en 1830 et en 1831, à des chartes plus démocratiques, le pacte fédéral avait cessé, depuis ces crises politiques, d'être en harmonie avec les institutions sur lesquelles il reposait.

Aussi la diète décréta-t-elle la revision du pacte en juillet 1832 ; mais bien que revisé et modifié par l'assemblée en mars 1833, d'après les instructions des cantons, le projet de la commission finit par être rejeté.

Un second projet, relatif à une nouvelle organisation du pouvoir directorial, eut le même sort en 1840.

Malgré cela, le principe de la revision fut maintenu d'année en année, et cette revision, si souvent répétée sur tous les tons, put de nouveau prendre vie le 16 août 1847, jour où la diète nomma, pour travailler à la revision du pacte, une commission composée d'autant de membres que d'états (cantons et demi-cantons) prenant part à cette œuvre.

Le motif de cette importante décision était que l'esprit national avait fait de notables progrès, même dans les mauvais jours que notre chère patrie avait dû traverser en maintes circonstances depuis 1833 à 1847 ; l'extrême difficulté d'arriver à une solution heureuse dans la question des couvents d'Argovie, dans celle des jésuites et du Sonderbund, pour ne mentionner que celles-là, l'impossibilité d'opérer les améliorations généralement demandées, les dangers auxquels la Suisse avait été exposée à cette époque, firent sentir plus vivement que jamais, à la nation tout entière, la nécessité de mettre ses institutions fédérales en harmonie avec le progrès du temps et les lois de son existence.

Les graves événements politiques ou militaires dont la Suisse fut le théâtre ou l'objet pendant la seconde moitié de l'année 1847 et les premières semaines de la suivante ne permirent pas à la commission de se livrer à ses travaux avant le courant du mois de février 1848.

Il importait d'ailleurs que les cantons qui avaient fait partie du Sonderbund pussent coopérer à une œuvre d'un si grand intérêt pour chacun. Loin d'être nuisible à une entreprise aussi considérable, ce délai permettait de présenter un projet mieux réfléchi et, sous tous les rapports, meilleur que n'aurait été une œuvre faite à la hâte et sous l'empire des préoccupations de la lutte.

Tous les cantons confédérés étaient représentés dans cette commission, à l'exception de Neuchâtel et d'Appenzell-Rhodes intérieures, cantons qui ne restèrent du reste pas étrangers à l'examen de l'ensemble du projet.

Je fus nommé, conjointement avec M. Druey, alors conseiller d'état et membre de la diète pour le canton de Vaud, rédacteur de la commission chargée de reviser le pacte fédéral. Je devais, en cette qualité, prendre part aux délibérations des commissions spécialement désignées par la diète pour rédiger des propositions sur les questions les plus importantes, de sorte que je pouvais m'initier, avec M. Druey, à tous les détails et aux conséquences de ces questions.

Pour l'élaboration des propositions que nous devions soumettre à la diète, nous avions partagé notre travail dans ce sens que M. Druey étudiait surtout le projet du rapport final, destiné à être distribué aux membres de la diète et aux cantons, tandis que, pour ma part, il m'était échu la rédaction de toutes les parties de la nouvelle constitution.

Du commencement à la fin, nous nous sommes voués à notre grande et belle tâche avec la même sympathie et la même ardeur, en prenant en outre une part très-active aux délibérations de la diète, comme cela est du reste constaté par les procès-verbaux de cette époque rédigés par feu M. J.-U. Schiess, ancien chancelier de la Confédération.

Les considérations qui ont dirigé les membres de la commission de revision et ses rapporteurs ont été développées et étudiées à fond. Comme elles sont connues et que du reste la constitution fédérale dont il s'agit ici a été remplacée, en l'année 1874, par une sœur plus jeune, plus vivace, je me dispenserai de m'étendre sur les détails et les propositions qui se sont fait jour dans cette circonstance. Ce ne serait qu'une répétition sans intérêt actuel.

Si nous recherchons quels ont été les avantages que nous a apportés dans notre vie intérieure la constitution fédérale de 1848, un simple coup d'œil nous convaincra qu'il a été fait beaucoup et de fort bonnes choses.

Les barrières que les douanes avaient posées à l'intérieur du pays sont tombées; une organisation uniforme des plus satisfaisantes s'est substituée à l'ancien chaos des monnaies, des poids et des mesures; nos institutions postales ont pris, sous la direction de la Confédération, un développement qu'elles n'auraient jamais atteint sans cette organisation.

Ce sont là des bienfaits qui ont profité à toute la nation et qui ont fait sentir leurs effets jusque dans les moindres chaumières.

Qui niera que le grand réseau de voies ferrées qui sillonne notre sol dans toute son étendue serait resté une pure impossibilité, si la constitution de 1848 n'avait pas renversé l'autonomie absolue des cantons ou ne l'avait pas au moins refoulée dans certaines limites? Les faits ont démontré surabondamment combien on aurait perdu si, avec une organisation politique défectueuse, on était resté en arrière sous ce rapport, si nous n'avions point construit de chemins de fer ou si nous n'avions établi que des tronçons insuffisants, sans liaison entre eux.

C'est donc avec un sentiment de satisfaction que l'on jette un regard sur les institutions que la constitution fédérale de 1848 a créées directement ou qui sont dues à son concours.

Tandis que l'école polytechnique a donné à la science une place forte dont l'importance n'est plus à discuter, les magnifiques routes militaires construites sur une partie de nos Alpes et les grands travaux de correction de fleuves, témoignent de la puissance d'initiative de la Confédération nouvellement organisée en 1848, au point de vue des intérêts matériels.

Pouvons-nous, d'autre part, méconnaître l'influence exercée sur nos institutions politiques? Le citoyen suisse a commencé réellement à jouir d'une foule de droits primordiaux depuis l'adoption de la constitution fédérale de 1848 et les développements que la pratique du droit fédéral a donnés plus tard aux principes que renfermait cette constitution, qui a servi de modèle à celle de 1874.

Les conflits qui surgissaient fréquemment entre les cantons, presque toujours aux dépens du citoyen, ont cessé dès 1848, parce qu'un tribunal supérieur a fixé dès cette époque les limites du droit de chacun et pouvait prononcer sur les contradictions entre les diverses législations.

Les rapports du citoyen avec les institutions de son canton ont subi aussi une notable amélioration: tandis qu'auparavant la décision du gouvernement ou du tribunal cantonal tranchait les questions en dernier ressort et que le cri de détresse du droit méconnu restait sans écho, les institutions de 1848 ont ouvert à tous une nouvelle instance, de laquelle on peut attendre un jugement impartial.

Il a été fort désagréable pour les autorités cantonales de voir limiter par là leur souveraineté absolue, mais, pour la liberté du citoyen, le recours à la Confédération constitue une des conquêtes les plus grandes et les plus fécondes.

On le voit, c'est grâce à la constitution fédérale de 1848 que la Confédération est devenue un refuge de la liberté individuelle, un protecteur du faible et un élément de confiance dans toutes les classes de la population.

CHAPITRE VII

MA MISSION EN 1848 COMME CHARGÉ D'AFFAIRES DE LA CONFÉDÉRATION SUISSE EN AUTRICHE. — RÉVOLUTION A VIENNE. — ASSASSINAT DU MINISTRE DE LA GUERRE, M. DE LATOUR

Il est de mon devoir de ne pas passer sous silence dans mes *souvenirs*, mes débuts dans la diplomatie, c'est-à-dire mes fonctions diplomatiques, en 1848, comme chargé d'affaires de la Confédération à Vienne.

Je fus appelé à ce poste par la diète en remplacement de M. d'Effinger, qui exerçait ces fonctions depuis plusieurs années déjà. A mon arrivée à Vienne, je reçus un accueil très-bienveillant du ministère autrichien. Le ministre des affaires étrangères était alors M. de Wessenberg que j'avais l'honneur de connaître personnellement depuis longtemps, car, habitant Constance, il assistait quelquefois aux réunions de notre société d'utilité publique.

Mon entrée dans mes nouvelles fonctions tombait sur des temps extrêmement difficiles. A Vienne, les étudiants jouèrent à cette époque, comme on s'en souvient, un rôle prépondérant.

A l'occasion d'un changement, entre l'Autriche et la Hongrie, dans la position des troupes de ce dernier pays, dont une partie se trouvait alors à Vienne, il se manifesta dans cette ville un mouvement révolutionnaire si général et si prononcé qu'il ne pouvait être question d'y exercer, avec quelque chance de succès, des fonctions diplomatiques.

Le soir du 6 octobre 1848, après que les troupes — qui du reste n'étaient pas nombreuses dans la ville — se furent retirées, les ouvriers des faubourgs arrivèrent, par groupes toujours plus nombreux, devant l'arsenal impérial défendu par quelques compagnies de troupes régulières et de gardes nationaux.

Déjà pendant la nuit précédente, on avait tenté plusieurs attaques contre l'arsenal, d'où l'on tirait à mitraille.

Les ouvriers, auxquels s'étaient joints un certain nombre de gardes nationaux, réussirent, grâce aux canons qu'ils avaient avec eux, à forcer la porte principale du bâtiment dans lequel ils entrèrent vers 8 heures du matin, le 7 octobre.

Le peuple s'empara des armes qui s'y trouvaient encore en grande quantité, de telle sorte que tout le monde fut, en un clin d'œil, possesseur d'armes à feu.

Le jour précédent, on voyait encore nombre d'ouvriers qui n'étaient armés que de faux et de gourdins munis de clous.

L'indignation, pendant ces journées de néfaste mémoire, était à son comble parmi le peuple, qui en voulait au ministère et tout particulièrement à M. de Latour, ministre de la guerre.

Aussi, après que la garde se fut retirée de l'hôtel du ministère impérial de la guerre, la populace y pénétra avec l'intention d'y rechercher le ministre Latour et de le tuer.

Celui-ci fut découvert à l'étage supérieur du bâtiment.

Il fut saisi, maltraité et percé de coups, puis pendu au candélabre d'une lanterne. J'eus le spectacle affreux de voir un ouvrier transpercer avec une bayonnette le corps du ministre.

Cet événement m'a laissé, pour la vie, une impression qu'il me serait impossible d'oublier jamais.

Dans la nuit qui précéda cet assassinat, le reichstag s'assemblait et déclarait — bien qu'au commencement de la séance il ne fût pas en nombre — être compétent et en permanence.

Diverses décisions furent prises; la plus importante fut celle d'envoyer une députation à l'empereur pour déclarer que la formation d'un nouveau *ministère populaire,* dans lequel ne figureraient que deux des anciens ministres: M. Doblhoff, ministre de l'intérieur, et M. Hornbostel, ministre du commerce, était une nécessité urgente pour le rétablissement de l'ordre, et pour exprimer en outre le vœu que l'on accordât une amnistie complète pour les faits qui étaient malheureusement en train de se passer.

L'empereur donna à la députation l'assurance qu'il nommerait un ministère dont la composition serait conforme au vœu exprimé par le reichstag et qu'il délibérerait avec lui sur les mesures ultérieures à prendre pour le bien de la monarchie tout entière.

D'un autre côté, le reichstag donna l'ordre aux compagnies de chemin de fer, de ne pas diriger des troupes vers la capitale, et le commandant en chef de l'armée reçut pour instruction de s'abstenir de mesures répressives envers les émeutiers, jusqu'à nouvel ordre.

Pendant que tout ceci se passait, la diplomatie et les diplomates étaient laissés au second plan.

Je n'avais accepté le poste de chargé d'affaires qu'à titre provisoire et pour un temps limité; aussi, lorsque le ministère des affaires étrangères me conseilla, de même qu'à mes collègues, de quitter une ville qui ne nous offrait nullement les garanties assurées par le droit des gens, je partis de Vienne en même temps que les représentants des autres nations.

Peu de temps après mon retour en Suisse, le peuple du canton de Thurgovie m'envoya siéger au sein du conseil national, et, à l'occasion de la nomination des fonctionnaires fédéraux, prévus par la constitution fédérale de 1848 qui venait d'entrer en vigueur, l'assemblée fédérale me nomma président du tribunal fédéral.

Depuis lors, j'ai siégé au conseil des états jusqu'à l'époque où le conseil fédéral, en 1854, me fit l'honneur de m'appeler à présider le conseil de l'école polytechnique fédérale.

CHAPITRE VIII

FONDATION EN 1854 DE L'ÉCOLE POLYTECHNIQUE FÉDÉRALE A ZURICH ET DE L'ÉCOLE CANTONALE THURGOVIENNE A FRAUENFELD

Le 7 février 1854, les chambres fédérales adoptaient une loi sur l'établissement d'une école polytechnique fédérale, dont les besoins se faisaient sentir tous les jours davantage.

L'état de Zurich ayant répondu affirmativement à la question, qui lui avait été posée, de savoir s'il s'engageait à remplir les obligations que la nouvelle loi imposerait au siège de l'école, on nomma une commission chargée d'élaborer un règlement.

Cette commission fut en outre chargée de recueillir des renseignements sur les établissements analogues de l'étranger; de même aussi, les gouvernements cantonaux eurent à répondre à la question de savoir jusqu'à quel degré de culture leurs établissements prépareraient les élèves à la fréquentation de l'école polytechnique.

Je faisais partie de cette commission, présidée par le chef du département fédéral de l'intérieur, qui était alors M. E. Franscini.

À ce titre, je m'occupai spécialement d'examiner les réponses des gouvernements cantonaux.

Dans ces réponses, on manifestait la crainte que l'école polytechnique ne partît de la supposition d'un degré trop bas de culture, et que par là elle ne paralysât l'élan et le développement ultérieur des écoles préparatoires cantonales.

Pareillement, on remit à la commission deux requêtes, dont l'une, émanant d'un particulier, demandait qu'on eût égard à l'enseignement pharmaceutique pour la Suisse, qui n'avait pas d'école de pharmacie; l'autre, présentée par la société militaire suisse, concluait à ce qu'il fût créé une chaire spéciale pour les sciences militaires.

Toutes ces requêtes trouvèrent leur solution dans le règlement que nous élaborâmes après de mûres délibérations, et qui fut adopté le 31 juillet 1854, sous réserve des expériences qui seraient faites plus tard. J'ajoute, pour être complet, que la pétition de la société militaire fut écartée.

Ce projet de règlement fut présenté au conseil fédéral, qui lui accorda sa sanction. Cette autorité décida, en outre, que l'ouverture de l'école polytechnique aurait lieu dans le courant de l'automne de l'année 1855, et que cette ouverture serait précédée d'un cours préparatoire de six mois, qui commencerait au printemps suivant.

Déjà le 2 août 1854, le conseil fédéral nomma le conseil de l'école suisse, et j'eus l'insigne honneur de le présider. Comme ce poste était incompatible avec celui de président du tribunal fédéral que je remplissais depuis la nouvelle organisation des autorités fédérales en 1848, je donnai ma démission pour ce dernier emploi.

M. le Dr Alfred Escher fut élu vice-président du conseil de l'école.

Pendant quatre années consécutives, je consacrai toute mon ardeur à l'organisation de l'école polytechnique, avec le concours empressé de mes collègues, et spécialement de M. Escher, M. Studer, professeur de minéralogie à Berne, ainsi que de M. Keller, directeur du séminaire du canton d'Argovie. Nous avons pu, avec l'approbation du conseil fédéral, appeler aux nouvelles chaires un grand nombre d'hommes de hautes capacités, qui ont contribué essentiellement à la réputation bien méritée dont cet établissement a joui dès sa fondation. Qu'il me suffise de citer ici les noms de MM. Semper pour l'architecture, Zeuner et Reuleaux pour les sciences mécaniques, Culmann pour la théorie du génie, Bolley pour la chimie technique, Landolt pour la science forestière, ainsi que de MM. Raabe pour les mathématiques, Wolf pour l'astronomie, Clausius et Mousson pour la physique, Escher

de la Linth pour la géologie, Heer et Nægeli pour
la botanique, Vischer pour l'esthétique, Burckhardt
pour l'histoire de l'art, etc.

Ma nouvelle position de président du conseil d'école
suisse étant également incompatible avec le mandat
de député au conseil national, je fus nommé membre
du conseil des états par le grand conseil de mon
canton, fonctions que j'ai remplies jusqu'à l'époque
où le gouvernement fédéral me nomma, en remplacement de M. le Dr Barmann, ministre de la Confédération à Paris.

Pendant qu'avec le concours de mes amis politiques,
MM. le Dr Furrer, Munzinger, Druey, Näff et Frey-
Hérosée je m'empressais de jeter les bases de la
future école polytechnique fédérale, je subis dans
mon canton, au commencement des débats pour la
création d'une école cantonale (avec un gymnase et
une école industrielle), un échec d'autant plus sensible
que j'étais profondément convaincu qu'il s'agissait
pour le canton de Thurgovie d'une *question vitale
et d'une condition péremptoire de progrès.*

Je fis tous mes efforts pour obtenir que la fondation de cet établissement devînt un fait acquis et je
fus surtout secondé par M. Pupikofer, ancien secrétaire et membre du conseil d'instruction publique du
canton de Thurgovie, dont le zèle me fut d'un grand
secours.

Ce projet rencontrait dans une grande partie de

la population thurgovienne une opposition fort décidée.
Le parti radical et démocratique, tout en approuvant
le progrès pour les écoles primaires et secondaires,
ne pouvait reconnaître la fondation d'une école cantonale supérieure comme un besoin réel pour le canton.
Ce serait, disait-on, un établissement à l'usage des
riches pour faciliter l'instruction de leurs fils; ce serait
en un mot une „*Herrenschule*".

Cependant un projet de fondation et d'organisation
de cette école cantonale avait été approuvé par une
forte majorité du grand conseil (corps législatif).

Soumis au referendum, le peuple le rejeta, malgré
l'opinion favorable de la Suisse et de la *presse* en
général.

Je n'en restai cependant pas moins inébranlable
dans mes vues qui me paraissaient parfaitement fondées, et je réussis enfin à vaincre cette opposition, ensuite de nouveaux pourparlers avec le gouvernement
et le grand conseil, qui accorda aux écoles primaires
et secondaires du canton, d'accord avec une partie
de l'opposition, des ressources financières plus importantes que celles qu'on avait tout d'abord eu l'intention de leur consacrer. Le projet, modifié et réor-
ganisé d'une manière plus complète, put ainsi réunir
non seulement la grande majorité des membres du
corps législatif, mais celle du peuple auquel il fut de
nouveau soumis à la votation.

Une majorité de trente cercles électoraux sur deux

se prononcèrent pour la réalisation de ce projet duquel j'attendais tant de bien.

Chacun fut satisfait de ce résultat, et plus tard, lorsque l'établissement fut ouvert, ses anciens adversaires se félicitèrent de pouvoir confier leurs fils à cette école cantonale, dont l'organisation comprenait outre l'enseignement, la nourriture et le logement *(Convict)*.

Le grand nombre d'élèves qui y furent instruits en vue de l'école polytechnique fédérale prouve du reste, d'une manière frappante, combien elle est indispensable au canton.

Cette victoire n'a pas peu contribué à m'encourager dans mes diverses luttes en faveur du progrès de l'instruction publique.

C'est au moment même de cette éclatante victoire que je fonctionnais comme rapporteur de la commission du conseil national chargée d'examiner les premières propositions pour la fondation d'une université fédérale.

Je défendis, à cette occasion, ce projet avec la plus grande persévérance, malgré les difficultés financières et l'opposition des universités cantonales existantes.

Dans une réunion nombreuse qui eut lieu devant *l'hôtel des boulangers* à Berne, les étudiants de l'université de cette ville manifestèrent, d'une façon très-expressive, leur assentiment au rapport que j'avais rédigé pour le conseil national en faveur de la fondation *simultanée* de l'université fédérale et de l'école polytechnique suisse réunies.

De même aussi, à l'occasion d'une réunion générale des membres de la société de Zofingue, j'adressai aux étudiants, qui m'avaient remercié pour ma persévérance, la petite allocution suivante que je me permets de reproduire ici comme faisant partie intégrante de ce chapitre.

« Permettez-moi, Messieurs, de vous rappeler quelques mots adressés, il y a déjà plus de vingt ans, à une réunion de plusieurs centaines d'étudiants appartenant aux divers cantons confédérés.

« C'était le 22 septembre 1828; comme président de la section bâloise de la société de Zofingue je traitais cette question:

„Que demande de nous la patrie à notre époque, et conformément à nos destinées?

« Ma réponse est encore aujourd'hui l'expression de mes sentiments et de mes désirs d'il y a plus de vingt ans.

« Je déclarais alors que nous devions nous efforcer toujours davantage de veiller sur nous-mêmes, afin que, lorsque le moment sera venu où l'on nous demandera compte de nos travaux, nous puissions prouver par des faits que nous n'avons pas perdu notre temps et que nous sommes prêts à répondre par le sérieux de nos résolutions à ce qui sera demandé à chacun de nous.

« Tâchons par notre travail et nos efforts de conserver notre honneur et notre dignité. N'oublions
jamais les paroles que prononçait Pestalozzi:

„Génie de notre pays! redis, par dessus les montagnes et les vallées, que la liberté appartient au
peuple, qu'elle n'existe que par la justice et la protection
de tous et que l'amour de la patrie reste toujours
jeune!“

CHAPITRE IX

INSURRECTION DU 3 SEPTEMBRE 1856 DANS LE CANTON DE NEUCHATEL. — INTERVENTION DES AUTORITÉS FÉDÉRALES. — MA MISSION A PARIS. — SES RÉSULTATS

Pour ce qui concerne la solution heureuse de la question de Neuchâtel, je me réfère avant tout à la mission du général Dufour et à sa correspondance avec le conseil fédéral.

Malgré les excellentes intentions du délégué du conseil fédéral et malgré tous ses efforts, la mission du général Dufour n'atteignit pas le but que le gouvernement suisse pouvait en attendre.

Les faits et les considérations qui ont rendu impossible une entente entre l'empereur Napoléon III et le général Dufour sont du reste connus.

Dès le début, l'empereur maintint la déclaration faite lors des pourparlers, en refusant toute concession sur les assurances concernant l'indépendance du canton de Neuchâtel, tant que la Suisse n'aurait pas accordé la libération des royalistes neuchâtelois prisonniers.

Or, le général Dufour n'était autorisé par ses instructions à aucune concession quelconque relativement à la situation des prisonniers, tant qu'il ne recevrait pas de l'empereur Napoléon des assurances positives en faveur de l'indépendance complète du canton de Neuchâtel.

Il y a deux périodes à distinguer dans le conflit neuchâtelois. La première s'étend jusqu'à l'arrêté fédéral du 16 janvier 1857; la seconde embrasse la durée des négociations de Paris qui se terminèrent par la conclusion du traité, signé le 26 mai suivant, entre l'envoyé extraordinaire de la Suisse et les plénipotentiaires d'Autriche, de France, de la Grande-Bretagne et de Russie.

Mais avant de relater les négociations qui eurent lieu, ensuite de l'insurrection dans le canton de Neuchâtel, je me permettrai de remémorer un résumé des principaux faits qui se sont produits.

Dans la matinée du 3 septembre 1856, la Suisse fut surprise, au milieu de la paix la plus profonde, par la nouvelle étrange d'une insurrection royaliste qui venait d'éclater dans le canton de Neuchâtel.

Une troupe de partisans de l'ancien régime s'empara, dans la nuit, de la ville et du château de Neuchâtel, arrêta les membres du gouvernement, arbora des couleurs étrangères et proclama le rétablissement d'un ordre de choses aboli depuis près de neuf ans. Comme il était facile de le prévoir, le succès de cette conspiration fut de courte durée; vingt-quatre heures suffirent à la réprimer.

Dès que la population fut avertie, les citoyens se rallièrent autour du drapeau républicain et se rendirent, de toutes parts, à leurs lieux de rassemblement pour la défense de l'ordre constitutionnel. Les opérations s'accomplirent avec promptitude, et l'insurrection coupable, qui était soudainement venue jeter la perturbation au milieu d'un pays heureux et calme, fut réprimée par les seules forces du pays, sans secours étrangers, avant même que les troupes de la Confédération eussent le temps de mettre le pied sur le territoire neuchâtelois.

Les deux chambres de l'assemblée fédérale apprécièrent à sa valeur le patriotisme de ce canton. Elles se firent l'organe de l'opinion publique, en déclarant, par un vote unanime, que les Neuchâtelois qui, par leurs propres forces, avaient maintenu la constitution du canton et avec elle l'intégrité de la Confédération, avaient bien mérité de la Suisse entière. Les républicains vainqueurs usèrent de la victoire avec modération et clémence.

La plupart des prisonniers furent relaxés pendant le cours de l'instruction et les chefs de l'insurrection furent traités avec une humanité et des égards partout ailleurs inconnus. Mais on formula bientôt vis-à-vis de la Suisse des demandes qui ne tendaient à rien moins qu'à exiger d'elle la suppression de la procédure.

On demanda, comme une sorte de reconnaissance des droits du roi de Prusse sur Neuchâtel, l'élargissement immédiat et sans conditions de tous les prisonniers. Le conseil fédéral ne put faire droit à ces demandes. Leur admission aurait impliqué une renonciation aux droits de souveraineté de la Confédération et la reconnaissance du principe qu'il est permis à un parti de troubler impunément la paix publique et de fouler aux pieds l'ordre légal, la constitution de la Suisse, ainsi que celle qui a été garantie au canton de Neuchâtel par tous les cantons.

Qu'il me soit permis de jeter un regard en arrière sur les rapports politiques dans lesquels le canton de Neuchâtel s'est trouvé, quelques années avant l'insurrection dont nous venons de dire quelques mots.

Par l'acte du 19 mai 1815, le canton de Neuchâtel fut réuni à la Confédération suisse comme état souverain, ayant les mêmes droits et les mêmes obligations que tous les autres cantons. En même temps, d'autres traités européens réservèrent au roi de Prusse, qui avait été élu prince de Neuchâtel en 1707, certains droits sur le pays.

Ce qu'il y avait d'anormal dans la double position d'un canton-principauté ne tarda pas à se révéler:

principauté soumise à un roi et canton indépendant vis-à-vis de la Suisse; il était impossible que cet état de choses n'engendrât pas des conflits.

Des tentatives de transformation furent faites à diverses reprises. On chercha également à replacer Neuchâtel dans une position rationnelle vis-à-vis de la Confédération.

En 1848, sans conspiration, sans violence, mais comme une conséquence nécessaire de la situation tout entière, le peuple neuchâtelois, faisant usage du droit de libre constitution, se donna un gouvernement républicain, avec une charte qui fut garantie par tous les cantons, conformément au droit public de la Suisse et aux stipulations de l'acte de réunion de Neuchâtel à la Confédération.

L'autorité fédérale fit, dès lors, plus d'une tentative pour régler amiablement cette affaire avec S. M. le roi de Prusse, mais ces démarches échouèrent contre une exigence à laquelle la Confédération n'aurait pu souscrire sans sacrifier le canton de Neuchâtel et les principes de la constitution fédérale, car on demandait avant tout que l'ancien ordre de choses fût rétabli.

Telle était la situation lorsque l'insurrection du 3 septembre 1856 tenta de trancher brutalement une difficulté qui n'avait pu être aplanie par les voies de la transaction. Quelque disposé qu'on puisse être à plaindre les hommes qui se sont laissés entraîner à un pareil attentat par un zèle mal entendu, par des impulsions étrangères ou des espérances chimériques, il n'était pas possible à l'autorité fédérale d'empiéter, sans autre forme, sur la marche des opérations judiciaires et de sanctionner pour ainsi dire, en faveur d'un parti, le privilège de la violence.

C'est pourquoi, en présence des droits de souveraineté de la Confédération et du canton de Neuchâtel, le conseil fédéral ne put acquiescer à la demande qui lui fut faite, mais il déclara néanmoins être disposé à se prêter à la mise en liberté des prisonniers, dès que l'on aurait pris, vis-à-vis de la Suisse, l'engagement de souscrire à la condition qu'elle se croyait en droit de réclamer. Le conseil fédéral promit, en tant que cela dépendait de lui, la mise en liberté des prisonniers, dès l'instant où l'on donnerait l'assurance que l'indépendance du canton de Neuchâtel serait reconnue; en un mot, il se déclara disposé à donner les mains à toute négociation qui serait de nature à procurer la reconnaissance de l'indépendance de Neuchâtel. Afin d'éviter tout ce qui pourrait froisser les susceptibilités de l'autre parti en cause, le conseil fédéral consentit à adopter les formes les plus douces, et n'hésita pas, dans cette occurrence, à entrer dans les propositions de médiation d'autres puissances. Mais tous ces loyaux efforts échouèrent constamment contre la demande d'élargissement préalable, sans condition, des détenus, demande à laquelle le conseil fédéral ne pouvait accéder sans humiliation pour la Suisse et sans danger pour son honneur.

Lorsque la situation devint plus grave et que le roi de Prusse sembla vouloir appuyer ses demandes par la force des armes, l'autorité exécutive fédérale jugea que le moment était venu d'en appeler aux représentants du pays qui verraient si elle avait agi conformément aux sentiments de la nation.

Le 30 décembre 1856 donc, les chambres, réunies, en session extraordinaire, rendirent l'arrêté suivant:

„ART. 1er. Afin d'amener une solution pacifique de la question neuchâteloise, le conseil fédéral continuera à prêter les mains, ainsi qu'il l'a fait jusqu'à présent, à tous les moyens compatibles avec l'honneur et la dignité de la Suisse et qui seraient propres à procurer la reconnaissance de l'indépendance complète de Neuchâtel.

„ART. 2. Les levées militaires ordonnées par le conseil fédéral et les autres mesures de sûreté prises par lui sont approuvées.

„Il est chargé de pourvoir à toutes les dispositions ultérieures jugées nécessaires pour défendre la patrie jusqu'à la dernière extrémité, dans le cas où une solution honorable et pacifique ne pourrait pas être obtenue.

„Un crédit illimité lui est ouvert pour faire face aux dépenses."

Pour être préparée à toutes les éventualités, l'assemblée fédérale nomma, le même jour, le général en chef de toutes les troupes de la Confédération dans la personne du général Guillaume-Henri Dufour; M. le conseiller fédéral, colonel Frédéric Frey-Hérosée fut élu chef de l'état-major général.

Sur le désir qui lui en fut exprimé par le ministre des affaires étrangères de France et par l'ambassadeur d'Angleterre, le ministre suisse à Paris, qui était à cette époque M. Barmann, se transporta à Berne pour rendre compte au conseil fédéral de l'intérêt particulier que l'empereur des Français mettait à ce que la question de Neuchâtel reçût une solution, à la fois pacifique et avantageuse pour la Suisse. Il fit également part des explications qu'il avait reçues de M. le comte Walewski, ministre des affaires étrangères de l'empire, sur la portée de la note française du 26 novembre, ainsi que des déclarations qui lui avaient été faites par l'ambassadeur d'Angleterre à Paris, lequel estimait qu'il fallait utiliser l'occasion d'aplanir le différend d'une manière pacifique et honorable pour la Suisse.

Le 31 décembre 1856, le conseil fédéral donna à son ministre de nouvelles instructions, et, vu la gravité de la situation et des intérêts à débattre, le conseil me délégua (en qualité de porteur spécial de ces instructions) comme envoyé extraordinaire accrédité à la cour de S. M. l'empereur des Français.

M. Barmann et moi partîmes immédiatement pour Paris.

Trois jours après notre arrivée, le 3 janvier 1857, nous fûmes reçus par l'empereur qui nous fit un accueil on ne peut plus favorable.

Il nous fit d'emblée entrevoir que ses déclarations seraient de nature à nous satisfaire.

Un récit détaillé de cette audience aurait une étendue trop considérable, aussi me contenterai-je de n'en toucher que les points principaux.

Nous avions basé notre demande d'audience sur le fait que l'empereur ayant donné au ministre Barmann des assurances bienveillantes à l'égard du gouvernement fédéral, ce dernier s'était décidé à m'envoyer à Paris avec une mission spéciale pour continuer, conjointement avec M. Barmann, les négociations avec le gouvernement impérial, sur la base des propositions du 26 novembre.

Après avoir expliqué une fois de plus les raisons pour lesquelles la Suisse devait encore demander des *garanties plus précises,* nous soumîmes à l'empereur les différents points de nos instructions.

Concernant la garantie de l'indépendance du canton de Neuchâtel, l'empereur déclara dès l'abord qu'il lui était impossible de satisfaire au point principal de nos instructions et de donner d'ores et déjà l'assurance officielle du désistement du roi de Prusse en cas de mise en liberté des prisonniers de septembre, — et cela par la raison que cette assurance lui avait été donnée sous la *condition formelle* qu'elle ne serait pas communiquée à la Suisse avant cette mise en liberté. — L'empereur alla même jusqu'à nous donner lecture de quelques-uns des points principaux de la seconde lettre que lui avait adressée Frédéric-Guillaume IV. Dans cette lettre se trouvait la phrase:

« Le sacrifice d'une renonciation à la souveraineté de Neuchâtel ».

Le roi de Prusse y parlait aussi de conditions. Comme nous pûmes le remarquer, ces conditions se rapportaient essentiellement aux *droits de bourgeoisies.*

Je répondis immédiatement à Napoléon que « si « le roi de Prusse voulait s'immiscer dans la législation de Neuchâtel au sujet des bourgeoisies, ce « serait en complet désaccord avec sa renonciation « éventuelle à ses droits de souveraineté ».

L'empereur se montra complètement d'accord avec moi sur ce point et ajouta que « avant comme après « la mise en liberté des prisonniers, la Suisse pouvait « compter sur lui ».

« Dans des questions aussi importantes — nous dit « l'empereur — la Suisse ne doit pas trop insister « sur des points de détail. Quand l'amnistie aura « été prononcée et qu'il s'agira d'entrer dans de « nouvelles négociations, je pourrai me mettre de « votre côté et je le ferai avec plaisir. Lorsque la « France dit: Je ferai tous mes efforts, cela doit

« peser davantage dans la balance, pour la Suisse,
« que les assurances du roi de Prusse que je pourrais
« vous transmettre.

« Si, après la proclamation de l'amnistie, la Prusse
« ne devait pas tenir compte des représentations de
« la France, l'affaire de la Suisse deviendrait la
« mienne et j'agirais comme si je représentais moi-
« même la Confédération; j'agirais — dis-je —
« comme si j'étais gouvernement suisse. Une pareille
« déclaration de la part de la France, qui est pour-
« tant quelque chose, devrait rassurer les autorités
« suisses.»

L'empereur ajouta qu'il regrettait que l'on n'eût
pas mieux compris en Suisse la position qui lui
était faite, par suite des lettres que lui avait adressées
Frédéric-Guillaume IV, puisqu'il aurait compromis
toute son influence auprès de la Prusse en ne tenant
pas la parole qu'il avait donnée à son roi.

« Je comprends fort bien — continua Napoléon III
« — que, vis-à-vis de l'effervescence des esprits en
« Suisse (état que nous lui avions dépeint fidèlement),
« on ait désiré quelque chose de plus que ce qui est
« contenu dans la note du 26 novembre, et, quant
« à moi, a-t-il ajouté, je ferai tout ce qu'il me
« sera possible de faire.

« Ainsi, je ne vois aucune objection à introduire
« dans l'arrangement, lorsqu'on parlera de la renon-
« ciation de la Prusse, la phrase suivante: *sans des*

« *conditions qui ne seraient pas compatibles avec*
« *l'indépendance entière du canton de Neuchâtel.*

« On doit s'expliquer d'une manière aussi peu
« compliquée que possible; ainsi, la phrase que je
« viens de citer me paraît devoir être suffisante pour
« la satisfaction de la Suisse. »

Passant à la question de l'accélération de la solution
du conflit, l'empereur trouva notre demande très-
justifiée et ne la contredit en aucune manière. Nous
en restâmes en premier lieu à la décision prise, de
faire sortir du territoire suisse certaines personnalités
jusqu'au complet arrangement de l'affaire. Nous ne
parlâmes naturellement pas des éventualités qui pouvaient se produire, mais l'empereur déclara que « si
la Suisse voulait livrer aux autorités françaises les
prisonniers de septembre, la France les accepterait,
mais qu'ils recouvreraient immédiatement la liberté
d'aller où bon leur semblerait ». —

L'empereur s'exprima comme suit relativement à
la forme à donner aux négociations:

« On doit entendre par amnistie le fait que l'on
« ne s'en prendra pas à la fortune des prisonniers
« ou autres accusés. »

Nous fîmes remarquer à l'empereur que dans le
cas seulement où la Prusse demanderait une somme
d'argent à la Suisse, en échange de ses droits sup-
posés sur Neuchâtel, le conseil fédéral se réserverait
de demander la déduction des frais d'occupation.

Napoléon n'objecta rien contre notre appréciation, mais il ajouta que ce cas de rachat ne se produirait pas. Comme nous pûmes le remarquer cependant, cette réserve, que nous venions de mentionner, ne plaisait nullement à l'empereur; nous en restâmes donc là, et insistâmes d'autant moins que, la veille déjà, nous avions pu nous convaincre qu'il valait mieux ne pas insérer cette clause dans nos desiderata. Nous ne nous repentîmes néanmoins en aucune manière d'avoir touché ce point important dans la conversation.

L'empereur ne mit pas en doute que l'amnistie proclamée par la Suisse n'engageât la Prusse à mettre un terme à ses préparatifs militaires. Napoléon III ne s'étendit pas davantage sur cette partie de nos instructions et nous estimâmes que nous traiterions mieux cette question lors de l'élaboration du projet pour les négociations subséquentes.

Le comte Walewski, dans une conversation que nous avions eue avec lui le jour précédent, s'était montré parfaitement d'accord avec nous sur ce point et il avait même ajouté que l'intérêt de la Suisse marchait de pair avec celui de la France, qui ne pouvait pas voir plus longtemps d'un œil indifférent les préparatifs de la Prusse.

L'empereur insista cependant particulièrement sur le fait qu'il s'était donné toute la peine imaginable pour engager la Prusse à reculer la date de la mobilisation de son armée, fixée au 2 janvier, et qu'en effet il avait réussi à faire suspendre cette mobilisation jusqu'au 15 du même mois.

« J'ai fait cela — ajouta l'empereur — avec « l'intime persuasion que, la mobilisation une fois « opérée, il serait bien difficile d'obtenir une solution « pacifique. »

Quant à la question relative à l'indépendance de Neuchâtel, l'empereur ne fit aucune objection à ce sujet et il ajouta que, d'après la conversation qu'il avait eue avec lord Cowley, il pouvait prévoir, pour les points principaux, que l'Angleterre offrirait son intervention à l'effet d'obtenir la complète émancipation de Neuchâtel.

Je viens de reproduire en substance la conversation que nous eûmes avec Napoléon III, de même que son opinion personnelle sur les différents points sur lesquels nous avions reçu l'ordre de traiter. Nous ne crûmes pas devoir quitter l'empereur sans l'entretenir encore d'un sixième point, bien que ce dernier ne fût pas spécialement mentionné dans nos instructions.

Il était à prévoir en effet que, après la mise en liberté des prisonniers, on réunirait une conférence des puissances signataires du protocole (à laquelle la Suisse devait être représentée) pour discuter les conditions de la Prusse. Or il était à désirer, pour donner satisfaction à l'opinion publique, que la convocation de la conférence ne fût pas renvoyée à une époque éloignée, mais bien qu'elle se réunît le plus tôt possible pour liquider une fois pour toutes cette question. L'empereur, de même que S. Exc. M. le comte Walewski dans la conversation dont j'ai dit quelques mots, nous donnèrent à entendre qu'ils approuvaient notre désir et que la France userait de son autorité dans ce sens.

En outre, l'empereur déclara encore qu'il avait donné assez de preuves de sa sympathie pour la Suisse.

« En 1849 déjà — dit-il — alors que la Prusse
« avait ses troupes dans le grand-duché de Bade,
« elle eut fortement envie d'ouvrir les hostilités contre
« la Suisse, mais je m'y suis opposé.

« La même année, l'Autriche m'a proposé d'oc-
« cuper, avec mes troupes, une partie de la Suisse
« occidentale pendant qu'elle envahirait le Tessin
« (affaire des *réfugiés*); j'ai refusé.

« Maintenant encore, je reçois nombre de rapports
« sur la conduite des réfugiés français et d'autres
« personnes en Suisse, mais je veux admettre qu'il
« y a beaucoup d'exagération.

« L'envoyé extraordinaire, citoyen du canton de
« Thurgovie, avec qui je cause en ce moment — me
« dit l'empereur en riant, — sait fort bien toutes
« les énormités et les bêtises qu'on a débitées sur
« mon compte, alors que j'avais cherché asile à
« Arenenberg. »

En terminant, enfin, l'empereur nous assura encore de ses sympathies pour la Suisse.

Afin d'éviter le retard d'un seul jour dans l'envoi du rapport que nous devions au conseil fédéral, nous lui en transmîmes la minute, rédigée immédiatement après la conférence.

Le résultat de notre conversation avec l'empereur fut tel qu'il ne nous était plus possible de douter d'une solution pacifique.

Une seconde audience nous fut encore accordée le 8 janvier, de 1 heure à 3 heures de relevée.

L'empereur me reçut par ces paroles:

« Je suis triste, Monsieur Kern! »

« Triste de quoi, Sire? »

Napoléon se mit alors à me parler d'une proclamation du conseil fédéral adressée à l'armée suisse.

« Comment peut-on, en ce moment, lancer une « pareille proclamation — me dit-il — alors que « l'on sait que nous sommes ici en conférence? Le « gouvernement suisse prend par ce fait une attitude « telle qu'il pourra lui être difficile de revenir en « arrière. »

Je fis tout mon possible pour calmer l'empereur et lui fis remarquer qu'au moment où le conseil fédéral avait lancé sa proclamation, les négociations n'étaient encore arrivées à aucun résultat et qu'il avait dû tenir compte de l'esprit très-excité de l'armée, etc.

L'empereur me demanda si je croyais positivement que nos projets de médiation seraient acceptés par les chambres fédérales.

Je lui répondis que, d'après tout ce que je connaissais des sentiments particuliers des membres de l'assemblée, la chose était à prévoir.

« Il est vrai — ajoutai-je — que si je ne pouvais « donner à la Suisse des assurances plus certaines « que celles qu'on nous a fournies le 26 novembre, « je vous prierais le premier de ne pas y attacher « une trop grande importance. »

Je touchai alors les quelques points abordés dans cette audience par l'empereur, et qui me fortifiaient dans mon dire. Comme il revenait à la charge en m'exprimant des doutes sur l'acceptation de nos arrangements par les chambres, je lui répondis:

« Croyez-moi, sire, je ne parlerais pas avec tant « d'assurance, si je ne connaissais pas pertinemment « l'opinion des conseils de la Confédération et si je « n'avais pas la conviction intime que l'arrangement « sera adopté. »

Je profitai de cette occasion pour demander jusqu'à quel point je pourrais faire usage des communications confidentielles de l'empereur.

« Je ne mets pas d'opposition — me dit-il — à ce « que vous en fassiez l'usage qui vous paraîtra con- « venable au sein du conseil fédéral et des commis- « sions ; dans l'assemblée fédérale, par contre, je vous

« prierais de n'y faire que des allusions générales,
« étant données les circonstances actuelles.

« Faites comprendre aux membres de votre conseil
« exécutif les raisons pour lesquelles il ne m'a pas
« été possible de leur donner communication des
« assurances fournies par la Prusse.

« Dites-leur qu'on doit avoir quelque confiance dans
« les offres faites par la France. »

Je fis part à l'empereur de la dernière note de
l'Autriche. Il ne la connaissait pas encore.

« Toujours la même histoire — s'écria-t-il — il
« paraît que l'empereur d'Autriche n'a, de son côté,
« pas trouvé bien que le roi de Prusse ne s'adressât
« pas à lui au lieu de s'adresser à moi. Il y a quel-
« ques mois encore, le roi de Prusse faisait étalage
« de dispositions toutes différentes. Il disait alors:
« jamais je ne renoncerai. L'affaire a bien marché
« depuis, comme vous avez pu le voir par ses der-
« nières lettres. »

Avant de prendre congé de l'empereur, il me
donna communication d'une lettre du baron von der
Pfordten, lettre que venait de lui remettre le ministre
de Bavière à Paris. Von der Pfordten y rapportait
ses conversations avec le Dr Furrer, auquel il avait
expliqué les raisons pour lesquelles la Bavière ne
pouvait refuser à la Prusse le passage de ses troupes.
Le diplomate ajoutait: « J'ai bien vu que je prêchais
à un converti ».

L'empereur appuya encore particulièrement sur le fait qu'il désirait voir l'assemblée fédérale convoquée aussitôt que possible, et il ajouta qu'à l'occasion de la première suspension de mobilisation, le roi de Prusse devait lancer une proclamation très vive à son armée.

En terminant, je priai l'empereur de vouloir bien faire en sorte que la conférence se réunît dans un bref délai, et je lui laissai entrevoir que la Suisse garderait toujours une certaine méfiance jusqu'au moment où l'indépendance entière de Neuchâtel serait officiellement reconnue.

Au moment de quitter l'empereur, il ajouta:

« L'affaire est donc entendue et vous pouvez aller
« dire à Berne que j'ai toujours les mêmes sentiments
« à l'égard de la Suisse. »

Dans les discussions auxquelles j'assistai, et qui eurent lieu soit au sein du conseil fédéral, soit en présence des membres du conseil national ou de ceux du conseil des états, de même que dans une conférence qui s'organisa à l'hôtel de la cigogne, à Berne, avant qu'une décision sur la question fût prise par les conseils, je développai les parties essentielles des audiences des 3 et 8 janvier, de sorte qu'elles furent connues des membres des autorités fédérales, déjà avant les séances plénières.

La déclaration de l'empereur Napoléon III par laquelle — étant supposé un refus de l'acceptation de la proclamation d'amnistie par le roi de Prusse — il agirait comme s'il représentait lui-même la Confédération, exerça une influence décisive sur les membres de l'assemblée fédérale, de même que sur ceux du conseil fédéral.

Ce dernier donna à ses démarches toute l'activité que les circonstances pouvaient exiger. Dès le 1er janvier le commandant en chef de l'armée qui venait, comme je l'ai dit en son temps, d'être nommé par l'assemblée fédérale, entra en activité. D'après ses ordres, le corps d'observation fut renforcé et porté à environ 29,000 hommes et 1600 chevaux. De nouvelles troupes entrèrent en ligne et celles qui étaient déjà levées furent concentrées sur le Rhin. Des travaux importants s'effectuèrent à Bâle, à Schaffhouse et à Eglisau. Des préparatifs de toute espèce eurent lieu pendant cette période. Enfin les cantons se prêtèrent avec empressement à toutes les demandes qui leur furent adressées et les populations montrèrent partout le plus grand enthousiasme.

Cependant, des faits importants s'accomplissaient également sur le terrain diplomatique.

Dans une note, datée du 5 janvier, la France prenait l'engagement de faire tous ses efforts pour amener une conclusion qui assurât l'entière indépendance de Neuchâtel. Dans une dépêche du 7 janvier suivant, l'ambassadeur d'Angleterre à Paris déclarait que le gouvernement de la reine était prêt à renouveler la promesse qu'il avait déjà faite au gouvernement fédéral, le 25 novembre 1856.

A cette occasion, il me paraît intéressant de rappeler ici que le représentant de la Grande-Bretagne déclara que la reine « *n'avait pas reçu du roi de Prusse les mêmes assurances que l'empereur Napoléon, au sujet de l'indépendance complète de Neuchâtel, ce qui imposait une certaine retenue à son gouvernement* ».

Après avoir mûrement pesé toutes les circonstances; après avoir comparé la note française du 5 janvier avec celle du 26 novembre et s'être assuré que la seconde de ces lettres *contenait des garanties qui n'étaient pas mentionnées dans la première;* après avoir reconnu que les ouvertures simultanées des puissances constituaient une démarche analogue aux propositions renfermées dans la note collective du 21 décembre 1856, propositions qu'il était disposé à accepter, mais qui n'étaient pas approuvées par toutes les puissances et qui ne pouvaient par conséquent pas avoir d'effet; après avoir pesé dans la balance les déclarations confidentielles qui me furent faites, comme envoyé extraordinaire, ainsi qu'une série de renseignements incontestables et de rapports particuliers sur les dispositions conciliantes du roi de Prusse, le conseil fédéral acquit la certitude qu'en souscrivant aux propositions des puissances, la Suisse obtiendrait le but auquel elle aspirait, savoir la reconnaissance de l'indépendance de Neuchâtel.

Le conseil fédéral se décida donc à convoquer l'assemblée fédérale encore une fois, en session extraordinaire, pour lui rendre compte de ce qui avait été fait jusqu'à ce jour, soit pour la défense de la Suisse, soit pour la solution pacifique du différend.

L'assemblée fédérale envisagea la question de la même façon que le conseil fédéral, et, le 16 janvier, elle prit l'arrêté suivant:

Art. 1er. La procédure dont l'instruction a été ouverte le 4 septembre 1856, à l'occasion de l'insurrection qui a éclaté le 2/3 septembre 1856 dans le canton de Neuchâtel, est mise à néant.

Art. 2. Les personnes mises en état de prévention par le décret de la chambre d'accusation du 15 décembre 1856, devront, pour autant que cela n'aurait pas déjà eu lieu, quitter le territoire de la Confédération jusqu'à ce que l'affaire de Neuchâtel ait été complètement réglée.

Art. 3. L'arrangement définitif de l'affaire de Neuchâtel devra être soumis à l'assemblée fédérale.

Lorsque cet arrêté eut été rendu. le conseil fédéral s'efforça d'en faire connaître les motifs et la portée; il le transmit entre autres, en l'accompagnant d'une proclamation, à l'armée qui l'accueillit avec confiance.

Il ordonna le licenciement des troupes en campagne et leur témoigna, au nom de la Suisse, sa vive gratitude. Les travaux de fortification furent suspendus. Il prit les mesures qu'exigeait l'exécution de l'arrêté ci-dessus et fit conduire, d'une manière sûre et convenable, les prisonniers royalistes à la frontière.

Les décisions de l'assemblée fédérale furent communiquées aux puissances qui nous avaient promis
leur concours et, en leur signalant les dispositions
conciliantes dont les chambres avaient fait preuve,
il leur fut exprimé, comme un vœu du peuple tout
entier, qu'on attendait d'elles leurs bons offices, de
façon à amener promptement une solution de la
question.

Je fus désigné une seconde fois, par l'autorité
fédérale, en qualité d'envoyé extraordinaire pour
représenter notre pays dans les négociations qui
allaient s'ouvrir. Les instructions que je reçus à cette
occasion furent basées sur l'idée d'une *indépendance
entière du canton de Neuchâtel* qui, du reste, ne fut
jamais perdue de vue pendant les longs pourparlers
qui eurent lieu à cet effet.

La marche des négociations, quoique lente d'abord,
ne fut cependant marquée par aucun incident fâcheux,
mais l'opinion publique en Suisse était fort impres-
sionnée ; un malaise et un mécontentement très-expli-
cables, provenant des retards imprévus qu'éprouvait
la solution de la question, se faisaient jour dans les
populations.

Le conseil fédéral ne négligea rien pour obtenir
une accélération de la question, et il appela fréquemment l'état de l'opinion publique à l'appui de ses
efforts.

D'un autre côté, il n'était pas opposé à l'idée de

traiter directement avec la Prusse. Mes instructions, et plusieurs des dépêches qui me furent adressées, en font foi.

Dans ce cas, l'arrangement conclu entre les parties eût été présenté à la conférence, qui l'aurait sanctionné et reconnu comme un élément du droit public européen. Mais des négociations directes n'ayant pu s'ouvrir à Paris, l'on demanda s'il ne conviendrait pas d'envoyer un représentant à Berlin. Tout en demeurant convaincu des avantages que pouvait présenter une négociation directe, sinon pour les conditions à obtenir, du moins pour la plus grande liberté qu'elle laissait au conseil fédéral, celui-ci repoussa toujours les ouvertures qui lui furent faites à ce sujet.

Il me fut donné comme instructions que « la Suisse ayant fait, par son arrêté du 16 janvier, un grand pas dans la voie de la conciliation, sur la foi des assurances qui lui avaient été données, le conseil fédéral ne pouvait consentir à un acte qui serait interprété comme une concession nouvelle; que, pour qu'une mission à Berlin pût se justifier, il faudrait préalablement, et dans tous les cas, que la Prusse rétablît les relations diplomatiques avec la Suisse par l'intermédiaire d'une personne autre que le précédent ministre de cet état; de plus que le roi fît clairement connaître ses intentions et enfin que le jour de la réunion de la conférence fût définitivement fixé ».

Il ne put, dès lors, pas être donné suite à l'idée d'une mission à Berlin, et le conséil fédéral chercha à activer l'ouverture de la conférence, de même qu'à examiner plusieurs questions s'y rattachant.

Ainsi, le lieu de la conférence n'était dans l'origine pas fixé, et tout faisait prévoir que l'Angleterre demanderait qu'elle fût tenue à Londres.

C'est en effet ce qui arriva. Je reçus comme direction de ne pas marquer de préférence à ce sujet, de sorte que ce point ne devînt pas, dès l'origine des négociations que nous avions tout intérêt à voir réussir, un sujet de désaccord, même momentané, entre les plénipotentiaires de la France et de l'Angleterre.

Plus tard, Paris fut choisi pour le siège des réunions.

L'admission de la Suisse fut décidée, comme pour la Prusse, par la conférence elle-même, dans une de ses premières séances. Cette admission ne fit l'objet d'aucune observation de la part des plénipotentiaires, qui déclarèrent que la présence des deux parties, au même titre, se comprenait d'elle-même.

Les déclarations qui furent individuellement faites au conseil fédéral par les puissances intéressées l'ont prouvé surabondamment.

Tout allait donc bien jusque là pour la Suisse, lorsque l'ajournement de la conférence fut décidé.

Devant cette difficulté, qui venait ainsi à l'encontre

des assurances reçues précédemment, une éventualité que nous devions prévoir fut celle où la Prusse persisterait dans ses idées et formulerait des conditions inabordables.

Chacun put se convaincre, à cette occasion, que l'appui des puissances médiatrices ne nous ferait pas défaut et que, grâce à leur concours, la Suisse obtiendrait satisfaction.

Enfin, il fut décidé que la conférence pourrait reprendre ses séances dans le mois de mars.

La compétence et la manière de procéder de la conférence étaient deux questions prévues dans mes instructions. Elles étaient d'une importance telle que je ne devais pas les perdre de vue dans mes dépêches.

La conférence se bornerait-elle à faire intervenir ses bons offices, ou prétendrait-elle à la faculté de rendre, à la pluralité des voix, des décisions obligatoires? Ce dernier mode de faire eût été contraire à tous les antécédents. Il eût constitué, d'ailleurs, une atteinte à notre indépendance.

Le conseil fédéral m'avait donc communiqué à l'avance toutes ses réserves au sujet des avantages auxquels la Suisse avait droit, et s'il ne m'avait pas chargé de présenter, à l'ouverture des séances de la conférence, la proposition de laisser aux chambres la liberté entière d'accepter ou de rejeter les protocoles, c'est en considération des assurances positives qui me furent faites à ce sujet, et surtout parce qu'une déclaration de cette nature pouvait être déposée pendant le cours des négociations. Du reste, la réserve de la ratification supérieure, insérée dans mes lettres de créance, tendait au même but.

Les *conférences* sont le mode généralement adopté par les puissances pour régler les questions internationales.

Je ne reviendrai pas sur les détails de celle de Paris. Elle s'occupa, dans *huit séances,* à poser les bases et les conditions de la reconnaissance de Neuchâtel comme état souverain. Elle fut interrompue par un assez long intervalle, employé par le roi de Prusse à formuler les clauses dont il faisait dépendre sa renonciation et, par quelques-uns des partisans de l'ancien régime, à continuer leur agitation.

La première séance eut lieu le 5 mars, la dernière le 20 avril 1857.

Pendant les longs pourparlers qui s'échangèrent, le conseil fédéral m'ordonna toujours de persévérer dans le sens de mes instructions. Cet ordre, que j'ai suivi en tous points, ne m'a pas été donné par ténacité, mais bien plutôt par droit et par raison. Le conseil l'a fait parce qu'il y était autorisé ensuite des assurances reçues avant le 16 janvier et qu'il devait s'opposer de toutes ses forces à un amoindrissement de la souveraineté du canton de Neuchâtel.

Le roi de Prusse restait de son côté inébranlablement attaché à son point de vue dans toutes les questions principales, comme celle du titre, de l'indemnité, des biens d'église et de la bourgeoisie de Neuchâtel.

Je crois pouvoir dire que, dans cette lutte prolongée, la Suisse n'a point eu contre elle l'opinion de l'Europe, qui a successivement applaudi à son attitude décidée et à sa modération, et approuvait alors la justesse de ses demandes. Quant au pays, il était dans l'attente de ce qui allait sortir des débats.

Mais la conférence, voyant l'impossibilité d'amener les parties à un accord, rédigea, en avril, un projet de traité qu'elle leur présenta en les laissant libres de se diriger comme elles l'entendaient. Les gouvernements français et anglais en firent recommander l'acceptation, tant à Berlin qu'à Berne.

Ces puissances le représentèrent comme contenant les dispositions les plus favorables qu'il ait été possible d'obtenir pour la Suisse. Elles déclarèrent en outre qu'il n'existait aucune chance pour celle-ci de réclamer avec succès des modifications.

De même aussi, on engagea l'autorité fédérale à ne pas ajourner sa détermination, afin que la conférence pût mieux agir sur l'esprit du roi de Prusse.

Je crus devoir, de mon côté, présenter au conseil fédéral, dans un rapport verbal, les motifs d'après lesquels je me prononçais avec force pour l'acceptation, car il était incontestable que ce projet, et notamment la réduction du chiffre de l'indemnité à un million, causait à Berlin du mécontentement et que les adversaires d'un arrangement continuaient à pousser à un refus, tandis que les puissances ne négligeaient rien pour faire prévaloir une politique conciliante. Avant de se prononcer, le conseil fédéral crut devoir en référer au gouvernement de Neuchâtel. Cette décision était motivée sur ce que l'autorité exécutive fédérale était convaincue que le projet pouvait n'être pas satisfaisant en ce qui concernait l'indemnité, mais le principal étant obtenu, il ne fallait pas le sacrifier à un point secondaire.

Je fus autorisé à signer le projet, sous réserve de ratification ; je ne devais toutefois faire usage de cette autorisation qu'autant que le projet de traité ne subirait aucune modification.

Au cas où il s'élèverait de nouvelles complications ou discussions, je devais y prendre part, conformément aux instructions qui m'avaient été remises, et en référer au conseil.

C'est à ce moment-là que le conseil fédéral, jugeant l'affaire en bon chemin, crut devoir communiquer partiellement au public certains documents se rapportant à l'affaire qui nous occupe.

Cette communication provoqua une réclamation de la part du comte Walewski, président de la conférence, de même qu'un article du *Moniteur français.*

Devant ces protestations du gouvernement français, le conseil fédéral m'envoya la dépêche suivante que je communiquai à la conférence.

„M. le comte de Salignac-Fénelon a donné lecture au président de notre conseil, d'une dépêche de S. Exc. M. le comte de Walewski sur la publication de quelques documents relatifs à la question neuchâteloise; M. le comte Walewski regrette vivement la publication de ces documents et cet acte est, suivant lui, aussi peu d'accord avec les réserves imposées par les convenances internationales qu'avec les engagements pris par les plénipotentiaires.

„Ainsi que vous le remarquerez, Monsieur, la publication qui a eu lieu dans les journaux suisses *n'a pas un caractère officiel:* le conseil fédéral s'est borné à permettre l'impression de quelques-uns des documents; il ne pouvait faire moins dans la circonstance et dans l'intérêt même de l'acceptation du projet émané de la conférence. Il a dû d'ailleurs se prêter à de hautes convenances intérieures, ainsi qu'à des nécessités tirées du système politique de la Suisse et qui n'auraient pu être méconnues sans danger.

„Vous savez *combien les habitudes de publicité sont inhérentes à notre vie républicaine.* Et, pour n'en donner qu'un exemple, vous n'oublierez pas que *les chambres fédérales ont toujours publiquement délibéré sur la question de Neuchâtel, chaque fois qu'elle leur a été soumise.*

„Le principe fondamental de notre organisation veut que les autorités se dirigent d'après la volonté du pays. Elles

sont obligées d'en appeler à lui constamment et pour le faire
avec fruit, elles doivent lui fournir les moyens de s'éclairer.

— — — — — — — — — — — — — —

„Veuillez aussi ne pas perdre de vue qu'en vertu de nos
principes d'organisation, le conseil fédéral eût pu légalement,
au lieu de décider dans sa compétence, convoquer les chambres,
déjà dans le moment actuel, pour les consulter sur leurs
intentions à l'égard de l'arrangement à signer. Il n'eût certes
pas pu se dispenser alors de communiquer les actes de la
négociation, ce qui les eût naturellement fait entrer dans le
domaine d'une publicité plus ou moins étendue.

— — — — — — — — — — — — — —

„Le conseil fédéral ne met pas en doute que ces considérations suffiront à montrer clairement qu'il n'a été dirigé
que par l'intérêt même de la chose. Il regretterait, dès lors,
que ce qu'il a cru devoir faire et qui n'était d'ailleurs que
l'accomplissement de ses devoirs comme autorité exécutive
de la Confédération, se trouvât en opposition avec les engagements de MM. les membres de la conférence, et il se
permettra d'ajouter qu'il a tout lieu d'espérer qu'un événement aussi secondaire que la publication qui a eu lieu, ne
peut pas être de nature à compromettre le succès final des
négociations.“

Le 26 mai, le traité fut signé par les plénipotentiaires et, dans une session extraordinaire des chambres
fédérales qui eut lieu dans le courant de juin suivant, le conseil fédéral rendit compte des négociations qui avaient eu lieu après l'arrêté fédéral du
16 janvier précédent.

Les chambres sanctionnèrent, à la presque unanimité, ce traité, et le roi de Prusse l'ayant également

ratifié, la conférence se réunit de nouveau à Paris pour procéder à l'échange des ratifications.

A la nouvelle de l'issue des négociations, le grand conseil de Neuchâtel avait de son chef accordé une amnistie générale pour tous les délits militaires relatifs aux levées de troupes effectuées dans les mois de décembre et janvier précédents, amnistie qui ne devait déployer ses effets qu'après l'échange des ratifications. Aussitôt cet échange effectué, le conseil d'état de Neuchâtel rendit un arrêté déclarant que l'amnistie prononcée le 3 juin déploierait dorénavant son plein et entier effet.

Tous les intéressés obtinrent ainsi immédiatement la faculté de retourner librement dans leur pays, avec la pleine jouissance de leurs droits civils et politiques.

De son côté, le roi de Prusse publia le traité et délia formellement les Neuchâtelois.

Le but que l'autorité fédérale s'était proposé lorsqu'elle accorda l'élargissement des détenus était donc atteint. L'entière indépendance de Neuchâtel était reconnue. L'article 23 de l'acte du congrès de Vienne était abrogé sur ce point et remplacé par les stipulations du nouveau traité de Paris qui prenait place dans le droit public européen. L'indépendance de la Suisse tirait de là une nouvelle consécration. La Confédération sortait de la crise qu'elle venait de traverser, affranchie des complications que pouvait faire naître une situation équivoque au point de vue du droit formel. Désormais homogène et, en vertu du droit européen lui-même, affranchie de toute influence étrangère, elle pouvait, sous l'égide de ses institutions nouvelles, forte de son inviolabilité et de sa neutralité, poursuivre son développement intérieur.

La nation accueillit ce résultat avec joie.

Il est, je crois, superflu de reproduire ici tous les documents qui ont été publiés à différentes époques sur la question de Neuchâtel.

Toutes ces pièces, à commencer par les protocoles des conférences, allongeraient ce travail sans le rendre plus intéressant.

Je me bornerai donc, pour être complet, à ajouter le texte du traité qui fut le pivot sur lequel, pendant de longs mois, l'attention publique fut captivée à un degré intense.

Leurs majestés l'empereur d'Autriche, l'empereur des Français, la reine du Royaume-Uni de la Grande-Bretagne et d'Irlande, l'empereur de toutes les Russies, désirant préserver la paix générale de toute cause de perturbation et concilier, à cet effet, avec les exigences du repos de l'Europe, la situation internationale de la principauté de *Neuchâtel* et du comté de *Valangin*;

Et sa majesté le roi de Prusse, prince de Neuchâtel et comte de Valangin, ayant témoigné son intention de déférer dans le but précité aux vœux de ses alliés, la Confédération suisse a été invitée à s'entendre avec leurs dites majestés sur les dispositions les plus propres à obtenir ce résultat.

En conséquence leurs dites majestés et la Confédération suisse ont résolu de conclure un traité et ont nommé pour leurs plénipotentiaires :

Le conseil fédéral de la Confédération suisse : M. le Dr Jean-Conrad *Kern*, membre du conseil des états suisse, ministre plénipotentiaire et envoyé extraordinaire, chargé d'une mission spéciale ;

Sa majesté l'empereur d'Autriche : M. Joseph-Alexandre baron *de Hubner*, grand-croix de ses ordres de Léopold et de la couronne de fer, etc., etc., son conseiller intime actuel et son ambassadeur près sa majesté l'empereur des Français;

Sa majesté l'empereur des Français : M. Alexandre comte Colonna *Walewski*, sénateur de l'empire, grand-croix de l'ordre impérial de la légion d'honneur, etc., etc., son ministre et secrétaire d'état au département des affaires étrangères;

Sa majesté la reine du Royaume-Uni de la Grande-Bretagne et d'Irlande: le très honorable Henri-Richard-Charles comte *Cowley*, vicomte *Dangan*, baron *Cowley*, pair du Royaume-Uni, membre du conseil privé de sa majesté britannique, chevalier grand-croix du très honorable ordre du Bain, ambassadeur extraordinaire et plénipotentiaire de sa majesté près sa majesté l'empereur des Français;

Sa majesté le roi de Prusse : M. Maximilien-Frédéric-Charles-François comte de *Hatzfeldt-Wildenburg-Schönstein*, chevalier de l'ordre de l'aigle rouge de première classe avec feuilles de chêne, chevalier de la croix d'honneur de Hohenzollern, première classe, etc., etc., son conseiller privé actuel et son envoyé extraordinaire et ministre plénipotentiaire près sa majesté l'empereur des Français;

Sa majesté l'empereur de toutes les Russies : M. le comte Paul *Kisseleff*, chevalier des ordres de Russie, décoré du double portrait des empereurs Nicolas et Alexandre II, etc., etc., son aide-de-camp général, général d'infanterie, membre du conseil de l'empire, son ambassadeur extraordinaire et plénipotentiaire près sa majesté l'empereur des Français;

Lesquels, après s'être communiqué leurs pleins-pouvoirs, trouvés en bonne et due forme, sont convenus des articles suivants :

Art. 1er. S. M. le roi de Prusse consent à renoncer à perpétuité pour lui, ses héritiers et successeurs, aux droits souverains que l'art. 23 du traité conclu à Vienne le 9 juin 1815 lui attribue sur la principauté de *Neuchâtel* et le comté de *Valangin*.

Art. 2. L'état de Neuchâtel, relevant désormais de lui-même, continuera à faire partie de la Confédération suisse *au même titre que les autres cantons* et conformément à l'art. 75 du traité précité.

Art. 3. La Confédération suisse garde à sa charge tous les frais résultant des événements de septembre 1856; le canton de Neuchâtel ne pourra être appelé à contribuer à ces charges que comme tout autre canton et au prorata de son contingent d'argent.

Art. 4. Les dépenses qui demeurent à la charge du canton de Neuchâtel seront réparties entre tous les habitants d'après le principe d'une exacte proportionnalité, sans que, par la voie d'un impôt exceptionnel ou de toute autre manière, elles puissent être mises exclusivement ou principalement à la charge d'une classe ou catégorie de familles ou d'individus.

Art. 5. Une amnistie pleine et entière sera prononcée pour tous les délits ou contraventions politiques ou militaires en rapport avec les derniers événements, et en faveur de tous les Neuchâtelois, Suisses ou étrangers, et notamment en faveur des hommes de la milice qui se sont soustraits, en passant à l'étranger, à l'obligation de prendre les armes.

Aucune action, soit criminelle soit correctionnelle ou en dommages et intérêts ne pourra être dirigée ni par le canton de Neuchâtel, ni par aucune autre corporation ou personne quelconque, contre ceux qui ont pris part, directement ou indirectement, aux événements de septembre.

L'amnistie devra s'étendre également à tous les délits politiques ou de presse antérieurs aux événements de septembre.

Art. 6. Les revenus des biens de l'église, qui ont été réunis en 1848 au domaine de l'état, ne pourront pas être détournés de leur destination primitive.

Art. 7. Les capitaux et les revenus des fondations pieuses, des institutions privées d'utilité publique, ainsi que la fortune léguée par le baron de Pury *à la bourgeoisie de Neuchâtel, seront religieusement respectés;* ils seront maintenus conformément aux intentions des fondateurs et aux actes qui ont institué ces fondations et *ne pourront jamais être détournés de leur but.*

Art. 8. Le présent traité sera ratifié et les ratifications en seront échangées dans le délai de vingt-et-un jours ou plus tôt, si faire se peut. L'échange aura lieu à Paris.

En foi de quoi les plénipotentiaires l'ont signé et y ont apposé le cachet de leurs armes.

Fait à Paris, le 26 mai 1857.

(Sceaux et signatures.)

Il me reste encore à reproduire les discours que prononcèrent le président du conseil national, M. Escher, et le président du conseil des états, M. Briatte, en déclarant close la session des chambres fédérales.

Le président du conseil national, M. le Dr A. Escher, termina la session par le discours suivant :

« Nous sommes maintenant arrivés au terme de notre session qui a été uniquement consacrée à l'*affaire de Neuchâtel,* et nous pouvons dire que la solution en a été heureuse. La tâche que nous avions devant nous, en septembre dernier, peut être considérée aujourd'hui *comme accomplie.*

« Ne devons-nous pas nous féliciter d'un tel succès ? Ne doit-il pas nous paraître d'autant plus précieux à la pensée qu'il a été obtenu dans un moment où les sympathies pour les institutions républicaines sont peu nombreuses et cela sur le terrain glissant, pour les petits états surtout, des rapports avec l'étranger ? »

Le président du conseil des états, M. Briatte, a déclaré close la session extraordinaire du conseil des états par le discours suivant :

« Il y a quelques mois, lorsque vous avez adopté les propositions qui vous étaient soumises par le conseil fédéral, il a pu s'élever des doutes dans quel-

ques esprits sur la marche que vous alliez suivre.
Vous avez la conscience de n'avoir pas failli à l'honneur. La nation ne vous a pas désapprouvés et cette
portion du peuple qui doit être la plus jalouse de
l'honneur national, l'armée, représentée par 29,000
hommes sous les armes, ne vous a point accusés.
Les soldats sont rentrés dans leurs foyers la tête
haute, comme s'ils avaient marché au devant du
danger.

« Vous avez eu alors confiance dans les promesses
qui vous ont été faites et aujourd'hui vous avez reconnu qu'elles ont été loyalement tenues. Vous avez
ratifié le traité qui établit l'indépendance complète
du canton de Neuchâtel, non point parce que vous
ne pouviez faire autrement; mais parce qu'il est bon,
avantageux pour la Suisse, honorable pour les deux
parties.

« Reconnaissons ici la main de cette Providence
qui nous a si souvent conduits au milieu des écueils
que nous avons eu à traverser. Voyons dans ce fait
la preuve que le principe, que la Suisse représente,
a sa place marquée pour longtemps encore au sein
de la vieille Europe.

« Puisse le canton de Neuchâtel profiter de sa nouvelle position, et cicatriser les blessures faites par
les derniers événements. Puissent les Neuchâtelois se
tendre une main fraternelle et faire concourir tous

leurs efforts au développement de la démocratie et au bien de la commune patrie!

« Puissent les conseils de la nation profiter de l'exemple de modération, de justice et d'équité qui leur a été donné par les grandes puissances; puissent-ils ne pas perdre de vue l'exemple d'union que leur a donné la population!

« Que Dieu protège la Suisse! »

NOTES SUR UNE CONVERSATION AVEC L'EMPEREUR NAPOLÉON III, LE 4 JANVIER 1857

Je viens de développer dans le chapitre précédent l'exposé des négociations officielles qui eurent lieu ensuite de l'insurrection royaliste dans le canton de Neuchâtel, en 1856. — Comme complément à ce chapitre, je crois devoir le faire suivre de notes se rapportant à une conversation que j'eus l'honneur d'avoir aux Tuileries avec l'empereur des Français, le dimanche 4 janvier 1857, à 8½ heures du soir.

Ce jour-là, Napoléon m'avait invité à dîner. Après le repas, il me pria de passer dans son cabinet de travail où il me donna connaissance de deux lettres que lui avait adressées le roi de Prusse.

Ces lettres, écrites en langue française, portaient la date des 16 septembre et 11 décembre 1856.

Dans le premier de ces documents il était aisé de voir que Frédéric-Guillaume IV ne parlait pas encore d'une renonciation formelle à ses droits. Il espérait encore les conserver par l'intermédiaire d'une conférence entre les grandes puissances, et cependant, il se trouvait dans cette lettre un passage dans lequel le roi de Prusse disait *„qu'il se résignerait* *néanmoins à faire le sacrifice de ses droits dans l'intérêt de la paix, à la condition qu'on lui assurerait l'élargissement de tous les prisonniers faits ensuite de l'insurrection de 1856"*. Frédéric-Guillaume ajoutait qu'il faisait appel à l'arbitrage de l'empereur et lui offrait en dépôt la principauté de Neuchâtel, consentant à ce que celle-ci fût occupée par des troupes françaises. „C'est les larmes aux yeux — disait le roi — et le cœur navré que je m'adresse à Votre Majesté qui, dès son avénement, m'a inspiré la plus grande confiance."

Dans sa seconde missive à l'empereur, le roi de Prusse, tout en revenant *sur la question de l'élargissement des prisonniers royalistes, et en faisant certaines réserves*, se déclarait prêt à sacrifier ses droits de souveraineté sur le canton de Neuchâtel.

Ainsi, il désirait conserver le titre de prince de Neuchâtel et voulait faire stipuler certaines garanties en faveur des quatre bourgeoisies contre tout empiétement éventuel. Il désirait surtout que les fondations de bienfaisance fussent mises à l'abri de toute tentative d'aliénation de destination de la part „des *révolutionnaires neuchâtelois*". Il prétendait de plus se réserver les propriétés particulières appartenant à sa famille et situées sur le territoire de la principauté. „*Mais toutes ces ouvertures* — ajouta-t-il en insistant particulièrement sur ce point — *je les fais à l'empereur des Français et non à la Suisse.*"

Après avoir pris connaissance de ces deux lettres, je répondis à l'empereur que la question de la conservation, par le roi de Prusse, du titre du prince de Neuchâtel ne souleverait pas de difficulté en Suisse, *pourvu que la principauté reconquît son entière indépendance.*

J'ajoutai que l'on pouvait être bien assuré que la Confédération ne tolérerait en aucun cas, de voir des fondations pieuses distraites du but pour lesquelles elles avaient été créées, et qu'il ne valait pas même la peine de s'arrêter sur ce point.

Quant à la prétention du roi, relative aux bourgeoisies neuchâteloises, je répondis par contre que la Suisse ne pourrait tolérer aucune immixtion du souverain prussien dans la législation sur les bourgeoisies; car cette immixtion serait en contradiction complète avec une renonciation à la souveraineté de Neuchâtel.

Quant à la question des *propriétés particulières* — dis-je à Napoléon III — il est urgent de poser en principe que „les domaines de l'état sont propriété de l'état" et *n'appartiennent pas à la maison de Hohenzollern.* C'est là une question sur laquelle aucune concession n'est admissible. Si le roi parvenait à produire la preuve que sa maison possède *réellement* des propriétés *privées* sur territoire neuchâtelois (ce qui me paraît difficile, d'après les renseignements qui m'ont été fournis à ce sujet par des membres du gouvernement de Neuchâtel), on ne les lui disputera pas, mais cette question doit donner lieu à une enquête approfondie.

L'empereur parut approuver complètement ma manière de voir, et ajouta „qu'aussitôt que les prisonniers auraient été „relaxés, il devenait dégagé de la position qui lui était faite „par les lettres du roi de Prusse, et que nous pourrions alors „développer ces questions avec la même franchise et la même „loyauté que nous le faisions entre nous présentement. „Comptez sur moi — ajouta l'empereur — et si, contre toute „attente, le roi de Prusse, une fois les prisonniers libérés, se „refusait à remplir ses engagements — engagements que j'ai „recommandé à la Suisse d'accepter — *je ferai, de l'affaire* „*de la Confédération, la mienne propre.*

„La seule question — ajouta l'empereur — sur laquelle „il peut se produire quelques difficultés est celle relative aux

„prétentions du roi sur ce qu'il appelle sa fortune. A mon
„avis, c'est là une question de droit privé. Vous êtes juris-
„consulte et vous reviendrez certainement à Paris plus tard;
„alors, je l'espère, nous reparlerons de cette affaire.

„Hatzfeldt [1] — crut devoir ajouter Napoléon III — m'a
„déclaré que si je réussissais à obtenir l'élargissement des
„prisonniers du château de Neuchâtel, le roi renoncerait à sa
„souveraineté sur la principauté et que si cette idée ne se
„réalisait pas, lui, Hatzfeldt, était décidé à donner sa démis-
„sion." L'empereur me confia de plus qu'à l'époque où les
négociations entre la Suisse et la Prusse prenaient une mauvaise tournure, il était fermement décidé de déclarer à cette
dernière que, dans le cas où elle voudrait entreprendre des
hostilités contre la Confédération, lui, l'empereur, ferait *immédiatement avancer une armée vers la frontière du Rhin.*

Dans le cours de la conversation, l'empereur envoya un
adjudant au ministère des affaires étrangères, auprès de
M. Walewski, pour lui demander la note qui lui avait été
présentée en réponse à celle de la Suisse Napoléon me dit
qu'il y avait apporté quelques changements et qu'il désirait
que j'en prisse connaissance, afin de lui donner mon opinion
à ce sujet.

Mais, peu de temps après, l'adjudant vint nous annoncer
que M. Walewski était alité et que le ministère des affaires
étrangères, où se trouvait déposée la note en question, était
déjà fermé. „Vous pourrez prendre connaissance de ce document demain chez M. Walewski," me dit l'empereur.

Je profitai de cette occasion pour répéter encore une fois
que le point capital, celui sur lequel la Suisse insistait tout
particulièrement, était de voir dans cette note des garanties
pour la pleine et entière indépendance de Neuchâtel, „que
sur ce point-là, il n'y avait point de concessions possibles".

---

[1] Ambassadeur de Prusse en France.

L'empereur ne me cacha pas qu'il envisageait avec une grande appréhension l'éventualité d'une guerre. „Je déplorerais du plus profond de mon cœur, dit-il, si, après m'être donné tant de peine pour assurer la paix, la guerre venait à éclater au centre de l'Europe pour une simple question d'amour-propre. Je n'ai pas encore décidé ce que je ferais si cette malheureuse éventualité se produisait;" il ajouta que, aussi bien dans le cas où la Suisse entrerait dans le grand-duché de Bade pour y porter la guerre, que dans celui où la Prusse occuperait Bâle ou Schaffhouse, il lui serait *impossible*, comme empereur des Français, de rester simple spectateur de ces événements. Il serait forcé de faire avancer une armée qui occuperait certes plus vivement la frontière que la landwehr prussienne. Cette armée irait où il voudrait l'envoyer, il ne doit y avoir aucun doute à ce sujet. Ainsi que gagnerait la Suisse à une intervention armée?

En terminant, Napoléon III me dit encore: „Jamais jusqu'à „présent, je ne suis entré avec autant de détails sur cette „question qu'avec vous; ce sont même des détails très-con-„fidentiels que je vous ai donnés. Je l'ai fait parce que je „tiens à ce que vous connaissiez complétement ma position „et mes intentions, et que je suis assuré de votre part, mon „vieil ami, d'une discrétion complète. Soyez convaincu que „j'aurais toujours la plus grande satisfaction à vous voir chez „moi, comme organe de la Suisse, pour laquelle j'ai conservé „les plus vives sympathies. Faites en sorte d'accélérer la „convocation de l'assemblée fédérale, afin de pouvoir lui „soumettre nos propositions relatives à l'affaire de Neuchâtel, „quelques jours avant le 15 janvier. Dans les affaires poli-„tiques il faut se faire une règle d'accepter sans délai ce qui „peut paraître bon et assuré, car on n'est jamais certain que „de nouvelles complications ne viennent pas rompre ce que „l'on pouvait considérer comme acquis. Votre mission est une

„grande et belle tâche; c'est une belle chose que d'avoir à
„négocier dans une question aussi grande et aussi importante
„pour l'honneur de la Suisse.

„Si vous aviez été, dès l'origine de cette affaire, le repré-
„sentant de la Suisse auprès de mon gouvernement, on aurait
„pu certainement éviter le malentendu qui s'est élevé entre
„la Confédération et l'empire et qui a été si vivement ex-
„ploité par certains journaux suisses et anglais qui contes-
„tèrent mes bonnes dispositions à l'égard de la Suisse. Vous
„m'auriez exposé dès l'abord la situation sous son vrai jour;
„au lieu de repousser mes propositions, vous n'auriez pas
„manqué de réclamer des explications plus précises comme
„vous le faites maintenant, et je vous les aurais accordées
„immédiatement."

Nous en vînmes ensuite à parler incidemment de l'école
polytechnique fédérale, au sujet de la demande que j'avais
faite à l'empereur de vouloir bien me dire à qui je devais
m'adresser pour obtenir certaines œuvres publiées par les
soins du gouvernement français, et qui ne se trouvaient pas
dans le commerce. „La Confédération, ajoutai-je, offrirait
naturellement en échange quelques ouvrages entrepris sous
ses auspices, comme par exemple l'atlas topographique de
Dufour." Napoléon, m'interrompant aussitôt avec la plus
grande bienveillance, me déclara qu'il ne voulait pas d'échange
et que je devais lui remettre la liste des ouvrages que la
Suisse désirait; qu'il donnerait immédiatement à son ministre
l'ordre de les mettre à ma disposition.

Je m'empressai de remercier l'empereur pour cette nouvelle
marque de sa bienveillance, et, quelques jours après, je reçus
en effet tous les ouvrages que j'avais demandés en faveur de
la bibliothèque de l'école polytechnique.

Je dois encore ajouter qu'après le dîner l'empereur me
présenta à son oncle, le prince Jérôme. Je m'entretins longue-

ment avec ce dernier sur la question de Neuchâtel et il me parut avoir à ce sujet les mêmes dispositions que l'empereur.

Toute la conversation que je viens de reproduire fut écrite dans la nuit du 4 janvier 1857, entre 11 et 1 heure, immédiatement après mon retour des Tuileries à mon hôtel.

. Dans le cours de la conversation, nous parlâmes aussi quelques instants de l'attitude de l'Angleterre dans la question de l'Orient. „La reine, me dit l'empereur, est personnellement disposée à ce que la Grande-Bretagne donne son adhésion à la note française et j'espère qu'elle y adhérera effectivement.“ L'empereur m'expliqua de plus la difficulté qui avait surgi au sujet de la question de Bolgrade, et il me montra la fameuse carte dont s'était servi à ce sujet la conférence de Paris.

Un détail que je dois citer en terminant et qui m'avait vivement frappé, fut que l'empereur mit au moins un quart d'heure à chercher la première lettre du roi de Prusse, du 16 septembre 1856, qu'il désirait me faire lire; comme je le priais de ne pas se donner de peine, et de surseoir à cette recherche, il me répondit: „Non, je chercherai jusqu'à ce qu'elle me tombe sous la main, car vous devez tout connaître *de cette question si intéressante pour vous.*“

ANNEXE II

**LETTRE CONFIDENTIELLE DE MONSIEUR DE BISMARCK A SON EX-
CELLENCE MONSIEUR DE MANTEUFFEL, MINISTRE DES AFFAIRES
ÉTRANGÈRES DU ROYAUME DE PRUSSE, SUR SON SÉJOUR A PARIS.
RÉSULTATS DES POURPARLERS SUR LA QUESTION DE NEUCHATEL
ET SUR LA MARCHE DES AFFAIRES DE LA CONFÉRENCE DE
PARIS. — 24 AVRIL 1857 [1]**

M. de Bismarck raconte dans ses rapports, ce qu'il a appris
sur l'affaire de Neuchâtel par divers membres de la conférence et surtout, les derniers jours, par le comte Walewski
et l'ambassadeur de Russie, comte de Kisseleff.

Ce dernier lui communiqua quelques détails sur les discussions qui eurent lieu, sans la participation de la Prusse
et de la Suisse, entre les quatre autres puissances. Kisseleff
lui déclara que, suivant ses sympathies personnelles et ses
instructions, il avait défendu ses vues jusqu'au bout, mais
que l'opposition venait toujours de l'Angleterre. Il ajoutait
cependant qu'il avait pu se convaincre des efforts tentés par
lord Cowley pour faire modifier ses instructions dans le sens
de nos conditions. L'opposition de l'Angleterre trouvait régulièrement l'appui de l'Autriche. Le comte Walewski chercha

---

[1] Voir *Preussen am Bundestag* 1851 à 1859. Ouvrage du chevalier
Poschinger. IIIe volume, pages 47 et 91 à 94.

toujours à combattre cette opposition, tout en subordonnant son attitude à la nécessité de ne pas compromettre les relations entre la France et l'Angleterre.

M. de Bismarck continue comme suit: „Le comte Walewski m'a dit lui-même, lorsque je l'ai vu la dernière fois, qu'il était tout à fait inutile d'adresser des demandes à la Suisse, cette dernière étant sûre d'un appui décidé de la part de l'Angleterre qui n'approuverait jamais des hostilités contre la Suisse, et aucune autre puissance ne voulant pousser les choses jusqu'à une rupture avec l'Angleterre.

„J'ai eu l'occasion de faire la connaissance du Dr Kern à un dîner chez le prince Jérôme. Il était sur le point de se rendre à Berne pour y faire accepter les propositions faites par la conférence, dans sa séance du 20 avril 1857. Il m'a paru que M. Kern se croyait tout à fait sûr que ses démarches réussiraient, *malgré des articles violents de la presse suisse contre les concessions faites par la conférence*. Aussi le comte Walewski était-il *convaincu*, lorsque je l'ai vu avant mon départ, que les autorités suisses *tâcheraient de prendre une position favorable vis-à-vis de la conférence en adoptant sans retard ses conclusions.*

„Si cette opinion est fondée, notre situation deviendra, à mon avis, *très-difficile*. Nous pourrions rester indifférents si la Suisse n'avait pas en mains une sorte d'otages dans la personne des royalistesn euchâtelois, et nous pourrions laisser dans ce cas les séances de la conférence de Paris sans résultat définitif. Nous nous attirerions seulement, par notre refus d'adopter les conclusions de la conférence, *un certain mécontentement de la part des quatre autres puissances*, mais dans les circonstances actuelles ce refus aurait pour nous les conséquences les plus fâcheuses.

„Si la Suisse accepte les propositions de la conférence, alors que nous les repoussons, *il se formera entre elle et les puissances une solidarité qui équivaudrait par le fait à une suppression du protocole de Londres.* La Suisse resterait en possession de Neuchâtel et cette possession serait reconnue indirectement par les quatre puissances, sans qu'une seule des conditions que nous avons formulées soit remplie. Les royalistes neuchâtelois ne recevraient ni amnistie ni protection pour leur personne et leur fortune. Les autorités suisses seraient poussées, aussi bien par l'esprit de parti que par le désir d'exercer une pression sur les résolutions de la Prusse, à agir contre les royalistes *par des procès, des demandes d'indemnités et des vexations de toutes sortes.* De cette manière, nous nous trouverions bientôt engagés par le point d'honneur, comme avant la libération des prisonniers. Les réclamations pour actes d'oppression et de violence ne viendraient pas seulement d'un petit nombre de personnes que le dévouement au roi et beaucoup d'autres motifs engagent à une certaine retenue; mais devant les souffrances d'une nombreuse population appartenant à la classe peu aisée, on nous mettrait en demeure de ne pas laisser plus longtemps les sujets fidèles au roi dans une situation *dont ils seraient les victimes.* Si nous voulions nous plaindre de l'oppression de nos amis et réclamer auprès des signataires du protocole de Londres, *ce serait sans aucun succès et certaines puissances verraient, avec satisfaction, notre refus* d'accepter les propositions de la conférence.

„Ce qui est bien sûr *c'est que nous ne pourrions pas compter sur le concours efficace d'une seule des puissances, car elles seraient unanimes pour nous entraver,* si nous voulions faire des démarches en vue de faire prévaloir les droits de sa majesté par la force des armes.

„Je laisse à votre excellence le soin de juger si j'ai raison de craindre que les affaires prennent réellement cette tournure. Si mes craintes sont fondées, je ne puis en tirer d'autre conséquence que celle-ci : *l'adoption des propositions des puissances est pour nous une nécessité.* Je n'ai pas trouvé parmi les diplomates amis, à Paris, ni parmi ceux de mes collègues avec lesquels je me suis entretenu jusqu'à présent, une seule personne qui soit d'une autre opinion.

„S'il y avait un moyen d'assurer l'amnistie aux prisonniers sans accepter les projets de la conférence, la situation deviendrait tout autre, mais je ne vois pas ce moyen, de sorte *qu'il ne nous reste pas d'autre expédient que la simple acceptation des projets de la conférence, si nous ne voulons pas placer les royalistes dans une situation qui ne manquerait pas de produire plus tard un grave contre-coup sur nos résolutions.*

(signé) „BISMARCK.“

M. de Manteuffel n'approuva pas seulement les idées renfermées dans cette lettre, mais il exprima à M. de Bismarck ses remerciements pour l'habileté et le zèle avec lesquels il amena la prompte et unanime décision de la diète allemande dans la question de Neuchâtel.

CHAPITRE X

DIFFÉREND ENTRE LA SUISSE ET LA FRANCE AU SUJET DE LA VALLÉE DES DAPPES. — SA SOLUTION EN 1863

Lorsqu'en 1798 les troupes françaises passèrent le Jura pour occuper la Suisse et détruire l'ancienne Confédération, leurs généraux apprirent à connaître l'importance stratégique relative des différentes routes qui traversent cette chaîne de montagnes. Au nombre de ces routes, celle qui se dirige de Salins par les Rousses et se bifurque derrière la Dôle, fut considérée comme l'une des plus importantes. Seulement pour qu'elle pût servir complètement aux projets de conquêtes de la France, il était nécessaire au gouvernement de cette époque d'avoir à sa disposition une petite partie de pays, située dans une position dominante par rapport aux cols de St-Cergues et de la Faucille. Cette petite partie de pays appartenant au canton de Vaud, alors nouvellement émancipé de Berne, se nomme la *vallée des Dappes*.

En 1802, la demande de cette vallée fut donc faite par la France au gouvernement helvétique, alors trop faible, trop peu indépendant pour oser refuser; la cession en fut consommée en 1807, lorsque Napoléon Ier, dont le pouvoir pesait irrésistiblement sur la Suisse, ne voulut plus admettre de délai.

Ainsi, l'origine de cette affaire remonte à la triste période des révolutions en Suisse.

Lors des congrès de Paris et de Vienne, les puissances, en s'occupant des intérêts de notre pays, jugèrent de l'importance que le corps helvétique attachait. à la question de la vallée des Dappes, et, ayant principalement en vue la défense de son territoire et de sa neutralité, voulurent donner à ses frontières, du côté de la France, toute la sûreté compatible avec le principe de l'ancien état de possession, une sûreté égale à celles de ses frontières au nord et à l'est.

Ainsi, le traité de Paris du 30 mai 1814 stipula la réunion de Genève à la Suisse et le rétablissement des anciennes limites dans le département du Léman, ce qui comportait la rétrocession de la vallée des Dappes au canton de Vaud.

Le congrès de Vienne régla définitivement, en outre, les rapports territoriaux de l'Europe. L'article 2 de la déclaration du 20 mars 1815 porte:

« Le Valais, le territoire de Genève, la principauté « de Neuchâtel, sont réunis à la Suisse.

« *La vallée des Dappes ayant fait partie du*
« *canton de Vaud, lui est rendue.* »

La France signa cette convention.

Après les cent jours, la Suisse s'étant fait représenter aux nouvelles négociations qui s'ouvrirent à
Paris, sa délégation insista pour que la frontière
militaire de la Suisse fût améliorée.

Dans la conférence du 2 octobre 1815, il fut stipulé que, depuis la mer du Nord jusqu'à la Médi-
terranée, la France aurait pour frontière celle qui
existait en 1790, et le traité du 20 novembre 1815
maintint les limites entre le canton de Vaud et la
France telles qu'elles avaient été fixées par le premier traité de Paris. La restitution de la vallée des
Dappes au canton de Vaud fut donc pour la troisième fois maintenue.

Ce traité fut également signé par la France.

Toutefois, par un acte qui n'a peut-être pas son
pareil dans les fastes de la diplomatie, les plénipotentiaires des quatre grandes puissances remirent le
19 novembre (par conséquent la veille de la signature du traité) au ministre français des affaires étrangères une note ainsi conçue :

„Les soussignés, ministres de leurs majestés l'empereur
d'Autriche, le roi de la Grande-Bretagne, le roi de Prusse et
l'empereur de toutes les Russies, ont l'honneur de déclarer
à S. Exc. le duc de Richelieu, ministre de sa majesté très-
chrétienne :

„Qu'ils reconnaissent la justesse de la demande faite par la France, tendant à ce que la vallée des Dappes, séparée de la France par le traité de Paris du 30 mai 1814 et donnée au canton de Vaud par la déclaration du congrès, en date du 20 mars, soit restituée à la France, en considération des cessions beaucoup plus importantes, consenties par celle-ci en faveur de la Confédération helvétique.

„Que néanmoins ils ne peuvent pas, dans le traité qu'ils sont sur le point de signer avec S. Exc. et contenant lesdites cessions, stipuler la restitution à la France de la vallée des Dappes, parce que le plénipotentiaire suisse ne se trouve point autorisé à y consentir, et qu'une telle stipulation, si elle était faite sans le consentement de la Suisse, serait une atteinte à son indépendance.

„Mais que leurs gouvernements s'engagent à intervenir de la manière la plus efficace auprès de la Confédération helvétique, par leurs ministres à la diète, pour que cette affaire soit arrangée à l'entière satisfaction de la France et de la manière dont elle l'a demandée."

C'est cette note qui donna naissance au long conflit sur la vallée des Dappes et qui, d'année en année, a figuré dans les tractanda de la diète, puis, après 1848, des chambres fédérales, sans que jamais elle eût fait un pas en avant.

Près de quarante ans s'écoulèrent ainsi en discussions inutiles. Pendant ce temps, le canton de Vaud exerçait dans la vallée des Dappes une partie de la souveraineté; c'était lui qui percevait les impôts, qui y faisait la police et y administrait la justice; les habitants, toutefois, n'appartenaient à aucune com-

mune suisse, ils n'avaient ni église, ni école; ils n'exer-
çaient aucun droit politique. En un mot, il y avait
un territoire suisse, mais il n'y avait pas de citoyens
suisses. Outre cela, la France était demeurée en
possession de la route de la Faucille; c'est elle qui
l'entretenait, ainsi qu'une partie de celle de Saint-
Cergues.

Telle était la situation de ce petit coin de pays, à
l'époque de mon arrivée à Paris comme ministre
suisse.

Vers la fin du mois de décembre 1858, un détachement des troupes françaises, qui occupaient le fort
des Rousses, poussa à plusieurs reprises ses excur-
sions militaires jusque sur le territoire suisse. En
passant sur la route qui se dirige des Rousses à
Genève par la Faucille, ce détachement traversa la
vallée des Dappes jusqu'au lieu dit «Planet d'Amont»,
c'est-à-dire jusqu'au point où cette route rentre sur
le territoire français.
Le conseil fédéral me chargea de porter cette
affaire à la connaissance du gouvernement français,
et, comme il était important, dans l'intérêt même
des négociations qui étaient pendantes au sujet de
la question des Dappes, d'éviter tout ce qui pouvait
amener des complications ou en retarder la solution,
je devais insister fortement pour qu'une enquête sur

les faits qui formaient l'objet de la réclamation fût ordonnée et que des mesures fussent provoquées pour qu'ils ne se renouvelassent plus.

La réponse à cette réclamation ne se fit pas attendre, et il me fut assuré que des ordres avaient été donnés au commandant supérieur des divisions de l'est, M. le maréchal Canrobert, pour que des violations de cette nature ne se reproduisent plus.

Trois ans plus tard, au mois d'octobre 1861, le même fait se renouvela.

Un fort détachement de gendarmerie française et des soldats de la garnison du fort des Rousses, armés et sous le commandement d'un officier de gendarmerie, pénétrèrent dans la localité vaudoise des *Cressonnières suisses*, avec l'intention de s'opposer à une arrestation que l'on supposait devoir être opérée par la police vaudoise.

En portant à ma connaissance cette violation flagrante de notre territoire, le conseil fédéral me chargea de réclamer de S. Exc. M. le ministre des affaires étrangères de France satisfaction de cette inobservation des traités.

Je devais insister pour que la force armée française évacuât immédiatement le village des Cressonnières suisses et se retirât au-delà des frontières, pour autant que cela n'aurait pas déjà eu lieu. De plus, je devais chercher à obtenir qu'une satisfaction convenable fût donnée à la Suisse pour cette violation et qu'il fût pris des mesures en vue de prévenir, pour l'avenir, des actes de la nature de ceux qui faisaient l'objet de la réclamation, actes qui ne pouvaient que compromettre au plus haut degré et d'une manière regrettable les rapports d'amitié qui doivent exister entre deux états voisins.

La réponse qui me parvint du ministère français et que je transmis immédiatement au conseil fédéral était que, si des mesures avaient été combinées sur notre frontière pour empêcher que les autorités du canton de Vaud ne procédassent par la force, contrairement au statu quo, à l'exécution sur le territoire de la vallée des Dappes d'un arrêt rendu par le tribunal de Nyon, il n'était pas exact que des gendarmes ou des soldats français eussent pris une position, même momentanée, sur un point quelconque de ce canton.

Le gouvernement français déclarait en outre ne pas s'expliquer les faits qui avaient pu donner lieu à la réclamation du conseil fédéral.

Le 23 novembre 1861, le conseil fédéral me fit savoir qu'il envisageait l'assertion de la France comme étant en contradiction avec les rapports de ses commissaires et qu'il maintenait sa réclamation. Il me chargeait, dans cette occurrence, de renouveler sa demande d'une satisfaction convenable, de même que l'élaboration de mesures propres à prévenir le retour de pareilles violations de territoire.

Le 28 décembre suivant, M. le marquis Turgot,

ambassadeur de France en Suisse, contestait positivement au nom de son gouvernement, dans une note adressée au conseil fédéral, la violation de notre frontière, tout en déclarant pourtant qu'un officier, accompagné d'un seul gendarme, n'avait paru au hameau des Cressonnières que quelques instants et dans des circonstances qui expliquaient sa démarche.

Tout en déclarant que la France considérait la discussion close, M. le marquis Turgot ajoutait que le gouvernement de l'empereur se regardait comme fondé à décliner la demande d'une satisfaction formulée par la Suisse.

Des communications et notes qui s'échangèrent ultérieurement au sujet de cette affaire, il résulta en outre que le gouvernement français non seulement avait effectivement donné l'ordre d'empêcher par la force des arrestations dans la vallée des Dappes, mais qu'il avait l'intention de le maintenir, contrairement à la demande bien fondée du conseil fédéral, et que même, d'après l'aveu contenu dans une note qui me fut adressée par le ministère des affaires étrangères de la France, la gendarmerie de ce pays avait paru dans la vallée des Dappes pour y faire exécuter cet ordre.

Le conseil fédéral s'éleva formellement contre ces déclarations et les dispositions du gouvernement français, et invita les autorités vaudoises à exercer comme du passé les droits de souveraineté dans la vallée des Dappes, notamment à ne pas se relâcher d'une surveillance régulière, périodique, de la police dans ces contrées.

Mais dans l'intervalle, des conférences secrètes avaient eu lieu entre le président de la Confédération, qui était à cette époque M. Knüsel, et l'ambassadeur de France à Berne, en vue d'amener la solution définitive de cette question depuis si longtemps en litige. Les tentatives antérieures, dans le but de s'entendre, avaient toutes échoué, parce qu'il n'avait jamais été offert à la Suisse un équivalent satisfaisant, ou que cet équivalent, qui était offert en argent, ne pouvait que froisser l'amour-propre national.

Dans l'idée de la conclusion éventuelle d'un traité, le conseil fédéral m'avait chargé de soumettre au gouvernement français les bases d'un arrangement, auxquelles celui-ci ne tarda pas à adhérer en principe.

Immédiatement après, les négociations commencèrent sur les détails, négociations qui, après avoir duré assez longtemps, aboutirent, pour la forme et la teneur, à un traité conclu entre le président de la Confédération et l'ambassadeur de France, le 8 décembre 1862. Ce traité fut ratifié par l'empereur des Français le 27 décembre 1862, et par les chambres fédérales le 2 février 1863.

Les bases essentielles de ce traité sont les suivantes:

1° La frontière litigieuse dans la vallée des Dappes est fixée au moyen de cessions réciproques de territoire; la Suisse abandonne à la France la partie occidentale de la vallée des Dappes y compris la route de la Faucille; la France cède à la Suisse un territoire d'une contenance équivalente sur les pentes occidentales du Noirmont, à partir du lieu dit la Cure, dans la direction du Bois d'Amont.

2° Il ne sera élevé aucun ouvrage militaire sur les portions de territoire réciproquement cédées.

3° Les habitants des territoires cédés suivent la nationalité des états où ils sont incorporés, à moins qu'ils ne déclarent, dans le délai d'une année, vouloir conserver leur nationalité actuelle.

4° Les communications commerciales et postales de la vallée de Joux avec St-Cergues par la route du Bois d'Amont seront libres de tout droit et de toute taxe.

Dans un protocole séparé, signé en même temps que le traité, le plénipotentiaire suisse réserva pour son pays la faculté de porter ce traité à la connaissance des puissances signataires de l'acte du congrès de Vienne, afin d'obtenir, pour autant qu'il y est dérogé à l'art. 75 dudit acte, qu'il fût reconnu comme faisant partie intégrante du droit international européen.

Le plénipotentiaire français accepta cette réserve

en signant le protocole, et les chambres fédérales la sanctionnèrent dans un décret de ratification.

Le 20 février 1863 eut lieu la mise à exécution du traité, par l'échange des ratifications, et dans le courant de la même année, les deux gouvernements s'occupèrent:

1° de la communication du traité aux puissances du congrès de Vienne, à teneur du protocole séparé;

2° de la fixation et du bornage de la nouvelle frontière sur le terrain;

3° de l'expédition des procès-verbaux et des plans;

4.° et enfin de la constatation des déclarations des habitants intéressés, au sujet de la conservation de leur nationalité.

Ces points une fois réglés, la question de la vallée des Dappes fut éliminée des délibérations officielles et internationales.

La solution de cette affaire doit être considérée comme étant d'une grande importance, car elle mit fin à un différend qui avait existé entre les deux états pendant près d'un demi-siècle, et fit que — ce différend étant aplani moyennant des conditions que la Suisse avait vainement cherché à obtenir précédemment — l'arrangement conclu était de nature à préparer les voies à la tractation et à la solution d'autres questions pendantes.

CHAPITRE XI

ANNEXION, PAR LA FRANCE, DE LA SAVOIE NEU-
TRALISÉE. — PROTESTATION DE LA SUISSE CONTRE
CETTE ANNEXION

La question de Savoie n'est pas nouvelle.

Depuis des siècles il existe des stipulations spéciales concernant la position militaire de ce pays
vis-à-vis de la Suisse, et réciproquement.

Au commencement du XVIe siècle, sous François Ier,
et à l'époque des guerres avec l'Italie, on s'occupa
déjà des moyens de neutraliser la Savoie.

En 1564, un traité fut conclu entre Berne et la
maison de Savoie, puis en 1569 le passage de troupes
savoisiennes par le Valais fut réglé dans l'*alliance
perpétuelle* conclue entre cet état et la Savoie.

En 1603 il fut stipulé, dans un traité signé à
St-Julien, que le duc de Savoie ne pourrait ras-
sembler aucune troupe dans un rayon de 4 lieues
autour de la ville de Genève, ni tenir de garnison,
ni établir de forteresse.

Si je retrace brièvement ces différents faits historiques, c'est dans le but de rappeler les relations étroites qui existèrent de tout temps entre les deux territoires, rapports qui étaient commandés par la situation politique et géographique des deux états.

La neutralisation de la Savoie par les traités, signés à Vienne en 1815, fut donc le rétablissement d'anciens droits; l'année suivante, en 1816, la convention signée à Turin entre la Suisse, la Sardaigne et le canton de Genève, confirma expressément ce traité.

La haute importance stratégique de la Suisse engagea, ai-je dit, en 1815, les grandes puissances européennes à statuer et à garantir sa neutralité perpétuelle. Elles voulurent par cette neutralisation empêcher qu'aucune puissance belligérante ne pût s'emparer de la Suisse et, avec elle de certains passages importants. Par cette mesure, elles pensèrent garantir la paix et maintenir l'équilibre européen.

La Suisse a une superficie de peu d'étendue, cela est vrai, mais elle est habitée par un peuple qui défendra toujours, à toute outrance, sa neutralité contre un agresseur, quel qu'il soit. Mais, pour pouvoir résister aux attaques faites par des forces supérieures, il lui faut de bonnes frontières militaires qui remplacent ce qui manque dans le nombre des défenseurs.

Les hautes puissances sentirent cette nécessité, car en statuant sur la neutralité perpétuelle de la Suisse, elles améliorèrent jusqu'à un certain point ses frontières, sans pourtant parvenir à une solution complète du problème.

Ainsi, elles réunirent à la Suisse les cantons du Valais, de Neuchâtel et de Genève. Elles allèrent même plus loin en plaçant dans le rayon de sa neutralité et dans les mêmes conditions que celle-là, une partie de la Savoie avoisinant Genève, le Valais et le lac Léman, cela sans porter aucune atteinte à la souveraineté du roi de Sardaigne, puisqu'il fut statué, à cette occasion, que « toutes les fois que les « puissances voisines de la Suisse se trouveront en « état d'hostilités ouvertes ou imminentes, les troupes « de S. M. sarde se retireront et pourront à cet effet « passer par le Valais si cela était nécessaire; qu'au- « cunes troupes armées d'aucune puissance ne pour- « ront y stationner, ni la traverser sauf celles que la « Suisse elle-même jugerait à propos d'y placer; bien « entendu que cet état de choses ne gêne en rien « l'administration de ces provinces où les agents « civils de S. M. le roi de Sardaigne pourront aussi « employer la garde municipale pour le maintien du « bon ordre ».

La députation suisse au congrès de Vienne avait jugé d'une haute importance la question de la neutralisation de la Savoie, et avait été heureuse de voir l'envoyé de S. M. sarde entrer dans ses vues et porter lui-même la demande devant le congrès.

La députation suisse, en demandant cette neutralisation, le fit avec connaissance de cause.

Les événements guerriers, survenus dans le cours de plusieurs siècles, avaient démontré qu'il était absolument nécessaire pour la sûreté du canton du Valais et de ses deux passages importants des Alpes (le grand St-Bernard et le Simplon), pour celle du pays de Vaud et surtout celle de Genève, qu'en temps de guerre la Savoie septentrionale restât, ou bien absolument neutre ou bien fît cause commune avec les territoires de ces cantons. Les nombreux traités et les conventions qui furent signés depuis le 15ᵉ siècle en fournissent la preuve.

Mais la Suisse tenait surtout à l'idée de se maintenir une certaine influence sur le sort de ces provinces, dans le cas où elles changeraient de maître, pour se garantir des suites fâcheuses qui pourraient résulter pour elle d'un pareil changement.

L'instrument de paix du 30 octobre 1564, par exemple, qui termina après de longues guerres et par un arbitrage des XI états confédérés, les difficultés entre Berne et la Savoie, stipulait expressément, après avoir fixé les provinces qui devraient être rendues neutres et rester aux parties dissidentes, que

« aucune des parties ne devra aliéner par vente,
« échange ou de quelque autre manière, les villes,
« forteresses, pays et gens à un autre prince, seigneur,

« ville, pays et commune quelconques, afin qu'une
« partie préserve l'autre de tout voisinage étranger,
« importun, onéreux, et que chacune d'elles soit et
« demeure préservée.

« Les deux parties ne devront élever aucune nou-
« velle fortification dans leurs pays limitrophes, ni
« faire aucun préparatif de guerre à une lieue de la
« frontière. »

Ce traité, portant le sceau du duc Philibert, le
grand sceau de la Savoie, le sceau de Berne et ceux
de tous les arbitres, fut garanti par la France et
par l'Espagne.

Au mois de mai 1859, la guerre éclata entre
l'Autriche, la France et la Sardaigne. La Suisse ne
profita pas du droit que lui donnaient les traités
d'occuper le nord de la Savoie, mais, lors des préliminaires de la paix, elle s'inquiéta de la position
qui lui serait faite par la création d'une confédération
italienne, dont les bases avaient été arrêtées à l'entrevue de Villafranca.

La possibilité d'une cession de la Savoie à la
France avait préoccupé de bonne heure le conseil
fédéral. Déjà le 28 janvier 1859, j'avais été confidentiellement rendu attentif à la position de la Suisse
vis-à-vis de la Savoie, et invité à suivre de près cette
question ; ce qui était à redouter n'était pas tant
une violation de la neutralité de notre territoire,

d'une part ou de l'autre, mais bien que, par suite d'une solution violente de la question italienne, la Savoie ne vînt à être cédée à la France, et Genève sérieusement menacée.

Dans mes instructions, le conseil fédéral invoquait les stipulations des actes de 1815, tout en ayant soin de rappeler aussi les précédents traités; il faisait ressortir que la réunion de la Savoie à la France rendrait illusoires toutes les dispositions protectrices stipulées en faveur de la Suisse; que Genève, centre de tout le bassin du pays de Gex et de la Haute-Savoie, ne pouvant se maintenir comme état indépendant, serait écrasée par la ligne des douanes françaises, et qu'une défense militaire par la Suisse ne serait plus possible, parce que nous ne posséderions de fait plus aucun droit militaire en Savoie. Le conseil fédéral appuyait en outre sur la circonstance que la Suisse n'était nullement désireuse d'un agrandissement de territoire, mais que, si des changements de possession devaient avoir lieu quant à la Savoie, elle devait, dans l'intérêt de la sûreté et de l'intégrité de son territoire actuel, demander que la partie supérieure de la Savoie ne fût pas réunie à la France, mais à la Suisse.

Indépendamment de ces questions, une autre combinaison, résultat de la guerre d'Italie, se présenta tout naturellement à l'attention de la Suisse.

Dans les préliminaires de la paix de Villafranca

il s'était agi, comme je l'ai dit, de la formation d'une confédération italienne. La réalisation de ce projet touchait éventuellement aussi nos droits et nos intérêts relativement à la Savoie, de même que les portions de territoire incorporées à la neutralité suisse, pour autant que le gouvernement sarde aurait accédé à une telle confédération, et que de là il serait résulté, pour d'autres états italiens confédérés, des obligations et des droits militaires quelconques vis-à-vis de la Savoie neutralisée.

Je cherchai à obtenir, de la part du gouvernement français, des communications au sujet de ses intentions à cet égard. M. le comte Walewski me déclara positivement, le 12 août 1859, que, dans une conférence qui devait avoir lieu à Zurich, il ne pourrait absolument être question d'entrer en matière sur la formation d'une fédération italienne; mais que dans le cas où il en serait délibéré plus tard, aucune des puissances ne songerait à porter atteinte aux stipulations de 1815, pour autant qu'elles concernent la neutralisation de parties du territoire de la Savoie.

Le 10 novembre suivant fut en effet signé, à Zurich, le traité de paix conclu entre les plénipotentiaires de la France, de l'Autriche et de la Sardaigne. La réunion d'un congrès européen, qui aurait eu à sanctionner les changements de territoire convenus, pouvait être considérée comme prochaine et il était à supposer que son premier objet serait de régler les affaires d'Italie en général, et par conséquent aussi de trancher la question d'une fédération italienne prévue dans les préliminaires de Villafranca. Le moment était ainsi venu où la Suisse ne pouvait tarder plus longtemps à manifester d'une manière officielle ses appréhensions au sujet de la neutralisation de la Savoie. Dans le cas où le congrès se réunirait, il était pour la Suisse d'une importance extrême que les questions touchant directement ses intérêts ne fussent traitées qu'avec sa coopération, et cela d'autant plus qu'une modification apportée sans l'assentiment de la Suisse, dans ses rapports conventionnels avec les provinces neutralisées, ne pouvait avoir pour elle un effet juridique obligatoire.

En conséquence, le 18 novembre, le conseil fédéral adressa aux puissances un *memorandum* où il fit ressortir les garanties qui lui avaient été accordées par le traité de 1815, et demanda à être admis au congrès dans le cas où les puissances se réuniraient pour régler cette nouvelle forme des provinces italiennes et établir leurs rapports avec les territoires neutralisés de la Savoie.

L'Autriche, la Prusse, la Russie et la Suède répondirent favorablement à la demande du conseil fédéral ; mais, dans l'intervalle, d'autres préoccupations plus sérieuses surgirent, et il ne s'agit plus alors que d'une séparation complète de la Savoie et de son incorporation à l'empire français.

Dans le courant du mois de janvier 1860, le bruit courut qu'il existait un traité de cession de la Savoie entre la France et la Sardaigne. Sur l'ordre du conseil fédéral, j'allai aux informations et j'obtins une entrevue de M. Baroche qui m'assura que la question de l'annexion n'avait aucun intérêt ni actuel, ni prochain, mais que, dans le cas où quelque événement surviendrait plus tard, il pensait qu'il n'y avait que justice à ce qu'il n'eût lieu qu'après une entente complète entre la Suisse et la France et en tenant compte des dispositions des traités qui stipulaient que, en cas de cession de la Savoie à la France, une partie de la première, suffisante pour assurer une bonne ligne de défense, serait en même temps cédée à la Suisse.

Après des négociations préliminaires avec le ministère français, je fus chargé de solliciter une audience de l'empereur Napoléon III, dans le but d'apprendre à connaître, soit ses intentions au sujet de la cession de la Savoie, soit les dispositions existant relativement aux provinces neutralisées et leur situation éventuelle vis-à-vis de la Suisse. Cette audience me fut accordée le 31 janvier 1860. Je me fis un devoir d'exposer d'une manière circonstanciée les grands intérêts qui se rattachaient à cette question pour la Suisse, et d'exprimer l'espoir que dans cette affaire rien ne serait sanctionné avant qu'on se fût entendu avec la Suisse au sujet des provinces neutralisées.

Je déclarai que la Suisse se prononcerait pour le statu quo, et que, s'il était question d'une annexion de la Savoie à la France, elle insisterait avec la plus grande énergie pour qu'il lui fût assigné, sur le territoire de la Savoie neutralisée, des frontières telles qu'elles puissent former une ligne de défense militaire aussi favorable que possible, ligne qui, selon le jugement de nos plus habiles stratégistes, est indispensable pour que la neutralité suisse ne devienne pas absolument illusoire.

L'empereur me donna l'assurance que la Savoie ne serait pas annexée contre le gré des Savoisiens eux-mêmes et sans avoir consulté les grandes puissances; que, si cette annexion devait avoir lieu, il se ferait un plaisir, par sympathie pour la Suisse à laquelle — me dit-il — il portait un intérêt tout particulier, de lui abandonner, comme son propre territoire et comme une partie de la Confédération helvétique, les provinces du Chablais et du Faucigny.

Cette audience est en corrélation avec une note que M. Thouvenel, ministre des affaires étrangères de l'empire, me fit parvenir le 6 février suivant et dans laquelle il faisait observer en outre que la question de Savoie se rattachait à celle de l'annexion de l'Italie centrale et peut-être aussi de la Romagne au Piémont.

Pareille communication, à ce que j'appris, fut faite à M. le président de la Confédération par l'ambassade de France à Berne, et au gouvernement de Genève par le consul français en cette résidence.

Mais la question changea de nouveau de face et prit une tournure décisive, ensuite d'un discours que Napoléon III prononça à l'occasion de l'ouverture des chambres de l'empire, le 1ᵉʳ mars.

Dans ce discours, il était dit d'une manière non équivoque « qu'en présence de la nouvelle circonscription de l'Italie septentrionale, laquelle abandonnait à un état puissant tous les passages des Alpes, il était du devoir de la France d'exiger, dans l'intérêt de la sécurité de ses frontières, la rétrocession des versants français des Alpes ».

Sur ces entrefaites et ensuite d'un ordre qui m'était parvenu du conseil fédéral, je fis savoir à M. Thouvenel que mon gouvernement avait adressé au roi de Sardaigne une note dans laquelle il demandait l'observation des stipulations du traité de 1564 confirmées par la convention de 1816 entre la Suisse et la Sardaigne, en tant qu'elles toucheraient la cession du territoire de la Savoie à une autre puissance.

J'ajoutai que le conseil fédéral regarderait l'annexion du Chablais, du Faucigny et du Genevois par une autre puissance, comme étant en contradiction avec les stipulations des traités précités qui garantissent ces provinces dans l'intérêt de la neutralité suisse comme si elles faisaient partie intégrante de la Confédération, en déclarant « qu'elles doivent jouir de la neutralité de la Suisse, de la même manière que si elles appartenaient à celle-ci ».

Enfin, je protestai formellement contre toute mesure qui pouvait avoir pour but d'annexer ces provinces à la France jusqu'à ce que les puissances de l'Europe en aient décidé.

En opposition aux assurances que m'avait données l'empereur dans son audience du 31 janvier 1860, des proclamations émanant des gouverneurs d'Annecy et de Chambéry furent publiées. Dans ces manifestes, on annonçait à la population qu'elle serait invitée à se prononcer sur le sort futur du pays. La question fut posée de telle manière que le peuple savoisien n'avait plus à se prononcer que pour la France ou le Piémont, votation qui excluait toute autre annexion. La Suisse étant littéralement mise de côté de même que ses prétentions, le conseil fédéral me chargea de protester de nouveau contre un pareil *modus vivendi* et de déclarer que, si la Suisse n'était pas entendue, le conseil fédéral s'adresserait aux puissances étrangères qui avaient garanti le maintien des traités.

Dans une audience que voulut bien m'accorder M. Thouvenel, celui-ci me déclara que ces proclamations ne reposaient que sur un simple malentendu; que le mode de votation n'était pas encore fixé et qu'il s'agissait d'y apporter des modifications. Au vu de cette communication, je trouvai qu'il était convenable de ne pas remettre, à ce moment-là, la protestation du conseil fédéral. Mais quelques jours après, j'acquis la certitude que les modifications projetées n'avaient pas en vue de substituer à une votation générale une votation séparée par provinces (en ce sens que la population du Chablais et du Faucigny aurait eu la faculté de se prononcer pour l'annexion à la Suisse), mais qu'il s'agissait uniquement d'engager le roi de Sardaigne à céder avant tout la Savoie à la France, cession qui devait être ensuite confirmée par une votation générale..

M. Thouvenel ne contredit pas la justesse de cette observation, la France étant en effet d'avis qu'une cession de la part de S. M. sarde devait précéder toute votation; il ajouta, du reste, qu'aucune disposition ultérieure n'avait encore été prise quant à l'époque de la votation et que s'il était possible d'abandonner le Chablais et le Faucigny, sans que la France courût aucun risque quant à l'annexion des autres provinces, le gouvernement français se montrerait disposé à prendre en considération la combinaison antérieure.

Je fis observer à S. Exc. que les communications qui m'avaient été faites me donnaient peu d'espoir pour la réalisation de ce projet et que, dès lors, je me permettais de lui demander s'il était en mesure de me donner à cet égard des assurances positives et tranquillisantes, à quoi M. le ministre me répondit qu'il ne pouvait se référer qu'à ce qu'il venait de dire.

A l'ouïe de cette déclaration, je n'hésitai plus à remettre une protestation écrite dans le sens des instructions du conseil fédéral.

Si cette démarche fut envisagée d'un œil favorable par la diplomatie, on ne s'en promit néanmoins pas beaucoup de succès. C'était un fait avéré, dans l'opinion des hommes politiques les plus haut placés, qu'aucune puissance n'irait jusqu'à en faire un *casus belli*. La France passerait outre sans ménagement, au risque d'éveiller et d'accroître une méfiance générale.

Cette protestation exigeait une réponse; elle me parvint le 17 mars. M. Thouvenel déclarait, entre autres arguments, que la Sardaigne, par les traités de 1815, avait seulement eu l'intention de mettre en sûreté une partie de la Savoie en l'incorporant dans la neutralité suisse, et que la Suisse avait consenti à cet arrangement à titre onéreux. Qu'elle pouvait dès lors simplement prétendre à une libération de ce fardeau par suite d'une cession, mais nullement à raison de l'atteinte qu'on aurait l'intention de porter à sa sécurité.

Tout en protestant contre cette manière d'interpréter les traités, le conseil fédéral me chargea de déclarer que la Suisse voulait attendre avec confiance le maintien des droits que lui assuraient les traités;

que si réellement un changement du statu quo devait avoir lieu et si la Savoie devait être cédée, la possibilité lui serait certainement donnée — par l'adjonction des provinces neutralisées — de défendre, avec chance de succès, sa neutralité et son indépendance.

Relativement à la votation, le conseil fédéral m'avait chargé de rappeler une déclaration signée par plus de 12,000 citoyens du nord de la Savoie qui se prononçaient pour l'annexion à la Suisse, par la raison que les intérêts, les vœux, les besoins et les sympathies de cette population étaient tout autres que ceux des provinces du midi, et que ce ne serait que dans la réunion avec la Suisse qu'elle pourrait voir les gages d'un heureux avenir pour le pays.

Dans l'intervalle, le gouvernement français déclarait, dans une dépêche aux représentants de l'empire près les puissances signataires de l'acte final du congrès de Vienne, que « le gouvernement de l'empereur ne « voulait tenir les garanties qu'il réclamait que du « libre consentement du roi de Sardaigne et des po- « pulations. La cession qui lui sera faite demeurera « donc exempte de toute violence comme de toute « contrainte; notre ferme intention, en outre, ajou- « tait-il, est de la combiner, pour ce qui concerne « les territoires de la Savoie soumis à une neutralité « éventuelle, de manière à ne léser aucun droit acquis « à ne porter atteinte à aucun intérêt légitime. »

Le conseil fédéral prit occasion de ce manifeste pour exposer, par une note-circulaire aux puissances garantes des traités de Vienne, sa manière d'envisager la question de Savoie. Cette note renfermait l'exposé historique des faits et l'espoir y était exprimé que, dans le cas où un changement viendrait à être apporté à l'état de la Savoie, on donnerait à la Suisse les moyens de défendre, avec chance de succès, sa neutralité et son indépendance; cela à plus forte raison qu'il ne s'agissait pas de ses intérêts particuliers, mais de ceux auxquels les puissances elles-mêmes avaient attribué une signification générale européenne.

En Savoie, l'agitation en vue de l'annexion à la France était activement entretenue et une soi-disant députation de notables s'était rendue à Paris pour travailler, entre autres, contre un démembrement éventuel. Elle avait été reçue le 21 mars par l'empereur qui lui avait donné l'assurance qu'eu égard à la répugnance manifestée par la population pour un démembrement, la France renoncerait à la cession de territoire qu'on avait l'intention de faire à la Suisse dont les droits ne seraient pas moins sauvegardés.

Cette démonstration coïncidait avec les déclarations que M. Thouvenel m'avait faites précédemment; aussi je conclus de tout cela qu'après la manifestation des conseils provinciaux un démembrement influerait sur la votation et que la France ne pourrait et ne voudrait pas s'exposer à un tel résultat, et que ce ne serait qu'après que la Savoie tout entière aurait passé à la France que l'on s'occuperait de quelle manière les vœux de la Suisse pourraient être pris en considération, par exemple dans une conférence des puissances où la Suisse serait aussi représentée.

Cette députation de notables des provinces savoisiennes, comprenant aussi certains personnages du Chablais et du Faucigny, était parvenue à faire croire au gouvernement français, et en particulier à l'empereur, que le vœu unanime des populations était contraire à un démembrement et que, voter par province serait faire violence à des sentiments hautement exprimés et compromettrait le résultat.

Devant cette déclaration qui manquait totalement de véracité, je jugeai qu'une nouvelle démarche auprès de l'empereur lui-même était nécessaire. Selon mon désir, le conseil fédéral avait prié le général Dufour de se rendre en mission officieuse à Paris; l'audience que je sollicitai nous fut accordée le 22 mars.

L'issue en fut défavorable. Nous répétâmes ce qui avait déjà été dit sur tous les tons, savoir que la Confédération se trouvait en relations intimes avec la Sardaigne par suite des traités qui avaient été reconnus par toutes les puissances intéressées de l'Europe. Que, par conséquent, elle prétendait de plein droit que la cession des provinces neutralisées ne pouvait avoir lieu qu'avec sa participation, comme étant une des parties contractantes les plus intéressées, et ne pouvait s'opérer sans son assentiment. Que dès lors elle attendait, en ce qui concernait ces provinces, des déclarations positives de nature à la tranquilliser et à lever les craintes qui surgissaient quant à l'atteinte qui pouvait être portée à ses droits bien acquis.

L'empereur nous répondit qu'il ne voulait rien faire de contraire au vœu populaire et qu'il croyait de son devoir de revenir sur une opinion précédemment énoncée et de la modifier dans un sens qui, il l'avoua, ne nous était pas favorable.

Nous fîmes valoir *tous les motifs en faveur de la Suisse* et l'empereur, après nous avoir écoutés avec beaucoup de bienveillance, nous dit que le mode de votation n'était pas encore définitivement fixé, ce qui laissait croire que la votation par province pourrait encore être adoptée. En nous quittant il nous assura qu'il ferait tout son possible pour améliorer la position de la Suisse, à laquelle il portait toujours un vif intérêt.

Comme la France contestait la validité des traités, le conseil fédéral m'avait chargé à la même époque de déclarer à M. Thouvenel qu'il se référait à ce sujet à la pièce qui, par ses soins, avait été élaborée sur les rapports entre la Suisse et la Savoie et adressée aux puissances pour lesquelles toutes les questions avaient été élucidées au point de vue historique et politique.

Ces traités — dis-je à M. Thouvenel — la Suisse les a considérés comme sacrés; elle ne s'est jamais soustraite à remplir les obligations qu'ils lui imposaient, et jamais il n'est parvenu à ma connaissance que, qui que ce soit, ait eu à lui adresser le reproche d'avoir manqué en rien à ses engagements. Pendant la durée de la dernière guerre, ni la France, ni la Sardaigne, à ce que je sache, n'ont eu à se plaindre de l'attitude prise par la Suisse, et que lui dictait impérieusement *le principe de neutralité qui forme l'essence de sa participation à la famille européenne.* Elle n'a rien fait pour se voir privée de droits qui reposent sur la foi des traités et dont le maintien est pour elle d'une importance vitale.

Le traité de 1564, entre autres, n'avait nullement été conclu exclusivement entre Berne et la Savoie, mais avec l'intervention arbitrale des XI états confédérés. En passant, je fis en outre remarquer que ce traité avait été expressément garanti par la *France* et l'Espagne.

J'ajoutai que, si cependant il avait pu exister des doutes sur les intentions de la France, ils devaient être anéantis après la déclaration de l'empereur à la députation de la Savoie. Cette déclaration se résumait en ceci, que son amitié pour la Suisse lui avait fait envisager comme possible de détacher, en faveur de la Confédération, quelques portions du territoire de la Savoie, mais devant la répulsion qui s'était manifestée à l'idée d'un démembrement, la France renonçait à cette cession tout en ayant l'intention de tenir compte des intérêts de la Suisse.

La réponse de M. Thouvenel fut en tous points semblable à ce qui m'avait déjà été dit précédemment et je ne réussis pas à convaincre le ministre, quant à la validité des traités.

Le lendemain, je sollicitai une nouvelle audience de l'empereur, afin de lui donner verbalement de plus amples renseignements sur la situation. Ces renseignements étaient contenus dans un mémoire que m'avait envoyé le conseil fédéral.

En prévision de cette audience, j'avais préalablement fait remarquer à M. Thouvenel que la protestation que je lui avais remise en son temps faisait entrer toute l'affaire dans une phase nouvelle; que la question était si grave, ses conséquences d'une si haute importance, que j'attachais un grand prix à ce que l'empereur daignât me permettre de lui exposer de vive voix la situation.

L'audience me fut accordée le jour même, 23 mars. L'empereur, comme son ministre, soutint l'opinion que, sans compromettre l'annexion de la Savoie à la France, l'on ne pouvait pas tenir les assurances précédemment données d'une cession du Chablais et du Faucigny; que la chose ressortait des protestations des conseils provinciaux de Chambéry et d'Annecy, mais que la situation de la Savoie du nord devant nécessairement être réglée à nouveau, la France ferait son possible pour tenir compte des intérêts de la Suisse.

Le jour suivant, 24 mars, la France et la Sardaigne signaient entre elles l'acte de cession de la Savoie et de Nice. L'article 2 de cet acte porte: « Il est « également entendu que le roi de Sardaigne ne peut « transférer les parties neutralisées de la Savoie « *qu'aux conditions auxquelles il les possède lui-même,* « *et qu'il appartiendra à l'empereur des Français de* « *s'entendre à ce sujet, tant avec les puissances re-* « *présentées au congrès de Vienne, qu'avec la Con-* « *fédération helvétique et de leur donner les garanties* « *qui résultent des stipulations rappelées dans le* « *présent article.* »

Le 29 mars je *protestai,* au *nom du conseil fédé-* *ral, contre toute exécution de cet acte,* jusqu'à ce qu'une entente eût eu lieu avec la Suisse et les puissances garantes du traité de 1815.

Sur ces entrefaites, les chambres fédérales, qui s'étaient réunies, prirent au sujet de cette question, le 4 avril, un arrêté ainsi conçu:

1° Les mesures décrétées jusqu'à présent par le conseil fédéral sont approuvées et le crédit nécessaire à cet effet est accordé.

2° Le conseil fédéral continuera à défendre énergiquement les droits et intérêts de la Suisse à l'égard des provinces neutralisées et en particulier à faire ses efforts pour qu'il ne soit rien changé au statu quo avant que l'entente ait eu lieu. Il lui est donné plein-pouvoir pour faire usage de tous les moyens nécessaires dans ce but.

3° Pour le cas où des levées militaires auraient lieu ultérieurement ou que d'autres circonstances graves vinssent à surgir, le conseil fédéral convoquera à nouveau et immédiatement l'assemblée fédérale. En attendant l'assemblée prononce son ajournement.

4° Le conseil fédéral est chargé de l'exécution de cet arrêté.

Le même jour, M. Thouvenel m'annonça qu'une occupation militaire du nord de la Savoie n'aurait pas lieu à moins de provocation; que l'on ne pouvait empêcher la France de prendre possession et qu'elle ne donnerait les mains à une conférence qu'après l'exécution. La Suisse n'avait ainsi plus à s'occuper que de la question de savoir de quelle manière on pourrait maintenir le système de neutralisation, par exemple en fixant le chiffre de troupes, sans fortifications, etc.

Le 5 avril, le conseil fédéral adressa directement aux grandes puissances une demande formelle pour une prompte réunion du congrès, en invoquant à cet effet la disposition de l'article 4 du protocole, adopté le 15 novembre 1818 à Aix-la-Chapelle et qui trace les règles à suivre pour provoquer les conférences entre les parties contractantes.

Toutes les puissances signataires des traités de Vienne répondirent à cette communication; toutes promettaient de défendre les droits de la Suisse et de prêter leur appui pour le maintien de la neutralité helvétique telle qu'elle est garantie par les conventions internationales de 1815.

Dans l'intervalle, on avait opéré en Savoie sans ménagement et la votation avait été fixée au 22 avril, sur la simple question: annexion à la France *oui* ou *non*, et, pour le territoire neutralisé, en ajoutant, avec ou sans zone libre. Le pays fut envahi par des agents français qui mirent tout en œuvre pour assurer un résultat conforme au désir de l'empire. Des personnages haut placés s'employèrent activement pour gagner la population, notamment les meilleures classes.

Le conseil fédéral appela à ce sujet l'attention des puissances, par note du 11 avril, en protestant contre un pareil mode d'agir. Malgré cela, la votation eut lieu le 22 avril; le résultat et les conséquences en sont connus.

Après la votation, les choses marchèrent sans entraves en Savoie. Le parlement sarde sanctionna le 30 mai (chambre des députés) et le 10 juin (sénat) le traité de cession, lequel fut ratifié le 11 juin par le roi. Le 14 juin eut lieu la prise de possession par la France, et cela tant civilement que militairement. La ratification du traité et la cession à la France furent communiquées au conseil fédéral par la légation sarde à Berne, ce qui lui fournit de nouveau l'occasion de rappeler ses précédentes représentations par l'organe de ses envoyés près des grandes puissances et de renouveler la demande tendant à ce que la conférence fût réunie dans le plus bref délai possible.

Le 9 juillet, les pleins pouvoirs, accordés au conseil fédéral le 4 avril précédent, furent renouvelés par les chambres fédérales pour autant qu'ils étaient encore applicables à la situation, car la France venant de prendre possession de la Savoie, le statu quo s'était modifié d'une manière défavorable à la Suisse.

Le ministère français des affaires étrangères notifia la prise de possession de la Savoie aux puissances du congrès de Vienne. Le gouvernement français proposait à cette occasion les voies et moyens suivants de mettre l'article 92 de l'acte de Vienne en harmonie avec l'article 2 du traité de Turin du 24 mars 1860 et de satisfaire aux engagements pris par la France, savoir:

    1° Une conférence dans laquelle la Suisse et la Sardaigne seraient aussi représentées.

    2° L'échange de notes de même teneur par lesquelles le gouvernement français prendrait vis-à-vis des garants de la neutralité suisse, ainsi qu'envers la Suisse elle-même, les engagements contractés par la Sardaigne.

3° Négociations préalables entre la Suisse et la France pour déterminer les droits et devoirs réciproques résultant de la neutralité, au moyen d'une *transcription* et d'un *complément* du traité de 1816 entre la Sardaigne et la Suisse.

Toutes les puissances se prononcèrent pour la proposition formulée en première ligne. L'Autriche et la Prusse étaient toutefois d'avis que le moment n'était pas *opportun* pour réunir la conférence, eu égard à la divergence existant entre les vues et les prétentions de part et d'autre et en présence des embarras de la situation; tout en proposant l'ajournement de la conférence, l'Autriche s'opposait d'ailleurs à ce que la Sardaigne y fût représentée. Il fut pris acte de la déclaration que la France prendrait vis-à-vis de la Suisse les mêmes engagements que l'article 92 de l'acte de Vienne imposait à la Sardaigne. L'Angleterre insista pendant quelque temps sur l'urgence de réunir la conférence et présenta des propositions sur la marche à suivre. Le conseil fédéral ne jugea néanmoins pas devoir y donner les mains, demandant au contraire qu'il fût procédé d'après le mode suivi dans l'affaire de Neuchâtel, ainsi qu'il l'avait à diverses fois donné à entendre.

Dans cet état de choses, la perspective d'une prochaine réunion de la conférence s'évanouit de plus en plus, et la question de Savoie ne tarda pas à être reléguée à l'arrière-plan en présence des événements qui se succédèrent avec rapidité dans le midi de l'Italie à la suite du débarquement de Garibaldi à Marsala.

Jusqu'en 1863, rien ne fut tenté relativement à la question de Savoie pour la raison qu'il ne s'est pas présenté d'occasion pour reprendre les négociations en temps opportun, mais à cette époque, 5 novembre 1863, l'ouverture de la session législative fut faite en France par l'empereur Napoléon qui prononça, à cette occasion, un discours qui eut un grand retentissement, déclarant que les traités de 1815 avaient cessé d'exister, et proclamant un congrès comme le moyen légitime et le plus conforme aux idées de l'époque, de rétablir une situation stable et régulière. Ce discours devait faire supposer qu'une invitation, conçue dans le même esprit, serait prochainement adressée aux puissances.

En effet, le 6 novembre, l'ambassadeur de France remit au président de la Confédération une lettre de l'empereur datée du 4, invitant la Suisse à se faire représenter à une réunion de souverains et d'états convoquée à Paris.

La position de la Suisse, par l'appel que lui adressait la France, était bien différente de celle qui lui

avait été assignée dans les négociations du siècle.
Invitée cette fois à l'égal des grands états, engagée
à se faire représenter au même titre, c'était un précédent qu'elle ne devait point laisser passer sans en
prendre acte. Aussi le conseil fédéral prit-il la résolution d'annoncer l'assentiment de la Suisse à l'idée
d'un congrès, en désignant d'une manière générale le
terrain sur lequel elle entendait se placer; puis dans
une dépêche qui me fut adressée et qui devait être
remise en copie au ministre des affaires étrangères
de l'empire, d'exposer et de développer autant qu'il
était besoin pour la circonstance les réserves et les
conditions suivantes:

a. Que le congrès fût réellement européen, c'est-
à-dire que toutes ou presque toutes les puissances y fussent représentées, la Suisse ne pouvant s'associer à une réunion qui n'aurait pas
un caractère général;

b. Que chaque état demeurât libre d'accepter ou
de ne pas accepter les résolutions qui pourraient
intervenir, ces résolutions n'étant pas des lois,
mais reposant sur le libre consentement des
parties;

c. Qu'il fût bien énoncé, en ce qui concerne les
actes de 1815, que la Suisse ne saurait les
envisager comme ayant cessé d'exister, là où
ils n'ont pas subi d'atteintes ou de modifications;

d. Que la question de la Savoie neutralisée, encore pendante, fût rappelée.

Le conseil fédéral fit tenir en outre aux puissances signataires des actes du congrès de Vienne et au royaume d'Italie une copie de la dépêche qu'il m'avait adressée, en se réservant pour le cas où le congrès s'ouvrirait d'envoyer encore, soit une note circulaire, soit un mémoire complet sur les objets qui intéressaient la Suisse.

Malgré toutes ces démarches, le congrès n'eut pas lieu. La plupart des souverains y avaient adhéré sans réserve; quelques états avaient accompagné leur adhésion de certaines restrictions, en demandant qu'un programme fût formulé à l'avance; une seule puissance, l'Angleterre, refusa, ce qui rendit impossible un congrès général.

Une dépêche officielle qui me fut adressée à la suite de ces faits et que je communiquai au gouvernement français, rappelait les demandes de la Suisse, relativement à la Savoie neutralisée. Elle constatait qu'elles étaient toujours à l'état de question pendante.

Cette note fut également communiquée, par le conseil fédéral, aux principaux états de l'Europe.

Aujourd'hui, la question est encore dans l'état où elle se trouvait en 1860. La France a promis dans l'article 2 du traité du 24 mars 1860 de s'entendre relativement aux provinces neutralisées du Chablais et du Faucigny, soit avec les puissances représentées au congrès de Vienne, soit avec la Confédération suisse; la Suisse peut espérer que le moment viendra où la France accomplira cette promesse, et que les puissances du congrès de Vienne ne regarderont pas toujours l'incorporation du nord de la Savoie dans la neutralité suisse comme une stipulation oiseuse.

En attendant, demeurent maintenues les protestations et réserves que la Suisse a formulées à diverses reprises en 1860; il ne lui reste qu'à insister, comme cela a été le cas lors de la guerre franco-allemande et plus tard en 1883, pour que la question de Savoie soit conservée intacte, comme une affaire purement politique qui ne puisse pas être rattachée et mêlée à des intérêts matériels.

Voilà l'état dans lequel les documents diplomatiques ont laissé cette question entre la France et la Suisse.

Je n'ai pas la prétention d'avoir fait une histoire complète de cette affaire. — Laissant de côté tout ce qui se rapporte aux correspondances échangées sur le même sujet et la même époque entre la Suisse et le gouvernement sarde, je n'ai cherché qu'à rappeler quelques-uns des faits qui se sont exclusivement passés entre la Suisse et la France et auxquels j'ai été tout particulièrement mêlé, afin que chacun, au moyen d'un rapprochement facile des raisons invoquées par les deux parties, puisse apprécier de quel côté se trouvaient la justice et le bon droit.

CHAPITRE XII

DÉMARCHES DIPLOMATIQUES, EN 1870, POUR ÉVITER SI POSSIBLE LA GUERRE FRANCO-ALLEMANDE. — ENTRETIENS AVEC MM. OLOZAGA, LORD LYONS, LE CHEVALIER NIGRA, LE BARON DE WERTHER ET DE RING, CHEF DU CABINET DU MINISTRE DES AFFAIRES ÉTRANGÈRES

Les années 1870 et 1871 ont vu se dérouler des événements politiques et militaires d'une importance telle que, jusqu'alors, l'histoire offre peu d'exemples de commotions semblables. L'équilibre européen en fut profondément ébranlé, et le résultat des efforts constants de la diplomatie détruit en peu de mois. Je veux parler de la guerre franco-allemande.

Ce grave conflit a surgi dans un moment assez délicat au point de vue des intérêts franco-suisses.

Le député *Mun* venait de nantir le corps législatif français de la question du chemin de fer du St-Gothard. Des débats assez irritants étaient survenus.

Dans l'état de tension des relations de la France avec sa grande voisine de l'est, depuis la guerre de 1866, tout ce qui pouvait être considéré comme un rapprochement permanent entre l'Allemagne et l'Italie était regardé, aux Tuileries, comme périlleux.

Le conseil fédéral et la légation suisse à Paris firent tous leurs efforts pour chercher à dissiper tout malentendu et pour démontrer au cabinet impérial la volonté de la Suisse de ne pas laisser, par l'entremise du St-Gothard, porter la moindre atteinte à la neutralité de la Confédération.

Diverses correspondances furent échangées, en juin 1870, entre le conseil fédéral et la légation au sujet de cette affaire. Ces correspondances ayant été publiées dans certains journaux suisses, entre autres par le *Journal de Genève*, je n'ai pas à revenir sur ces faits, malgré leur importance pour notre pays, et je les rappelle uniquement pour montrer quelle prudence était nécessaire, de la part de la Suisse, pour ne pas donner prise aux récriminations de ses deux grands voisins, pendant la lutte qui allait s'engager.

Je me bornerai à rappeler dans ce chapitre certains incidents qui précédèrent la déclaration de guerre faite par la France à l'Allemagne du Nord et auxquels j'ai été mêlé.

Le 6 juillet 1870, M. de Gramont révélait à l'Europe, par une déclaration faite en termes assez cassants au corps législatif de l'empire français, l'offre de la couronne d'Espagne au prince de Hohenzollern par le maréchal Prim, président du conseil et ministre de la guerre du royaume d'Espagne, et l'acceptation de cette offre.

Les pourparlers avaient été si secrets que l'ambassadeur de l'Espagne à Paris, M. Olózaga, déclara n'en avoir été informé que la veille, soit le 5 juillet, par un télégramme du maréchal Prim.

Cette nouvelle provoqua une immense sensation dans Paris et souleva toutes les susceptibilités nationales des Français contre la Prusse.

L'opinion générale fut que toutes les choses avaient été arrangées par M. de Bismarck, d'accord avec le roi de Prusse, et il aurait été difficile de trouver un Français pénétré de l'idée contraire. Le gouvernement impérial lui-même croyait être convaincu qu'un Hohenzollern n'aurait pas osé accepter une couronne étrangère sans s'assurer d'avance, d'une manière ou de l'autre, le consentement du roi de Prusse.

Sans perdre de temps, l'empereur Napoléon III chargea le duc de Gramont, ministre des affaires étrangères, d'annoncer à l'ambassadeur de Prusse, M. de Werther, qu'il regarderait comme une preuve éclatante de l'amour de la paix de la part du roi son maître l'opposition de ce dernier à l'acceptation de la couronne d'Espagne par le prince de Hohenzollern, et que si, au contraire, celui-ci maintenait sa résolution et si les cortès voulaient réellement lui confier la couronne, il pourrait en résulter des circonstances très graves et il ne dépendrait plus alors de l'empereur, en présence de l'opinion publique en France, de les détourner.

Dans un entretien que j'eus, le jour même, avec M. Olózaga, celui-ci me déclara qu'il n'y avait pas lieu de douter que ces paroles de l'empereur impliquassent un casus belli, si le prince de Hohenzollern venait à être élu roi d'Espagne.

M. Olózaga, tout en se prononçant dans les termes les plus positifs contre la candidature d'un prince prussien, me dit que, d'après son opinion, l'avènement du prince de Hohenzollern au trône d'Espagne provoquerait certainement la guerre civile en Espagne, à laquelle viendrait encore s'ajouter peut-être la responsabilité d'une guerre entre la France et la Prusse.

M. Olózaga m'assura en outre avoir écrit dans ce sens au maréchal Prim, tout en regrettant que les choses fussent déjà aussi avancées.

Le 9 juillet, la situation s'aggrava d'une façon inquiétante. Ce jour-là, je me rendis chez M. Olózaga qui me reçut en me déclarant qu'il avait de mauvaises nouvelles à m'annoncer. En effet, son gouvernement n'avait pas même répondu à la lettre par laquelle il lui exposait l'effet déplorable que la candidature Hohenzollern produisait à Paris.

« D'après des lettres privées que j'ai reçues de
« Madrid, ajouta M. Olózaga, la candidature Hohen-
« zollern y gagne du terrain dans la même proportion
« que l'opposition rencontrée en France. Je n'ai pas
« lieu de douter que le prince de Hohenzollern ne
« réunisse une très forte majorité aux cortès; mon
« gouvernement peut compter sur 200 voix des 350
« députés. »

Il ajouta en outre que, d'après une conversation
qu'il avait eue avec l'empereur à St-Cloud, il était
convaincu que Napoléon ne voulait pas, de son chef,
troubler la paix de l'Europe. Dans cette audience,
l'empereur lui aurait dit en substance ce qui suit :

« Il nous a beaucoup coûté de reconnaître l'état
« de choses que la bataille de Sadowa a produit en
« Allemagne. Nous l'avons supporté, quoiquè non sans
« regret. L'opinion publique en France était à cette
« époque très décidée en faveur du maintien de la
« paix, et j'avais l'intention sérieuse de respecter ce
« courant. Le succès du plébiscite, tout en confirmant
« mon opinion là-dessus, m'a donné l'espoir que le
« trône de France resterait après moi à ma dynastie.

« J'ai vu la guerre avec ses effets épouvantables,
« qui sont encore plus effrayants aujourd'hui par suite
« des perfectionnements apportés au matériel de guerre;
« aussi ces considérations, ajoutées à d'autres plus
« intimes, s'unissent-elles pour me faire désirer le
« maintien de la paix.

« Ce qui me console dans la situation politique telle
« qu'elle se présente aujourd'hui, c'est que la respon-
« sabilité d'une guerre ne tombera pas sur moi, mais
« sur ceux qui ont dirigé des intrigues contre la France.

« Il n'y a pas dans cette question de différence
« entre le gouvernement personnel et parlementaire.
« L'un et l'autre sont sous la pression de l'opinion
« publique, et celle-ci repousse de toutes ses forces
« les manœuvres hostiles à la France. »

M. Olózaga a terminé cette partie de notre entretien
en me déclarant ce qui suit:

« Je puis vous assurer, qu'aussi vrai que nous
« sommes ici tous deux, en face l'un de l'autre, aussi
« sûre et aussi ferme est en moi la conviction que
« l'empereur a l'intention de maintenir la paix; car
« je crois pouvoir vous dire, d'une manière positive,
« qu'on a donné des instructions extrêmement sérieuses
« à M. Benedetti. Elles lui ont été portées par M. de
« Bourqueney, attaché au ministère des affaires étran-
« gères. Le gouvernement français demande, à des
« questions positives, des réponses décisives et n'est
« pas disposé à permettre que l'on traîne cette ques-
« tion en longueur à l'aide de fins de non recevoir,
« quelle qu'en puisse être d'ailleurs la nature. »

En terminant, il me communiqua le fait que les
cabinets de Londres, de Vienne et de Florence avaient
fait des démarches sérieuses, à Madrid et à Berlin,
contre la candidature Hohenzollern qu'ils considé-

raient aussi comme compromettante pour la paix de l'Europe.

En quittant M. Olózaga, je me rendis chez M. le comte de Solms, chargé d'affaires ad interim de la Confédération de l'Allemagne du Nord.

Celui-ci me déclara, dès l'abord, ne pas trop comprendre que les Français fussent si hostiles à la candidature du prince de Hohenzollérn qui serait plus proche parent de l'empereur Napoléon que du roi de Prusse.

Je ne pus m'empêcher de lui répondre que cette question de parenté me paraissait être très secondaire dans le conflit actuel.

« La question principale pour les Français, » dis-je, « est qu'il s'agit de placer un prince prussien sur le « trône d'Espagne. »

J'ajoutai qu'il me paraissait fort désirable, dans l'intérêt de la paix européenne, d'éviter un conflit armé en recourant à la solution la plus naturelle, et sans compromettre personne. Cette solution serait que le prince Hohenzollern, cédant à de hautes sollicitations, retirerait son acceptation éventuelle et renoncerait à toute candidature au trône d'Espagne.

M. de Solms partagea cette opinion, mais il ajouta qu'il craignait que cette solution ne fût plus possible après les déclarations de M. de Gramont au corps législatif et en présence de l'attitude menaçante prise par le gouvernement français dans toute cette affaire.

Pour me prouver qu'il regardait, lui aussi, la situation comme très critique, il me lut le contenu d'un télégramme qu'il avait adressé le matin même au roi Guillaume, et dont voici à peu près le texte:

« Die Stimmung in Frankreich wird jeden Tag ge-
« reizter und ist entschieden kriegerisch geworden.
« Man erwartet hier mit Ungeduld eine entschiedene
« Antwort von Ems, und es ist vorauszusehen, daß
« wenn eine solche nicht in den nächsten Tagen er-
« folgt, neue Interpellationen in der einen oder in der
« andern Kammer Explosionen der gereizten fran-
« zösischen Stimmung zur Folge haben werden.» (1)

M. de Solms me confirma ce que M. Olózaga m'avait appris au sujet des communications transmises par le ministère impérial.

Convaincu que cette démarche devait rendre extrêmement difficile, sinon impossible, une solution pacifique du conflit, en quittant M. de Solms je me rendis cependant chez Lord Lyons, ambassadeur d'Angleterre, et chez M. le chevalier Nigra, ministre d'Italie, puis au ministère des affaires étrangères.

---

(1) L'opinion publique en France devient, de jour en jour, plus accentuée en faveur de la guerre. On attend ici avec impatience une réponse définitive d'Ems, et il est à prévoir que, si cette réponse n'arrive pas prochainement, de nouvelles interpellations dans l'une ou dans l'autre des chambres n'aient pour conséquence une explosion, en France, de l'opinion publique surexcitée.

En entrant dans le cabinet de Lord Lyons, je déclarai à celui-ci que la situation paraissait extrêmement grave:

« J'ai tout lieu de croire, » dis-je, « que l'on n'ob-
« tiendra pas du roi de Prusse les déclarations que
« la France lui demande. Convaincu que le gouverne-
« ment de S. M. britanique et vous-même, faites
« tous vos efforts pour maintenir la paix, je me per-
« mets de vous suggérer, comme une opinion essen-
« tiellement personnelle, l'idée suivante.

« Il est à prévoir, comme je viens de le dire, que
« le roi de Prusse *refusera* les déclarations que la
« France lui demande, parce qu'il croira contraire à
« sa dignité de céder sous la pression de menaces de
« guerre. Il serait par contre possible que, si une puis-
« sance neutre — la Grande-Bretagne par exemple —
« demandait à la Prusse, dans des termes conciliants,
« une déclaration qui pût satisfaire la France, une
« pareille démarche obtînt quelque chance de succès.

« Il va sans dire que l'on devrait préalablement se
« mettre d'accord avec l'empereur Napoléon pour une
« tentative de cette nature.

« De plus, les puissances qui, avec la Grande-Bre-
« tagne, seraient disposées à essayer de ce moyen de
« conciliation, auraient premièrement à s'informer,
« aussi confidentiellement, sur l'accueil que rencon-
« trerait cette idée auprès du roi de Prusse.

« De même aussi, il s'agirait d'obtenir du gouverne-

« ment français *qu'il renonce* à exiger de la Prusse
« l'assurance de ne plus jamais accorder l'autorisation
« de la candidature d'un prince allemand au trône
« d'Espagne.

« Si ces négociations ne devaient pas aboutir, on
« aurait du moins la satisfaction d'avoir tenté un
« dernier arrangement pour éviter la guerre. »

A cela Lord Lyons me répondit :

« Votre idée me paraît une proposition heureuse,
« et je ne doute pas que mon gouvernement n'ap-
« prouve une semblable démarche. Quant à moi, je
« suis tout disposé à l'appuyer. Je crains seulement
« que les esprits ne soient déjà trop surexcités, des
« deux côtés, pour pouvoir réussir. Cependant, en vue
« de la grandeur du but à atteindre, il ne faut pas
« y renoncer d'avance. Je me rendrai au ministère
« des affaires étrangères pour apprendre si l'on a
« reçu des nouvelles d'Ems (où se trouve actuellement
« le roi de Prusse) relativement aux dernières ins-
« tructions données à M. Benedetti. »

En quittant Lord Lyons, je le priai de vouloir bien
m'excuser, si je m'étais permis de venir lui soumettre cette idée, qui m'était inspirée par la gravité
de la situation.

Il me déclara que je n'avais pas besoin d'excuses,
qu'il approuvait ma démarche, mais qu'il devait en
tout cas informer son gouvernement de ce projet,
avant de se prononcer d'une manière quelconque.

Je me rendis ensuite à la légation d'Italie, où j'exposai à M. le chevalier Nigra les mêmes considérations.

Celui-ci approuva également cette proposition en déclarant qu'il connaissait trop bien les sentiments du gouvernement italien, pour hésiter à prendre part à une entreprise comme celle que je lui proposais. En conséquence, il se déclara prêt à agir, d'accord avec Lord Lyons, si ce dernier ne préférait pas essayer seul cette tentative, et cela sitôt qu'il aurait reçu de son gouvernement les instructions qu'il lui demanderait à ce sujet.

J'eus soin de rappeler à M. Nigra qu'immédiatement avant la guerre entre l'Autriche et l'Italie, Lord Cowley, alors ambassadeur de la Grande-Bretagne à Paris, avait fait une démarche analogue pour le maintien de la paix, en se rendant personnellement à Vienne. Il me paraissait qu'une médiation dans ce sens, faite soit par Lord Lyons seul, soit communément par les représentants de la Grande-Bretagne et de l'Italie, serait accueillie avec faveur par l'opinion publique de l'Europe.

M. Nigra me répéta qu'il était prêt à tenter cet arrangement comme il venait de me le dire, mais seulement avec l'autorisation de son gouvernement.

Voyant ma proposition favorablement accueillie par les représentants de deux grandes puissances, je me figurais déjà le différend réduit à néant et la paix rétablie, lorsque M. Nigra finit par me communiquer que, d'après des renseignements qui lui étaient parvenus une heure auparavant, une dépêche de Berlin, insérée dans un journal de cette ville, annonçait que le roi de Prusse avait refusé de voir M. Benedetti.

Si cette nouvelle se confirmait, mon idée, toute de pacification, tombait d'elle-même et il ne restait que peu d'espoir de maintenir la paix.

Je voulus néanmoins communiquer à Lord Lyons le résultat de mes pourparlers avec le ministre d'Italie, mais il n'était pas encore revenu du ministère des affaires étrangères, où je résolus de me rendre aussi, avec l'intention d'obtenir une audience de M. le duc de Gramont pour lui exposer le plan que j'avais soumis à Lord Lyons et à M. Nigra, et pour lui demander son opinion au sujet de cette dernière tentative en faveur du maintien de la paix.

M. de Ring, en l'absence de M. de Gramont qui se trouvait déjà depuis près d'une heure aux Tuileries, s'empressa de me confirmer qu'un télégramme de M. Benedetti, adressé au ministre, annonçait que le roi de Prusse avait refusé d'accorder l'audience qu'il lui avait demandée, — en lui faisant dire par un aide de camp qu'une nouvelle entrevue *serait inutile,* parce qu'il ne pouvait pas donner à la France la déclaration qu'elle demandait.

Ce fait, continua M. de Ring, me confirme dans l'idée qu'il n'y a plus d'espoir de voir la paix maintenue.

Je crus devoir communiquer, très brièvement, à M. de Ring la proposition que j'avais soumise à Lord Lyons et à M. Nigra, en demandant ce qu'il aurait pensé de cette idée qui, naturellement, n'aurait pu se réaliser sans l'agrément préalable de l'empereur et du roi de Prusse.

M. de Ring partagea parfaitement l'opinion que peut-être une pareille démarche aurait pu obtenir quelque chance de succès, mais que, après l'incident qui venait de se produire, il fallait renoncer à ce projet, car, dit-il, il est possible que l'on remettra à M. le baron de Werther ses passeports, et que l'on demandera incessamment au corps législatif les crédits nécessaires pour commencer la guerre.

Je demandai ensuite à M. de Ring, comment il se pouvait que M. le baron Mercier de Lostende, ambassadeur de France à Madrid, n'eût rien appris de tout ce qui se préparait, jusqu'au moment où les faits accomplis furent connus publiquement. M. de Ring me répondit que le ministère espagnol avait caché non seulement les négociations avec le prince de Hohenzollern, mais qu'il alla jusqu'à déclarer formellement à M. de Lostende qu'il ne s'agissait plus de négociations, au sujet du trône, qu'avec le duc d'Aoste.

Sur cette assurance, M. de Lostende, en annonçant ce fait, écrivit au duc de Gramont qu'il assumait toute la responsabilité de cette assertion.

En quittant M. de Ring, je rencontrai le nouvel ambassadeur de France en Turquie, avec lequel je causai naturellement de la grave question qui occupait tous les esprits; il me dit, comme l'expression de son opinion personnelle, qu'après la déclaration faite à la chambre par M. le duc de Gramont, il ne restait à son avis que les trois éventualités suivantes:

1° la renonciation du prince de Hohenzollern au trône d'Espagne;

2° la déclaration du ministère espagnol de renoncer, à l'avenir, à toute candidature allemande au trône d'Espagne, et

3° que dans le cas où ces deux propositions n'aboutiraient pas, il ne restait plus, comme solution pratique, que l'appel aux armes.

Le même jour, je me rendis à la salle des conférences du ministère des affaires étrangères, sachant que j'y trouverais l'ambassadeur de Prusse, M. de Werther.

Celui-ci y était en effet; je lui exprimai combien j'avais été peiné d'apprendre le peu d'espoir qu'il nous restait de voir la paix se maintenir, surtout après le refus du roi Guillaume de recevoir l'ambassadeur de France.

« Vous avez malheureusement raison, » me répondit-il (M. de Werther ne pouvait dans sa position désavouer, en aucune manière, l'attitude prise par son souverain). Il chercha plutôt à l'excuser en me disant:

« Après les menaces proclamées publiquement par le
« duc de Gramont au sein du corps législatif et en
« présence du fait que le gouvernement français ne
« veut pas se contenter du désistement du prince
« Léopold, que l'on prétend avoir renoncé à la candi-
« dature au trône d'Espagne, le roi croyait être con-
« vaincu que la France voulait la guerre en tout
« état de cause. C'est probablement inspiré par cette
« conviction, qu'il a envoyé son aide de camp à
« M. Benedetti pour lui déclarer qu'une audience
« n'aurait aucun résultat. »

L'attaché militaire de l'ambassade de Prusse était
présent à notre entretien. Ce dernier me dit avoir
la certitude que, depuis huit jours, la France prenait
toutes ses mesures en prévision d'une grande guerre.

M. de Werther ajouta que le roi de Prusse et son
ministère étaient sans doute d'avis que l'on n'avait
pas le droit de leur demander des explications, attendu qu'ils n'avaient pas pris part aux négociations
qui avaient eu lieu directement entre le maréchal
Prim et le prince Léopold de Hohenzollern.

« Si la chose se confirme, continua l'orateur, que
« le prince Antoine renonce à la candidature offerte
« à son fils, cela tient à ce que, comme chef de
« famille, il doit décider des questions de cette na-
« ture. »

Je ne pus m'empêcher de répondre à M. de Werther
que, d'après l'impression produite sur moi par l'at-

titude du corps législatif, il serait désirable, à mon avis, que le désistement transmis à M. le maréchal Prim fût confirmé par une dépêche signée du fils, Léopold de Hohenzollern. J'ajoutai que j'avais entendu plusieurs députés déclarer que, le fils ayant signé la lettre d'acceptation éventuelle au trône, il importait qu'il signât de même son désistement.

M. de Werther me répondit qu'il serait plus facile d'obtenir une déclaration dans ce sens, signée par le prince Léopold de Hohenzollern, que de recevoir du roi ou du gouvernement prussien l'acquiescement à la demande formulée par la France. Il ajouta que lui aussi était d'avis qu'une déclaration de cette nature, émanant du fils, pourrait contribuer à un arrangement.

De l'ambassade de Prusse, j'allai trouver de nouveau M. Olózaga.

Tout en me confirmant ce que venait de m'apprendre M. de Werther, il me dit que le gouvernement français avait été très satisfait, en recevant communication, le jour précédent, fort tard dans la soirée, d'une dépêche émanant de son gouvernement, annonçant que l'Espagne envisageait la candidature Hohenzollern comme écartée ensuite d'un télégramme du prince Antoine, père de Léopold de Hohenzollern.

« Deux opinions sont en présence au sein du ministère français, » me dit M. Olózaga.

« L'une, défendue particulièrement par M. *Ollivier*, est que la France devrait se contenter du désistement du prince Antoine de Hohenzollern, communiqué au gouvernement français par mon ambassade. L'autre opinion, soutenue surtout par le duc de Gramont et le maréchal Lebœuf, est que la France devrait exiger une déclaration formelle du roi de Prusse spécifiant le retrait du consentement donné par lui au prince de Hohenzollern, au sujet de sa candidature au trône d'Espagne, et qu'il soit en outre réclamé le désistement signé par le prince Léopold lui-même. »

M. Olózaga me dit que M. Ollivier avait déjà rédigé la plus grande partie de l'exposé à soumettre aux chambres dans le sens du maintien de la paix, le désistement du prince Léopold paraissant faciliter la position du ministère vis-à-vis des chambres.

Il ajouta que, d'après son opinion et vu l'état actuel des choses, le conseil des ministres voterait la guerre.

A l'ouïe de cette supposition, je déclarai que l'on aurait peut-être pu obtenir par l'intermédiaire des puissances neutres, comme l'Italie et la Grande-Bretagne, une déclaration du roi de Prusse conçue dans un sens conciliant.

La réponse de M. Olózaga fut, qu'il aurait non seulement consenti, mais immédiatement appuyé personnellement une pareille démarche auprès de Lord

Lyons et de M. Nigra, si rien de grave n'était survenu dans l'intervalle. « La situation est trop envenimée, dit-il, pour qu'il soit possible d'intervenir, car l'empereur, le cabinet, les chambres et toute la France regardent comme une atteinte à la dignité du pays le refus du roi de Prusse de recevoir l'ambassadeur de France. »

Avant de nous séparer, il me montra une lettre, écrite par le prince Antoine de Hohenzollern, qui lui était parvenue par l'intermédiaire d'une personne de confiance. Ce document était la reproduction, en forme épistolaire, du télégramme adressé par le prince Antoine au maréchal Prim, lui annonçant la renonciation de son fils au trône d'Espagne.

Les démarches que je crus devoir faire au sujet de cette grave question me furent inspirées par la certitude que le maintien de la paix était d'un intérêt capital pour notre chère patrie, et par le sentiment des maux incalculables qui résultent toujours d'une guerre entre deux puissances.

L'accueil bienveillant et l'approbation de tous ceux auxquels j'avais communiqué préalablement cette idée, de même que la satisfaction du conseil fédéral, furent pour moi la récompense d'efforts légitimes qui auraient certainement abouti sans l'incident que nous connaissons.

On a vu quel vif désir avaient Lord Lyons et
M. Nigra de chercher à éviter la collision, et, si
quelques jours avaient pu être gagnés, peut-être
serait-on arrivé à pouvoir épargner à l'Europe le
sanglant spectacle auquel elle a assisté. Mais, pour
me servir de l'expression de M. Prevost-Paradol, «les
deux locomotives étaient lancées depuis longtemps
sur le même rail en sens contraire. Elles se préci-
pitaient l'une contre l'autre; la collision était inévi-
tables».

Le 15 juillet 1870, le corps législatif vota les crédits nécessaires pour commencer la guerre, cela après
une longue séance de 11 heures où M. Thiers prononça le discours prophétique qui l'a couvert de gloire,
et dont chacun de nous a certainement gardé le
souvenir.

Je fis savoir, le 19 juillet suivant, au président
de la Confédération, que j'avais appris avec plaisir
que le conseil fédéral avait lu avec intérêt les rapports détaillés que je lui avais transmis au sujet des
démarches faites en vue d'éviter la guerre.

Quoique une mission diplomatique, ayant pour but
d'obtenir une entente entre la France et la Prusse,
ne pût être réalisée par suite des faits mentionnés
dans ce chapitre, les démarches qui furent tentées
sont cependant pleinement justifiées.

L'attitude du ministère des affaires étrangères, de

même que celle des chambres, fut la cause principale qui rendit impossible l'exécution de négociations faites dans un sens tout pacifique. Ces démarches méritent aujourd'hui encore leur juste appréciation, c'est pour cette raison qu'elles ont trouvé
leur développement dans mes rapports officiels adressés au conseil fédéral.

CHAPITRE XIII

MAINTIEN DE LA NEUTRALITÉ SUISSE AVANT ET PENDANT LA GUERRE FRANCO-ALLEMANDE. — CONVENTION DE GENÈVE. — QUESTION DE LA SAVOIE NEUTRALISÉE. — RECONNAISSANCE, PAR LE CONSEIL FÉDÉRAL, DE LA RÉPUBLIQUE FRANÇAISE. — DÉMARCHES DIPLOMATIQUES RELATIVES A L'ARMÉE DE L'EST RÉFUGIÉE EN SUISSE

Dès l'origine du conflit entre la France et l'Allemagne du Nord le conseil fédéral prit, sans bruit, ses dispositions pour n'être pas surpris par les événements.

Ainsi le département militaire invita, le 15 juillet, les cantons à compléter et à tenir prêts leurs contingents et le conseil fédéral décida, le jour suivant, de lever immédiatement l'élite de cinq divisions, en chargeant le département militaire de prendre les mesures nécessaires à cet effet. En même temps toute l'armée fédérale fut mise de piquet.

Les cantons qu'atteignait cette levée de troupes mirent le plus grand empressement à exécuter les ordres des autorités fédérales, et la troupe elle-même ne manifesta pas un moindre dévouement. C'est ainsi que, grâce surtout aux éminents services rendus par les compagnies de chemins de fer, des troupes purent déjà arriver à Bâle dans la nuit du 16 juillet, et que le 19, c'est-à-dire trois jours après la mise sur pied, quatre divisions avaient pris les quartiers qui leur étaient désignés.

Ces mesures furent accueillies avec joie par le peuple, car chacun comprenait que, non seulement, c'était au commencement de la guerre que notre territoire risquait le plus d'être violé, mais encore qu'il était du plus haut intérêt de montrer dès l'abord que la Confédération avait la volonté et la force nécessaires pour repousser toute agression hostile et toute suggestion contraire à sa neutralité.

On ne pouvait être dans le doute sur l'attitude qu'il convenait à la Suisse de prendre dans ce conflit. Les traités européens, de même que l'intérêt de sa propre conservation, lui faisaient un devoir de rester neutre, c'est-à-dire de ne point intervenir dans cette question qui lui était entièrement étrangère. Mais, pour pouvoir maintenir efficacement cette position, il fallait que la nation suisse fût formellement résolue à repousser, les armes à la main, toute force militaire étrangère qui aurait voulu emprunter son territoire.

De même aussi, on ne pouvait guère déterminer
d'avance quel développement de forces serait nécessaire pour atteindre ce but; cela dépendait du temps
et des circonstances. En tout cas, la guerre entre
les deux puissances belligérantes pouvant prendre
de grandes proportions, le théâtre des opérations
pouvant se rapprocher ou s'éloigner de la Suisse, et
enfin d'autres états pouvant être entraînés dans la
lutte, il importait que les mesures à prendre fussent
subordonnées à ces événements. Aussi, le conseil
fédéral prit-il la résolution de demander à l'assemblée
fédérale qu'elle mît à sa disposition toute l'armée
suisse, de même que toutes les ressources financières
de la nation. On ne se dissimulait pas l'importance
de la responsabilité que lui imposaient ces pouvoirs
et ce crédit illimités; ces attributions momentanées,
dont il déclarait faire un usage loyal et consciencieux
et dont il s'engageait à rendre un compte exact au
moment opportun, étaient nécessaires au plus haut
chef ensuite de la marche rapide des événements.

Dès les premiers bruits de guerre, le conseil fédéral
nous avait chargés, M. Hammer, alors ministre suisse
à Berlin et moi, de faire savoir aux gouvernements
de la France et de la Confédération de l'Allemagne
du Nord qu'il avait la ferme intention de défendre
par tous les moyens à sa disposition la neutralité
suisse.

Aussitôt après la réception des instructions que

m'adressait le conseil fédéral, je me rendis au ministère des affaires étrangères pour avoir un entretien avec M. de Gramont. Celui-ci venait de partir pour St-Cloud. Je demandai alors à voir le chef du cabinet, M. de Favernay.

Je fis part à celui-ci des instructions que j'avais reçues. J'ajoutai que, de mes entretiens avec le ministre des affaires étrangères et des conversations récentes que j'avais eues en l'absence de ce dernier avec M. de Ring, sous-chef du cabinet, il résultait pour moi la conviction que la France était bien décidée à respecter loyalement la neutralité de la Suisse.

J'annonçai à M. de Favernay que j'adresserais, le jour même, une note au gouvernement impérial pour demander une déclaration conçue dans ce sens.

«N'avez-vous pas d'objection — ajoutai-je — à «ce que je transmette préalablement au conseil fé- «déral la pleine conviction, qui résulte pour moi de « ces entretiens, que la France respectera la position « internationale de la Suisse?»

«Vous pouvez déjà maintenant l'annoncer à votre «gouvernement» — me répondit M. de Favernay.

Il ajouta qu'il avait déjà pris lui-même connaissance du télégramme que M. le président de la Confédération m'avait adressé deux jours avant pour m'annoncer que les mesures prises par la Suisse, pour sauvegarder sa neutralité, étaient déjà en voie d'exécution.

De retour à la légation, j'adressai à M. de Gramont la note à laquelle je viens de faire allusion et dont voici la teneur:

„Paris, le 16 juillet 1870.

„Monsieur le ministre,

„Le conseil fédéral me charge de déclarer officiellement à V. Exc. qu'en présence de la situation actuelle, il est fermement résolu à sauvegarder de toutes ses forces et par tous les moyens dont il dispose, la neutralité de la Suisse.

„En m'invitant à communiquer préalablement cette résolution au gouvernement de l'empereur, le conseil fédéral me charge en outre d'annoncer qu'il va adresser aux puissances de l'Europe une note confirmant la présente déclaration.

„Le gouvernement de l'empereur a manifesté, à différentes occasions, toute l'importance qu'il attache, lui aussi, au maintien et au respect de la neutralité suisse. J'ai donc lieu d'attendre avec une entière confiance que V. Exc. me mettra très prochainement en mesure de transmettre au conseil fédéral une réponse conçue en ce sens.

„Veuillez agréer, etc.

(signé)   „KERN.“

La réponse à cette lettre ne se fit pas attendre; le 17 juillet, M. le duc de Gramont m'adressa la note suivante que je m'empressai de transmettre au conseil fédéral:

„Le ministre des affaires étrangères de France à M. le Dr Kern, ministre de la Confédération suisse, à Paris.

„Paris, le 17 juillet 1870.

„Monsieur,

„Vous avez bien voulu me faire savoir, au nom du conseil fédéral, qu'en présence de la situation actuelle, il est fermement résolu à sauvegarder par tous les moyens en son pouvoir la neutralité de la Suisse et qu'il se dispose à porter cette déclaration à la connaissance de tous les cabinets de l'Europe.

„Ainsi que vous le rappelez, le gouvernement de l'empereur a saisi toutes les occasions de témoigner l'importance qu'il attache au maintien de la neutralité de la Suisse. Il ne pouvait donc accueillir qu'avec faveur la résolution dont vous avez été chargé de lui donner connaissance. Il apprécie le sentiment qui a porté le gouvernement de la Confédération à prendre l'initiative de cette communication auprès de lui, et, fermement résolu, en ce qui le concerne, à ne point se départir de ses obligations internationales, il est heureux de pouvoir compter sur l'efficacité des mesures adoptées par le conseil fédéral, pour assurer, de la part de toutes les puissances, la stricte exécution des stipulations européennes sous la sauvegarde desquelles la Suisse est placée.

„Agréez les assurances, etc.

„Le ministre des affaires étrangères:
(signé) „GRAMONT.“

D'autre part, j'appris que, le 21 juillet, M. de Rœder, alors ministre de la Confédération de l'Allemagne du Nord en Suisse, avait communiqué au président de la Confédération le télégramme suivant que lui avait adressé son gouvernement:

„La neutralité de la Suisse est garantie par les traités. Nous avons une entière confiance dans les mesures militaires prises par la Confédération pour le maintien de cette neutralité; et notre fidélité aux traités et les relations amicales entre l'Allemagne et la Suisse sont un garant du respect de l'Allemagne pour cette neutralité.

(signé) „BISMARCK.“

Les autres puissances répondirent également à cette communication, les unes en annonçant simplement qu'elles en avaient pris acte, et les autres en exprimant de plus la satisfaction avec laquelle elles avaient accueilli cette notification.

Comme je l'ai dit au commencement de ce chapitre, le conseil fédéral avait résolu de demander à l'assemblée fédérale de mettre à sa disposition toute l'armée suisse, de même que toutes les ressources financières du pays.

Le 19 juillet, cette haute autorité, qui se trouvait réunie à Berne pour sa session ordinaire, faisait droit à cette demande en prenant l'arrêté suivant:

„1° La Confédération suisse, pendant la guerre qui va éclater, défendra sa neutralité et l'intégrité de son territoire par tous les moyens dont elle dispose.

„Le conseil fédéral est invité à communiquer cette déclaration aux gouvernements des parties belligérantes, ainsi qu'à ceux des puissances signataires et garantes des traités de 1815.

„2° Les levées de troupes ordonnées par le conseil fédéral sont approuvées.

„3° Le conseil fédéral est en outre autorisé à lever toutes les troupes nécessaires pour maintenir la neutralité de la Suisse et pourvoir à la sûreté de son territoire. Il est pareillement autorisé à prendre toutes les mesures de défense qu'il jugera opportunes.

„4° Un crédit illimité est ouvert au conseil fédéral pour couvrir les frais qu'entraînera l'application des pleins-pouvoirs accordés par l'article précédent.

„Il est spécialement autorisé à contracter les emprunts qui pourraient devenir nécessaires.

„5° L'assemblée fédérale procédera immédiatement à la nomination du commandant en chef de l'armée suisse, ainsi qu'à celle du chef de l'état-major général.

„6° Le conseil fédéral rendra compte à l'assemblée fédérale, dans sa prochaine réunion, de l'usage qu'il aura fait des pleins-pouvoirs qui lui sont conférés par le présent arrêté.

„7° Le conseil fédéral est chargé de l'exécution de cet arrêté."

Le même jour, en vertu de l'article 5 de cet arrêté, l'assemblée fédérale procéda à l'élection du commandant en chef de l'armée fédérale, qui fut nommé dans la personne de M. le colonel fédéral Hans Herzog, d'Aarau, inspecteur en chef de l'artillerie. M. le colonel fédéral Rodolphe Paravicini, de Bâle, fut en outre appelé aux fonctions de chef de l'état-major général.

Au point de vue financier le conseil fédéral avait un en-caisse suffisant pour entretenir l'armée pendant longtemps; en outre, il avait chargé son département des finances de pourvoir à d'autres ressources, qu'on mettait de toutes parts à sa disposition.

Au point de vue militaire la Suisse était organisée de telle sorte qu'elle pouvait faire face à toutes les éventualités. L'armement de l'infanterie, des carabiniers et de l'artillerie était dans le meilleur état.

Bien que la fabrication des fusils à répétition ne fût pas encore bien avancée, l'infanterie n'en possédait pas moins une arme qui n'avait rien à envier à celle d'aucune autre armée en Europe. Les munitions de tous genres subsistaient en grande quantité et l'on avait pris toutes les dispositions désirables en vue d'un approvisionnement encore plus considérable.

Prête à tout événement et forte par son union, par le dévouement de sa population et par l'esprit patriotique de son armée, la Suisse pouvait regarder l'avenir avec confiance. Bien qu'elle ne pût se mesurer, quant à la force numérique, avec les armées des états belligérants, elle pouvait attendre sans crainte les événements, car le sentiment de ne porter atteinte aux droits de personne et de se borner à défendre les biens les plus sacrés de l'humanité et de la patrie, lui donnait la force d'empêcher qu'un ennemi ne violât son territoire, ou de lui faire payer chèrement cet acte d'agression s'il devait s'accomplir.

Le lendemain de l'assermentation, par l'assemblée fédérale, des deux officiers supérieurs, MM. Herzog et Paravicini, soit le 22 juillet, le général prit en mains le commandement des troupes mises sur pied, et il organisa le grand état-major, auquel il assigna Olten pour quartier général.

Pendant toute la durée de la guerre franco-allemande, les troupes suisses, qui furent appelées à garder nos frontières, se décomposèrent comme suit:

45 bataillons d'infanterie,
8   »   de carabiniers,
11 batteries de campagne à 6 pièces,
10 compagnies de dragons,
6   »   » guides,
4   »   » sapeurs,
5 parcs de division, chacun d'une compagnie de
canonniers de parc et d'une compagnie de train
de parc,

qui représentèrent l'effectif suivant:

278 grand état-major et états-majors de divisions
et de brigades,
29,538 infanterie,
3,427 carabiniers,
762 cavalerie,
2,826 artillerie,
492 génie,
100 ambulances,

37,423 officiers et soldats avec 3541 chevaux.

La mise sur pied par le conseil fédéral de corps
de troupes en nombre aussi respectable et la rapidité
avec laquelle elles furent mobilisées, produisirent une
excellente impression sur les deux parties belligérantes, qui acquirent par là la certitude que la
Suisse avait l'intention formelle de s'opposer à toute
violation de sa neutralité et qu'elle possédait des
forces suffisantes pour la faire respecter. Ces mesures

énergiques ne tardèrent pas à déployer leur effet : au dedans, en augmentant dans la nation le calme et la confiance ; au dehors, en donnant à notre patrie un *relief* que les événements ultérieurs n'ont point affaibli.

La neutralité de la Suisse étant désormais dûment établie et reconnue, il devenait nécessaire de faire connaître les dispositions en vertu desquelles elle devait être observée pendant la durée de la guerre ; aussi le 16 juillet, le conseil fédéral rendit-il, en se fondant sur l'article 90, chiffre 9, de la constitution fédérale, une ordonnance, renfermant certaines dispositions qui prévenaient tous les actes contraires à notre neutralité qui auraient pu se produire par la suite.

Passant aux dispositions qui furent prises plus tard, je parlerai avant tout de l'exécution de la *convention de Genève,* du 22 août 1864, pour l'amélioration du sort des soldats blessés. Les délégués des états contractants s'étant réunis à Genève, en octobre 1868, avaient adopté un certain nombre d'articles additionnels à ladite convention, dont le but était soit de compléter une partie des dispositions de la convention de 1864, soit de les appliquer à la guerre navale. De nouvelles demandes de modifications avaient empêché ces articles additionnels d'être ratifiés par tous les états, et cette ratification n'était pas encore intervenue au moment des hostilités. Dès que la guerre fut devenue imminente, le conseil fédéral pensa qu'il avait non seulement le droit, mais encore le devoir d'user immédiatement de toute son influence auprès des puissances belligérantes pour les engager à reconnaître ces articles additionnels comme obligatoires dans toutes leurs parties, tout au moins à titre de modus vivendi pendant la guerre qui se préparait. Le gouvernement impérial français et le gouvernement de l'Allemagne du Nord adoptèrent cette proposition et déclarèrent qu'ils avaient donné les ordres en conséquence aux chefs de leurs armées de terre et de mer.

La même démarche fut faite auprès des gouvernements de la Bavière, du Wurtemberg et de Bade, dès que leur participation à la guerre fut décidée, et les réponses qui parvinrent au conseil fédéral furent conformes à celles de la France et de l'Allemagne du Nord.

Tous les états belligérants ayant donc déclaré qu'ils observeraient la convention de Genève en son entier, c'est-à-dire en y comprenant les articles additionnels, le conseil fédéral transmit une note-circulaire aux autres états contractants pour leur donner connaissance de ce fait.

Le comité international, pour les soins à donner aux blessés, se mit ensuite à l'œuvre et constitua une agence spéciale à Bâle. Cette agence fut d'une utilité incontestable pendant la guerre, comme cela résulte de bulletins périodiques publiés à cette époque.

Je ferai remarquer à cette occasion que le conseil fédéral avait reçu des plaintes de la part des deux parties belligérantes sur des abus auxquels donnèrent lieu, dans certains cas, soit l'application soit l'inobservation de la convention de Genève.

Je fus chargé de porter à la connaissance du gouvernement français une réclamation de ce genre, formulée par la Prusse; mais, comme il n'était pas possible alors de vérifier les faits de ce genre, le conseil fédéral se borna dès lors à prendre note des plaintes, en pensant qu'on aurait certainement plus tard l'occasion de provoquer de la part des états contractants un débat sur ces points, ainsi que sur d'autres questions relatives à la convention.

Les expériences faites pendant cette guerre eurent pour résultat de mettre un terme à certains abus provenant du service volontaire pour les blessés, service qui a d'ailleurs été d'un grand secours aux belligérants.

—————

Une seconde question, d'une très haute importance pour notre patrie et qui se présenta naturellement à cette époque, fut celle relative à la sauvegarde des droits que les traités avaient conférés à la Suisse, relativement à la Savoie neutralisée.

Sitôt la nouvelle officielle de la déclaration de guerre connue de tous, le conseil fédéral me chargea de rappeler au gouvernement de l'Empire français les droits de la Confédération à cet égard et de faire toutes réserves relativement à l'exercice de ce droit.

On a pu considérer comme exagérée cette mesure de précaution, et il est certain que le conseil fédéral avait en vue d'autres éventualités que celle dont il s'agit ici; mais il n'a eu qu'à se féliciter de l'attention qu'il a prêtée en temps opportun à cette affaire.

La déclaration de neutralité qui se rapporte à la Savoie neutralisée a donc donné lieu dès l'abord à un échange de correspondances diplomatiques avec le gouvernement français.

Le duc de Gramont croyait devoir interpréter un passage d'une note, en ce sens que le conseil fédéral se serait engagé à ne pas occuper la Savoie neutralisée avant de s'être entendu à cet égard avec le gouvernement français. Comme le conseil fédéral ne pouvait laisser passer sans réponse cette étrange interprétation, il me chargea d'envoyer au successeur de M. de Gramont, M. le prince de la Tour d'Auvergne, une note dans laquelle il relevait cette erreur en déclarant qu'il chercherait à s'entendre avec le gouvernement français sur le mode d'exécution à suivre, mais qu'il ne voulait pas faire dépendre de cette tentative l'exercice de son droit. Je déclarai aussi, sur l'ordre que j'en avais reçu, que la Suisse serait prête en tout temps à régulariser la question savoisienne, par voie d'entente amiable, avec le gouvernement français.

Aucune réponse ne me parvint de la part de M. de la Tour d'Auvergne, de sorte que j'en conclus avec le conseil fédéral que le gouvernement français était convaincu de la justesse de notre manière de voir.

Mais les événements marchaient à pas de géant.

La catastrophe de Sedan qui amena, comme on le sait, la chute de Napoléon III suivie de la constitution immédiate d'une république avec un gouvernement provisoire siégeant à Tours, de même que l'entrée des Allemands à Dijon donnèrent à la question de Savoie une tout autre tournure.

Tandis que — comme je l'appris le 11 novembre 1870 (Paris était, à cette époque, en état de siége et la nouvelle m'en parvint par ballon) — une occupation de la Savoie du nord par les troupes suisses aurait été, dès le début de la guerre, fort mal accueillie et aurait pu même rencontrer de la résistance dans la population, on manifesta, sitôt après la chute de l'empire, le désir d'une occupation fédérale. Des démarches furent faites soit directement, soit indirectement par des autorités et des particuliers en Savoie pour engager le conseil fédéral à décider cette occupation.

Les journaux parisiens, tout en racontant ce fait,

donnèrent à entendre que les Confédérés venaient d'envahir le Chablais et le Faucigny.

Je cherchai naturellement à me renseigner à ce sujet. Je me rendis chez M. Jules Favre qui, sur ma demande, me déclara que la seule nouvelle parvenue au gouvernement de la défense nationale était contenue dans une dépêche de Tours, de M. Gambetta, l'informant du mouvement qui s'était produit dans la Savoie du nord pour demander l'occupation, et il ajouta que la délégation de Tours avait blâmé l'opinion émise et rien de plus.

M. Jules Favre ajouta que, quant à lui, il n'avait pas encore suffisamment étudié la question de la Savoie pour se permettre un jugement; que cependant, dans son opinion, il envisageait que la Suisse n'avait pas à craindre la violation de sa neutralité et que sa position était entièrement sauvegardée par les déclarations données au début de la guerre par les gouvernements des états belligérants; que dans cet état de choses, il ne voyait pas la nécessité pour la Suisse d'envoyer des troupes en Savoie. En terminant, M. Jules Favre me déclara avoir chargé la direction politique de lui présenter un rapport sur l'ensemble de la question.

J'exposai à mon tour aussi brièvement que possible le point de vue de la Suisse, en faisant observer que, d'après des nouvelles particulières datées du 11 novembre, j'avais appris que l'initiative de l'occupation par les troupes suisses avait été réellement prise par les populations de la Savoie du nord qui auraient envoyé dans ce but des délégués à Berne, auprès du conseil fédéral.

Je déclarai que cette autorité avait invité la délégation savoisienne à s'adresser, avant toute autre démarche ultérieure, à leur gouvernement à Tours, afin de provoquer de sa part une entente avec le gouvernement suisse, s'il le jugeait convenable.

Je terminai en déclarant que j'étais privé entièrement de nouvelles de mon pays, mais que j'avais lieu de douter qu'une occupation ait été décrétée par le conseil fédéral.

A peu près à l'époque où ces faits se passaient, le poste de ministre plénipotentiaire de France en Suisse fut longtemps vacant, ensuite de la retraite de M. le comte Comminges-Guitaud.

Son successeur, qui fut M. le marquis de Chateaurenard, avait reçu pour mission de son gouvernement l'ordre de conférer avec le conseil fédéral sur diverses questions, entre autres sur l'occupation de la Savoie neutralisée.

A l'arrivée du nouveau ministre français à Berne, cette question avait bien perdu de son importance, par la raison que les opérations de la guerre avaient arrêté la marche rapide de l'armée allemande vers le sud de la France.

Du reste si, au lieu de perdre de son importance,

cette question était devenue le point capital de la situation, le conseil fédéral se serait abstenu d'entrer dans de grands détails sur la question et il aurait déclaré que le but de ses efforts était simplement de sauvegarder les droits de la Suisse et de régler ensuite, par voie d'entente amiable avec la France, la question de Savoie, avec l'assentiment des autres puissances signataires des traités de Vienne.

Comme je l'ai dit déjà, après la chute de Napoléon à Sedan, la république avait été proclamée à Paris et dans la plupart des grandes villes de la province.

Par dépêche télégraphique du 7 septembre, je fis savoir au conseil fédéral que ce changement de gouvernement m'avait, suivant l'usage, été communiqué de même qu'à mes collègues et avait paru dans le journal officiel.

Le conseil fédéral — fidèle à la politique suivie par lui jusque là — estimant que le gouvernement nouvellement nommé remplissait les conditions voulues pour que des relations officielles fussent entretenues avec lui, m'envoya de nouvelles lettres de créance qui m'accréditaient auprès du pouvoir exécutif de la France.

En remettant ces lettres de créance à M. Jules Favre, ministre des affaires étrangères, je lui donnai

la note suivante que j'avais rédigée dans le sens d'un
télégramme que m'avait adressé le conseil fédéral, le
jour précédent.

„Paris, le 8 septembre 1870.

„Le ministre de la Confédération suisse à Paris au ministre
des affaires étrangères de France.

„Monsieur le ministre,

„Vous m'avez fait l'honneur de m'informer par note-circulaire, en date du 5 septembre, que le gouvernement de la
défense nationale vous avait confié la direction du département des affaires étrangères.

„Je me suis empressé de transmettre cette communication
à mon gouvernement, et je suis heureux de pouvoir vous
informer, Monsieur le ministre, que le conseil fédéral m'a
autorisé à entrer immédiatement en relations officielles avec
le gouvernement de la République française.

„La Suisse a toujours reconnu le droit de libre constitution
des peuples. La France s'étant constituée en république aux
acclamations du pays tout entier, le conseil fédéral n'hésite
pas un instant à appliquer ce principe au nouveau gouvernement de la France.

„Le conseil fédéral est persuadé que les bonnes relations,
établies entre la France et la Suisse, seront maintenues par
la République française. De leur côté, les autorités fédérales
contribueront de tout cœur à développer ces relations. L'amour
commun de la liberté et l'analogie des institutions politiques
affermiront, en les renforçant d'une manière puissante, les
liens sympathiques qui unissent les deux nations.

„Le conseil fédéral a la profonde conviction d'être l'interprète des sentiments du peuple suisse tout entier, en exprimant le vœu sincère que la nouvelle république-sœur, née
au milieu de graves circonstances, parvienne, dans un avenir

prochain, à procurer à la France les bienfaits d'une paix honorable, et à consolider à jamais la liberté et les institutions démocratiques.

„Je me ferai un devoir, dans les relations personnelles que j'aurai l'honneur de soutenir avec V. Exc., de consacrer toute mon activité *au maintien et à l'affermissement des liens d'amitié entre deux nations unies par tant d'intérêts communs et par tant de souvenirs historiques.*

„En me réservant de vous confirmer verbalement tout le prix que le conseil fédéral attache et que j'attache moi-même aux rapports amicaux entre les deux pays, je vous prie d'agréer, Monsieur le ministre, les assurances, etc.

„Le ministre de la Confédération suisse:
(signé)   „KERN."

M. Jules Favre, après avoir pris connaissance du contenu de cette lettre, m'exprima dans des termes très cordiaux sa satisfaction et sa reconnaissance, tant pour les sentiments d'amitié exprimés dans ce document, que pour l'empressement avec lequel la Suisse reconnaissait la nouvelle forme constitutionnelle adoptée par la France.

Je déclarai au ministre la satisfaction que j'éprouvais d'être appelé à soutenir des relations presque quotidiennes avec l'homme éminent qui a combattu depuis tant d'années et avec tant de persévérance pour les principes de liberté et de progrès.

M. Jules Favre, après quelques mots bienveillants pour ma personne, s'empressa de me dire combien la situation du nouveau gouvernement était encore

difficile: « Les Français n'ont pas, malheureusement, »
a-t-il dit entre autres, « le tempérament sage qui
« distingue vos compatriotes. Ils ont souvent trop
« d'ardeur et trop d'impatience. Pour réussir, il nous
« faut beaucoup de sagesse, et aussi de la modération. »

M. Favre m'exposa ensuite avec beaucoup de soin
le résumé des pourparlers qu'il avait eus, quelques
jours auparavant, avec les représentants de la Russie,
de l'Autriche, de l'Angleterre et de l'Italie.

« En présence des forces militaires formidables de
« l'ennemi, le gouvernement de la défense nationale
« désire avant tout deux choses — me dit-il — 1° ob-
« tenir un armistice; 2° l'intervention des puissances
« pour des négociations destinées à arrêter les préli-
« minaires de la paix. »

Avant de lever l'audience, M. J. Favre me pria,
tout en reconnaissant que, comme représentant d'un
état auquel la neutralité est imposée par les traités,
je ne pouvais agir officiellement, d'appuyer, dans mes
pourparlers avec les représentants des puissances,
les désirs du gouvernement français. Je pouvais d'autant moins m'y refuser que les demandes du gouvernement français étaient conçues à la fois dans
l'intérêt de la Suisse, comme aussi dans celui de tous
les états qui avaient observé jusque là la neutralité.

Le lendemain, M. Jules Favre me fit parvenir la
note suivante qui était la réponse à la lettre que je
lui avais remise brevi manu.

„Paris, le 9 septembre 1870.

„Le ministre des affaires étrangères de France au ministre
de la Confédération suisse, à Paris.

„Monsieur le ministre,

„J'ai reçu la dépêche que vous m'avez fait l'honneur de
m'adresser et par laquelle vous m'annoncez que le conseil
fédéral vous a autorisé à entrer immédiatement en relations
officielles avec le gouvernement de la République française.

„Cette nouvelle me cause une vive joie. L'étroite amitié
qui unit la France et la Suisse ne peut être que fortifiée par
la communauté des institutions politiques. Plus heureux que
nous, vous jouissez depuis longtemps d'une liberté fortement
assise sur la sagesse des habitudes et la virilité des mœurs.
Vos pères l'ont conquise par d'héroïques sacrifices, et vous
l'avez conservée par vos vertus. Peut-être aussi a-t-elle été
protégée par votre admirable sol, qui est à la fois le plus
magnifique et le plus redoutable de l'Europe. Mais vous avez
eu l'habileté de le peupler de libres citoyens, sachant être
des héros quand il s'agit de le défendre.

„Quand la France aura traversé la crise périlleuse que
lui vaut l'empire, elle comprendra qu'il est temps pour elle
d'imiter votre exemple. Elle sera libre et guerrière, et l'épée
qu'elle retiendra dans sa main, vouée désormais à l'agriculture et à l'industrie, sera le symbole du respect du droit et
de l'intégrité du sol national.

„Je me félicite, Monsieur le ministre, au milieu des pénibles
préoccupations qui m'assiègent, de me consoler par ces patriotiques espérances. Vous les faites naître naturellement par
vos sympathies. Je vous en remercie, tant en mon nom qu'au
nom de mes collègues, en vous priant d'exprimer à votre
gouvernement et de recevoir pour vous-même l'assurance de

ma cordiale affection et de mes sentiments de haute considération.

„Le vice-président du gouvernement,
„ministre des affaires étrangères:

(signé) „JULES FAVRE.“

Une autre question, celle de savoir comment on devrait procéder dans le cas où des corps de troupes de l'une ou de l'autre des parties belligérantes se trouveraient refoulés sur notre territoire, se trouvait résolue d'avance par l'arrêté du conseil fédéral du 16 juillet 1870. Ces troupes devaient être désarmées et envoyées dans l'intérieur du pays. Cette disposition reçut son application dès le commencement de l'année, alors qu'un corps isolé, d'environ 150 hommes de troupes françaises irrégulières, se réfugia sur notre territoire. Ces hommes furent reçus à la frontière et, après qu'ils eurent posé leurs armes, furent internés à Thoune et placés sous une surveillance militaire.

Une tâche du même genre, mais bien plus difficile, s'imposa à la Suisse quand toute l'armée française de l'est, forte de plus de 80,000 hommes et de plus de 10,000 chevaux, cernée par des divisions de l'armée allemande, se disposa à chercher son salut en entrant sur notre territoire.

D'après des nouvelles certaines et concordantes qui parvinrent au conseil fédéral, l'armée française de l'est était en retraite le 18 janvier 1871, après trois jours de bataille. Dans les fâcheuses conditions climatériques où l'on se trouvait, au milieu d'un pays montagneux où les communications étaient déjà coupées, la position de cette armée ne pouvait qu'être fort critique. Suivie de près par l'ennemi, qui la prenait en flanc, elle devait ou se retirer rapidement ou entrer sur notre territoire. Il n'était pas à présumer qu'elle céderait devant son ennemi pour en chercher un autre dans nos troupes. Pressée par ceux qui la poursuivaient, elle ne pouvait que chercher un asile en Suisse. Les seuls passages praticables pour de forts détachements étaient ceux de Morteau-Locle, de Pontarlier-Verrières et de Ste-Croix. Avec les difficultés de terrain et le mauvais temps il n'était pas possible d'entrer par un passage plus au nord.

La Suisse était donc destinée à recevoir cette armée dans son sein, lorsque la nouvelle de la conclusion d'un armistice de trois semaines, entre les deux puissances belligérantes, fut annoncée comme un fait accompli.

Cet armistice signé, la Suisse ne pouvait plus permettre l'entrée de corps de troupes entiers sur son territoire, et, dans l'attente d'ultérieures nouvelles à ce sujet, le général Herzog avait reçu l'ordre de repousser l'armée de l'est au cas où elle chercherait à entrer en Suisse. — Mais, par mes dépêches télégraphiques du 31 janvier, j'annonçai au conseil fédéral que ce corps d'armée n'était pas compris dans l'armistice qui avait été conclu le 28 au soir.

En outre, les Allemands poursuivant les hostilités,

il était urgent pour notre pays de se préparer à recevoir ces troupes qui, placées dès l'origine sous les ordres du général Bourbaki, puis ensuite sous le commandement du général de division Clinchant, s'acheminaient du côte de notre territoire.

Effectivement, le 1ᵉʳ février au matin, l'armée de l'est toujours poussée par l'ennemi, arriva en vue de nos frontières. Elle fut reçue par le général en chef de l'armée fédérale, accouru aux Verrières, et qui conclut avec le général Clinchant la convention suivante :

„Entre M. le général Herzog, général en chef de l'armée de la Confédération suisse, et M. le général de division Clinchant, général en chef de la 1ʳᵉ armée française, il a été fait les conventions suivantes :

„1° L'armée française, demandant à passer sur le territoire suisse, déposera ses armes, équipements et munitions, en y pénétrant.

„2° Ces armes, équipements et munitions seront restitués à la France après la paix et après le règlement définitif des dépenses occasionnées à la Suisse par le séjour des troupes françaises.

„3° Il en sera de même pour le matériel d'artillerie et ses munitions.

„4° Les chevaux, armes et effets des officiers seront laissés à leur disposition.

„5° Des dispositions ultérieures seront prises à l'égard des chevaux de troupe.

„6° Les voitures de vivres et de bagages, après avoir déposé leur contenu, retourneront immédiatement en France avec leurs conducteurs et leurs chevaux.

„7° Les voitures de trésor et des postes seront remises avec tout leur contenu à la Confédération helvétique, qui en tiendra compte lors du règlement des dépenses.

„8° L'exécution de ces dispositions aura lieu en présence d'officiers français et suisses, désignés à cet effet.

„9° La Confédération se réserve la désignation des lieux d'internement pour les officiers et la troupe.

„10°. Il appartient au conseil fédéral d'indiquer la prescription des détails destinés à compléter la présente convention.

„Fait en triple expédition aux Verrières, le 1er février 1871.

(signé) „CLINCHANT.   (signé) HANS HERZOG.“

Aussitôt cette convention signée, l'armée de l'est n'attendit pas le jour pour effectuer son passage.

Par un froid très vif et dans une obscurité profonde, cette malheureuse armée, forte de 85,000 hommes et de plus de 10,000 chevaux, d'une quantité innombrable de pièces d'artillerie, de chariots, de voitures de réquisition, etc., etc., fit son entrée sur notre sol hospitalier.

Le spectacle que présenta l'entrée de ces troupes, spectacle qu'il ne m'a pas été donné de voir, fut, a ce qu'on raconta, saisissant et navrant.

Jamais notre heureux pays n'avait assisté à un tel désastre, jamais on n'avait vu une accumulation aussi grande de tels maux, de telles misères, d'une prostration plus complète.

La réception imprévue d'un si grand nombre d'hommes et de chevaux fut naturellement entourée

de grandes difficultés, surtout dans les premiers jours.
Mais, grâce à la population qui partout intervint
activement et avec beaucoup de tact, pour soulager
les maux de malheureux soldats fatigués par de
longues marches et tourmentés par la faim, grâce
surtout à la population de la frontière, qui prêta
avec le plus grand dévouement son concours aux
autorités, l'armée française fut bientôt logée et
nourrie convenablement, et les soins à donner aux
malades furent organisés.

Bien que le conseil fédéral fût certain d'avance
que les autorités et le peuple supporteraient de grand
cœur la charge que devait leur imposer l'entretien
de la malheureuse armée, il ne se dissimulait pas
que le séjour prolongé de cette grande masse de
soldats dans notre pays pouvait faire surgir des difficultés et même des dangers de plus d'un genre,
dont le moindre n'était pas la possibilité de mouve-
ments sérieux parmi les internés et d'essais de leur
part de retourner en masse dans leur pays, au cas
où les hostilités auraient été reprises. Il songea donc
aux moyens de réduire le plus possible la durée de
l'internement.

Déjà le 1er février, le président de la Confédération,
M. le Dr Schenk, me chargea de me rendre auprès
du chef du gouvernement de la défense nationale et
du chancelier fédéral allemand, M. de Bismarck,
alors à Versailles, afin de leur demander d'entrer en

négociations pour le renvoi dans ses foyers de l'armée française internée.

J'écrivis donc à M. J. Favre et à M. le comte de Bismarck deux lettres dont les considérants, basés sur les instructions que j'avais reçues du président de la Confédération, contenaient en substance ce qui suit:

„Il est un devoir imposé par la neutralité, de ne pas favoriser de quelque manière que ce soit la position des belligérants, ce qui serait le cas en rendant une armée à la France, quoiqu'en conservant en gage les armes qu'elle a apportées avec elle, car elle pourrait prendre de nouveau part à la guerre; il y a donc lieu d'exiger l'assurance positive du gouvernement français, qu'aucun des soldats de l'armée de l'est ne sera plus employé dans l'armée active pendant la durée de la guerre. Cette assurance paraît devoir être facilement obtenue, puisque les préliminaires de paix sont déjà signés et que la paix définitive paraît devoir résulter des négociations, en voie de délibération, entre les deux puissances ennemies.

„Le nombre des internés en Suisse est, proportion gardée et eu égard à la population du pays, plus considérable que celui des prisonniers en Allemagne. Ils ont amené avec eux des maladies, une discipline relâchée et difficile à maintenir vis-à-vis de troupes qui se croient déliées de toute subordination. Comme nous n'avons pas de places fortes, il serait difficile de garder, contre leur volonté, des troupes qui voudraient s'échapper.

„Il faut aviser à ce que, par un moyen ou par un autre, les deux puissances s'arrangent entre elles pour laisser rentrer l'armée de l'est en France.

„En 1859, lors de la guerre d'Italie, l'engagement fut pris de la manière la plus formelle par les puissances belligérantes, et cela à l'instigation de la France, que les troupes qui auraient été forcées de se réfugier sur le territoire suisse, seraient renvoyées dans leur pays et ne prendraient plus aucune part à la guerre, ce qui eut lieu, car en présence de cette garantie, les corps entrés en Suisse furent renvoyés chez eux par un autre point de la frontière de leur pays.

„Je me réserve formellement notre liberté d'action, car, dans le cas où les deux puissances ne voudraient pas entrer en matière sur notre réclamation ou si les négociations duraient trop longtemps, le conseil fédéral se réserve de prendre telles mesures qu'il jugera convenables pour sauvegarder les intérêts de la Suisse, qui n'a pas hésité, dans les temps critiques et difficiles, à faire tous ses efforts pour répondre aux exigences du droit des gens et de l'humanité.“

M. Jules Favre me fit savoir qu'il était prêt à entrer en négociations avec l'Allemagne pour conclure un traité relatif à ce repatriement.

Quant à M. le comte de Bismarck, il me fit parvenir, quelques jours après, une note qui contenait, en substance, les passages suivants:

„Je comprends les embarras que cet événement doit causer en Suisse, et, si des considérations majeures ne m'en empêchaient, je n'aurais pas de motif de contrarier le vœu que vous venez de m'exprimer, au nom de votre gouvernement

„Je n'hésite pas à déclarer *que la Suisse a rempli très loyalement ses obligations* comme *pays neutre* pendant cette guerre, mais, malgré ce fait, il nous est impossible de donner les mains à la conclusion d'une convention avec la France, dont le but serait de faire rentrer sur le territoire français le corps d'armée réfugié en Suisse et dont le chiffre s'élèverait, d'après mes derniers renseignements, à 84,000 hommes environ.

„Nos motifs sont les suivants:

„Le gouvernement français n'est nullement en état de nous donner des garanties suffisantes que des militaires de l'armée de Bourbaki, tant officiers que soldats, ne se laisseront pas entraîner à participer aux hostilités, s'ils sont rendus à la France. Nous avons la preuve que des officiers français, par centaines, ne se gênent pas de prendre de nouveau les armes contre nous, malgré leur parole donnée.

„Nous pourrions d'autant moins compter sur l'efficacité de pareilles assurances, que le gouvernement français a cru pouvoir confier un nouveau commandement à des officiers qui avaient manqué à leur parole, ayant réussi à s'évader du lieu où ils étaient internés en Allemagne, et quoiqu'il connût parfaitement le fait.

„Plus le nombre de soldats à la charge du fisc français sera considérable à l'étranger, plus aussi il se verra forcé d'accélérer la conclusion de la paix. Il est donc tout naturel que nous ne voulions pas renoncer à ce moyen efficace, lorsqu'il s'agit d'une armée aussi nombreuse que l'est celle de Bourbaki, réfugiée en Suisse. La paix est aussi vivement désirée en Allemagne et l'opinion publique nous ferait des reproches bien fondés si nous adhérions à une mesure qui retarderait la conclusion de la paix, plutôt qu'elle ne l'accélérerait. Votre gouvernement lui-même ne pourra pas méconnaître la justesse des motifs qui dirigent notre ligne de conduite.

„Toutes choses ont leurs bons côtés, ajoutait le chancelier dans sa lettre: Les Suisses auront l'occasion de faire connaissance plus intime avec les Français; nous, nous avons pu le faire depuis longtemps."

Quelque temps après, le 24 février, je dus me rendre auprès du chancelier allemand. Je lui rappelai avant de le quitter que, dans un entretien récent, il avait déclaré vouloir faciliter le repatriement de l'armée de Bourbaki aussitôt que les circonstances le permettraient, et lui demandai si le moment ne serait pas venu de conclure avec la France une convention et d'arriver à une entente sur ce point. Le chancelier me répondit qu'il ne savait point encore si la paix serait conclue ou non, M. Thiers ne s'étant pas encore prononcé de manière à le rassurer complètement.

Le 26 février fut enfin signé le traité préliminaire de paix entre l'Allemagne et la France.

Grâce à cette circonstance, le repatriement de l'armée internée put être fixé au 8 mars, conformément à un projet élaboré par M. Welti, chef du département militaire fédéral, d'accord avec les administrations de chemins de fer; mais, comme les chemins de fer français ne se trouvaient pas en état de se charger des transports depuis les Verrières, et qu'aucune disposition n'avait été prise pour l'entretien des troupes, ce terme dut forcément être prolongé jusqu'au 13 mars. — Ce jour-là le repatriement s'effectua, conformément au plan, sous la direction spéciale du colonel de Gingins. A la frontière, les colonnes étaient remises par les officiers de l'état-major fédéral aux délégués français, et il était dressé un procès-verbal régulier de cette remise.

Le mouvement du repatriement général peut se résumer comme suit :

<pre>
                                                    hommes
1° Par Genève   58,209
2° Par les Verrières   14,938
3° Convalescents par Genève   6,430
4° Convalescents par Thonon et Evian . 1,638
5° Conducteurs des chevaux par Divonne 2,850
                                       ───────
                                        84,065
</pre>

Les derniers convois partirent le 22 mars, et le lendemain le repatriement était terminé, à l'exception naturellement des malades qui, au nombre d'un millier, se trouvaient dans les hôpitaux.

Les chevaux, au nombre de 11,787, furent évacués du 14 au 22 mars; conduits par le nombre voulu de soldats français montés et mis sous la garde de détachements de troupes suisses, ils furent dirigés sur Divonne où ils furent livrés à l'autorité française.

La dépense totale pour cet internement se décompose comme suit :

<pre>
pour les troupes internées . . fr. 9,765,603. 19
pour les troupes de surveillance » 1,615,159. 16
pour les chevaux . . . .   »   773,634. 55
                                     ───────────────
              Total fr. 12,154,396. 90
</pre>

Le 12 août 1872, le dernier centime dû à la

Suisse par la France, sur cette somme de passé 12,000,000 de francs, y compris l'intérêt, était remboursé à la caisse fédérale.

L'assemblée nationale française exprima, par mon entremise, ses remerciements à la Suisse, et le gouvernement de la République le fit, de son côté, dans diverses circonstances, pour les soins dévoués donnés aux malheureux soldats de l'armée de Bourbaki, pendant son séjour dans notre patrie.

Avant de clore ce chapitre, qu'il me soit permis une courte réflexion sur la position qu'a su garder la Suisse pendant cette époque mémorable.

La neutralité de la Suisse fera toujours honneur à notre pays, car la position des neutres a toujours été difficile. Le neutre doit défendre son droit et tenir la balance égale entre deux adversaires irrités l'un contre l'autre jusqu'à vouloir s'entretuer. Cette tâche excède presque les forces humaines. Depuis les anciens temps jusqu'à l'époque actuelle les combattants ont cherché à entraîner dans la lutte même les dieux immortels et à les attirer de leur côté. Il n'est pas surprenant dès lors qu'ils s'efforcent de mettre dans leurs intérêts les états neutres, spectateurs de la lutte, et de s'assurer de ce qu'on appelle leur neutralité « bienveillante » qui, de l'autre côté, est taxée de neutralité « malveillante ». La guerre franco-allemande de 1870/71 a montré, une fois de plus, que les neutres, sans exception, s'attirent peu de reconnaissance.

La neutralité de la Suisse, dans cette guerre, était encore entourée de difficultés toutes particulières. Nos plus proches voisins se trouvaient en guerre l'un contre l'autre; après avoir perdu son caractère dynastique, cette lutte prit le caractère d'une guerre de races, entre deux peuples représentant justement les deux principales races dont la Suisse est composée; en outre, elle parut revêtir l'apparence d'une guerre de la république contre la monarchie, et elle prit même çà et là un caractère confessionnel. Il n'est pas surprenant que, dans de telles circonstances, bien des gens en Suisse aient trouvé que leur propre cause était en jeu, que les sympathies se soient prononcées avec beauconp de vivacité suivant le point de vue auquel on se plaçait, et que, chez nous, les cris de joie du vainqueur n'aient trouvé parfois que de très faibles échos. La Suisse a été souvent exposée, à ce propos, à d'amers reproches, d'un côté comme de l'autre. L'Allemagne du Sud ne pouvait comprendre pourquoi les Suisses allemands n'accueillaient pas avec une joie égale à la sienne la défaite de la France, et Garibaldi s'exprimait assez durement sur le fait que la Suisse ne portait pas secours à la nation française. Nous savons respecter ces sentiments, mais on doit aussi être juste vis-à-vis de la Suisse. La Suisse a fait de cruelles expériences jusqu'à ce qu'elle se soit familiarisée avec l'idée de ne plus se mêler des querelles du dehors ; elle a choisi elle même la politique de la neutralité longtemps avant que l'Europe eût jugé à propos de sanctionner cette politique. Justement parce qu'elle est partagée quant aux races, aux religions et aux intérêts, elle ne peut intervenir activement dans les guerres entre les autres états sans provoquer de profondes déchirures dans son propre sein et sans paralyser ses forces, tandis qu'elle est forte dans la guerre défensive, parce que tous les éléments qui la composent se réunissent contre l'ennemi du dehors. La politique de la neutralité n'est donc point une loi imposée à la Suisse par l'étranger : elle est bien plutôt la conséquence de sa constitution et de son organisation intérieure.

C'est pourquoi la Suisse a, dans cette guerre, manifesté le caractère particulier de sa nationalité en restant neutre. Mais elle n'a pas été un simple spectateur oisif et curieux de cette grande lutte ; par son intervention diplomatique pour l'adoption des articles additionnels à la convention de Genève, par l'envoi d'un grand nombre de ses médecins sur les champs de bataille, par le soin qu'elle a pris des blessés des deux nations belligérantes, et par les secours qu'elle a donnés simultanément aux Allemands expulsés et aux Strasbourgeois, elle a montré qu'elle prenait une part active aux souffrances de ses voisins et elle a prouvé *qu'elle savait remplir ses devoirs d'état neutre non seulement avec loyauté, mais encore avec humanité.*

La Suisse neutre a eu, elle aussi, sa mission dans cette guerre. Il serait absurde de vouloir contester, au point de vue de la formation des états, l'importance du principe de la nationalité, basé sur la différence des races. Ce principe se fonde sur la nature même et se trouve par conséquent justifié. Mais il est certain, d'autre part, que les diverses races ne doivent pas nécessairement vivre ensemble dans un état d'antagonisme, mais qu'au contraire en se réunissant dans la liberté elles se complètent les unes par les autres, et qu'en définitive au dessus de la différence des races il y a la communauté de la nature humaine. Ces dernières vérités seront de plus en plus généralement reconnues à mesure que la civilisation fera des pas en avant. En attendant, la Suisse, dont cette union des races est le caractère essentiel, a le devoir de veiller au maintien de son principe et de le faire prévaloir d'une manière digne au milieu des guerres de races; partout où elle le peut, elle doit s'efforcer de frayer la route à des appréciations plus humaines sur le terrain du droit des gens. C'est dans ce sens que le conseil fédéral a compris la mission que la Suisse avait à remplir, et c'est à ce point de vue que le pays doit juger ses actes.

CHAPITRE XIV

LES RESSORTISSANTS DU ROYAUME DE BAVIÈRE ET DU GRAND-DUCHÉ DE BADE, RÉSIDANT EN FRANCE, SE METTENT SOUS LE PROTECTORAT DE LA CONFÉDÉRATION SUISSE PENDANT LA GUERRE FRANCO-ALLEMANDE

Les sujets bavarois et badois habitant la France demandèrent, avec le consentement des gouvernements de ces pays, que la légation suisse se chargeât de les protéger pendant le temps que durerait la guerre franco-allemande. Le conseil fédéral m'ayant déclaré que les rapports de bon voisinage soutenus avec ces deux pays, étaient de nature à l'engager à adhérer à ce vœu, je me rendis, le 21 juillet 1870, auprès de M. de Ring, sous-chef du cabinet du ministre des affaires étrangères, pour lui annoncer que mon intention était de soumettre, à M. de Gramont, cette question de protectorat.

M. de Ring me déclara immédiatement savoir que le ministre ne soulèverait, sous ce rapport, pas la moindre difficulté et que je ne devais pas hésiter à répondre d'une manière affirmative au désir manifesté par ces gouvernements.

A la suite de ces démarches, le ministre de Bade à Paris m'apporta, le jour suivant, avant son départ pour Bruxelles où il était aussi accrédité, une note par laquelle il me demandait officiellement de prendre sous ma protection, pendant toute la durée des hostilités, les ressortissants badois.

Quelques jours après, une demande semblable me fut adressée par le gouvernement de Bavière.

Dès le 23 juillet, ma légation prit sous sa protection les ressortissants badois et bavarois.

Déjà le même jour, et quoique la transmission des affaires de ces deux légations ne fût pas encore publiée par les journaux, il se présenta environ 80 personnes, appartenant à ces deux états, qui vinrent demander à la légation la protection assurée aux citoyens suisses habitant alors la France.

Ce mandat qui nous était confié, tant à la légation qu'aux agents consulaires de la Confédération accrédités auprès du gouvernement français, tout honorable qu'il fut, n'en était pas moins une tâche difficile à remplir, quand on songe jusqu'à quel point la population française était excitée contre les Allemands.

La position de ceux-ci était en effet devenue, après la déclaration de guerre, fort difficile.

Un décret, inséré au journal officiel, interdisait

aux ressortissants de tous les états, en guerre avec la France, de voyager dans l'intérieur de l'empire sans une autorisation spéciale du ministre de l'intérieur.

En même temps, des instructions secrètes étaient envoyées à la frontière, pour interdire la sortie du territoire français à tous les Allemands âgés de 20 à 40 ans et qui paraîtraient aptes au port d'armes. La plupart des ouvriers allemands, établis en France, rentraient dans cette catégorie.

J'eus, plusieurs fois, l'occasion de constater, pendant cette mémorable époque, que ceux qui avaient essayé de franchir la frontière avaient été repoussés dans l'intérieur.

Ces malheureux étaient, par ces mesures, placés dans une position très pénible.

A peine les hostilités commencées, les ouvriers français s'opposèrent à ce qu'ils fussent reçus dans les ateliers. — Renvoyés des fabriques, des magasins, des chantiers et même des bureaux, ils perdaient tout moyen de gagner leur vie.

Lorsqu'ils se présentaient dans d'autres fabriques, le travail leur était refusé.

Sans ressources pécuniaires suffisantes, ils vécurent, au jour le jour, sur le pavé de Paris, ne sachant littéralement pas comment subvenir aux besoins les plus urgents, la sortie du territoire leur étant fermée.

Emu d'un pareil état de choses, je m'entendis avec

M. Washburne, alors ministre des Etats-Unis d'Amérique en France et chargé de protéger pendant la guerre les ressortissants de l'Allemagne du Nord, pour un entretien sur cette question avec M. Chevreau, nouvellement élu ministre de l'intérieur.

Le 10 août, je demandai donc une audience au ministre pour M. Washburne et moi, et, pour éviter des pertes de temps et vu l'urgence, j'engageai mon collègue, de même que M. Okuneff, chargé d'affaires de Russie, qui avait bien voulu s'intéresser à cette question, de se trouver le lendemain, 11 août, à 2 heures de relevée, au corps législatif où sans doute M. Chevreau, qui s'y trouverait certainement, pourrait nous donner une réponse à notre demande d'audience.

M. Chevreau s'y trouvait en effet; nous ayant aperçus, il vint à nous.

Au nom de mes collègues et en mon nom, je présentai ma demande qui nous fut promptement accordée. Il fut entendu que cette audience aurait lieu le lendemain, à 10 heures du matin.

A l'heure convenue, nous nous rencontrâmes tous trois à l'hôtel de M. Chevreau. Mais celui-ci assistait à un conseil des ministres, et son chef de cabinet nous pria de bien vouloir revenir le soir, à $6\frac{1}{2}$ heures.

Dans l'intervalle, M. Chevreau avait porté la question devant le conseil des ministres qui décidait que les Allemands devaient quitter la France. Sur une question qui lui avait été posée au sujet de cette affaire, au sein du corps législatif, M. Chevreau s'était exprimé dans le même sens.

Aussi le soir, lorsque nous nous présentâmes chez lui, se borna-t-il à nous faire part de cette décision, ajoutant cependant qu'il serait tout disposé à apporter des ménagements dans son exécution.

Je demandai si l'on ne pourrait pas revenir de cette résolution, c'est-à-dire qu'il fût fait des catégories d'exception d'une pareille mesure.

Après réflexion, M. Chevreau déclara consentir à laisser séjourner en France les Allemands qui y avaient un établissement stable, ou qui se présenteraient munis d'une recommandation de ma légation ou de personnes connues.

J'ajoutai que le décret d'expulsion ne s'appliquait évidemment pas aux femmes et aux enfants; sans me répondre directement à ce sujet, il nous enjoignit *d'agir vite,* en raison de l'excitation des esprits. Il exprima l'opinion que, même pour les Allemands appartenant aux catégories exemptées de l'expulsion, il était préférable qu'ils prissent leurs mesures pour quitter le territoire, parce qu'il ne pouvait pas répondre, d'une manière absolue, de leur sûreté.

Je demandai encore, pour accélérer l'opération du départ, que le visa de la préfecture de police et l'autorisation du ministère de l'intérieur fussent supprimés.

Le lendemain matin, le chef de la sûreté vint me déclarer que cette demande était accordée.

Il me fit part, à cette occasion, d'une décision d'après laquelle tous les Allemands, même les ressortissants de l'Allemagne du Nord, seraient dirigés par la Suisse. J'insistai énergiquement pour obtenir le retrait de cette mesure, cela dans l'intérêt des Allemands du nord, auxquels on ferait faire un détour considérable. Le même soir, cette nouvelle demande me fut de nouveau octroyée.

De même qu'on n'avait pas fait de publication au sujet de la défense de sortir de France à tous les Allemands aptes au port d'armes, de même aussi, le décret d'expulsion ne fut pas publié.

Le motif en est facile à comprendre. L'animosité qui régnait en France contre la race allemande aurait augmenté encore par cette publication, car, comme il faut plusieurs jours pour exécuter une pareille mesure, tous ceux qui n'auraient pu être repatriés un des premiers jours, auraient été inévitablement exposés à de mauvais traitements.

Aussitôt la déclaration du ministre de l'intérieur au corps législatif connue parmi la colonie allemande de Paris, la légation fut littéralement assiégée. Dès le lendemain matin, 13 août, près de 300 personnes se présentèrent pour réclamer, en faveur de leurs familles, les moyens pécuniaires pour sortir de France.

Quelques jours plus tard, le 28 août, M. le général Trochu, alors gouverneur de Paris, fit afficher un arrêté rédigé en ces termes.

« Vu . . . . etc., arrête:

„ART. 1er. Tout individu, non naturalisé français et appartenant à l'un des pays actuellement en guerre avec la France, est tenu de quitter Paris et le département de la Seine, dans un délai de trois jours, et de sortir de France ou de se retirer dans un des départements situés au delà de la Loire.

„ART. 2. Tout étranger, tombant sous le coup de l'injonction précédente, qui ne s'y sera point conformé et n'aura pas obtenu une permission spéciale de séjour émanant du gouverneur de Paris, sera arrêté et livré aux tribunaux militaires, pour être jugé conformément à la loi.“

Lorsque cet arrêté me fut communiqué, je jugeai indispensable de faire immédiatement des démarches auprès de M. le prince de la Tour d'Auvergne qui, comme je l'ai dit dans le précédent chapitre, venait de succéder à M. le duc de Gramont comme ministre des affaires étrangères.

Ayant obtenu une audience, MM. Washburne, Okuneff et moi, nous nous rendîmes le même jour chez le prince.

Introduit le premier, j'exposai à celui-ci l'état de la question, et lui rendis compte de mes entretiens avec son collègue M. Chevreau, en ajoutant que, par suite des démarches collectives faites par MM. Washburne, Okuneff et moi, nous avions obtenu l'autorisation de rester à Paris en faveur de tous les Allemands qui possédaient un établissement stable, comme aussi en faveur des femmes, des enfants et de tous ceux qui, enfin, seraient recommandés par des personnes honorablement connues.

« Aujourd'hui, continuai-je, le gouverneur de Paris « expulse tous les Allemands sans distinction, en fixant « un délai de trois jours seulement, et sans indiquer « sous quelles conditions des permis de séjour seront « accordés. Je n'ai pas besoin de rappeler qu'au point « de vue des principes généraux du droit des gens, « *la guerre se fait contre l'état ennemi et non contre* « *les particuliers.* Je puis m'expliquer dans une cer-« taine mesure les embarras du gouvernement, en « présence de la surexcitation exagérée des esprits. « Mais je me vois forcé de demander, d'accord avec « mes collègues des Etats-Unis et de la Russie, si des « adoucissements ne pourraient pas être apportés « dans l'exécution du décret mentionné. Dans mon « opinion, les motifs qui avaient engagé M. Chevreau « à faire des exceptions, subsistent encore aujourd'hui, « et il ne me paraît pas qu'il y ait lieu de prendre « des mesures plus rigoureuses à l'égard des catégories « d'individus dont le séjour ultérieur à Paris avait « été autorisé. Si le gouvernement croyait devoir « persister néanmoins dans cette ligne de conduite, « il importerait qu'il fût déterminé sous quelles con-« ditions le gouverneur de Paris devra accorder des « permis de séjour. »

M. de la Tour d'Auvergne me répondit que sur plusieurs points il partageait mon opinion.

« La question — me dit-il — a été portée devant « le conseil des ministres et a été longuement discutée. « Deux partis se trouvaient en présence. Le ministre « des affaires étrangères s'est opposé à la mesure « proposée. L'impératrice, qui présidait le conseil, « a également appuyé cette manière de voir en de- « mandant qu'il ne fût pas décrété d'expulsion générale « et immédiate. Mais le « parti militaire » — comme « l'a appelé M. de la Tour d'Auvergne — a fini « par triompher, en s'appuyant sur les dispositions « de l'opinion publique et surtout sur le vœu claire- « ment manifesté par le corps législatif qu'il fût pris « des mesures énergiques contre les Allemands. »

Sur la manière de procéder pour obtenir du gouverneur de Paris un permis de séjour, M. le ministre des affaires étrangères m'assura que des auto- risations seraient sans doute accordées sur la recom- mandation soit des commissaires de police, soit de personnes favorablement connues, soit aussi des léga- tions chargées de la protection provisoire des Alle- mands. Il me recommanda cependant de restreindre le plus possible les demandes de permis de séjour et de conseiller plutôt de quitter Paris.

MM. Washburne et Okuneff, reçus après moi par M. de la Tour d'Auvergne, eurent avec lui un en- tretien analogue et reçurent une réponse identique.

L'exécution du décret du 28 août fut poursuivie avec une grande rigueur. Dès le lendemain, le préfet de police Pietri adressait aux commissaires de police de Paris et faisait publier par les journaux une circulaire, dans laquelle il ordonnait expressément d'appliquer sans tarder l'ordre d'expulsion et de sévir rigoureusement contre les Allemands habitant la capitale. Pour ne citer qu'un exemple, je dirai, en passant, qu'on a poussé la persécution jusqu'à arrêter à 2 heures du matin un vieillard de 70 ans, employé depuis 40 ans comme caissier dans une maison française.

Comme on pouvait s'y attendre, ces mesures, en jetant l'effroi dans la colonie allemande de Paris, ne firent qu'augmenter encore les violences de la population parisienne, de sorte qu'il n'a presque pas été fait usage de la faculté de rester à Paris sur une autorisation spéciale du gouverneur de la ville. Toutes les personnes, auxquelles leurs moyens pécuniaires le permettaient, s'éloignèrent immédiatement.

Le 4 septembre, la république était proclamée à Paris. Le gouvernement de la défense nationale ne crut pas devoir revenir sur les décisions des autorités impériales, et, le 5 septembre, le nouveau préfet de police faisait afficher une proclamation enjoignant aux Allemands, non munis d'une autorisation spéciale, d'avoir à quitter les départements de la Seine et de

Seine-et-Oise dans les 24 heures, sous peine d'être passibles des lois militaires en cas de contravention.

Des visites domiciliaires étaient opérées dans la plupart des quartiers de Paris. Des arrestations étaient faites en très grand nombre, aussi ma légation échangea-t-elle des correspondances réitérées avec la préfecture de police pour obtenir la mise en liberté des Allemands arrêtés. Une fois libres, il était pourvu à leur repatriement, aux frais de la légation s'il s'agissait d'indigents. — La garde nationale elle-même arrêtait souvent des individus affligés d'un accent étranger, par suite de la manie de la population, pendant les premiers jours du siège, de voir partout des « espions prussiens ».

La conséquence de ces mesures rigoureuses a été l'obligation, pour ma légation, de pourvoir au repatriement de *tous* les Badois ou Bavarois indigents. Chaque jour, une foule compacte se pressait de grand matin aux abords de la légation suisse. La foule devint peu à peu si considérable que je dus demander l'aide de la police pour maintenir l'ordre. Le nombre des sergents de ville appelés s'est élevé jusqu'à six par jour pour organiser les files, maintenir libres les entrées et faciliter la sortie. Les premiers jours, qui ont suivi le décret d'expulsion du 28 août, ont été les plus pénibles. Pour se faire une idée de l'énergie des mesures à prendre, il suffira d'indiquer que le 31 août, par exemple, il a été délivré des billets à

Kern, Souvenirs politiques.   18

prix réduit à près de 1500 personnes et que des secours ont été accordés à 1053, parmi lesquels 137 Suisses seulement. A diverses reprises, il a été impossible de recevoir tous ceux qui se présentaient et, un jour, entre autres, à neuf heures du soir, il a dû être distribué des numéros d'ordre à 280 personnes qui n'avaient pu pénétrer dans ma chancellerie.

Les secours étaient de deux catégories: pour tous un billet à prix réduit représentant un voyage à Pontarlier et la Suisse, soit à Bâle pour les Badois et les personnes originaires de la Bavière rhénane, soit à Romanshorn pour ceux retournant en Bavière par Lindau; puis, pour ceux qui déclaraient être à bout de ressources, une somme de 5 francs à titre de secours de route.

Le nombre total des Badois et Bavarois qui reçurent des cartes de demi-place pour rentrer dans leur patrie s'élève à près de sept mille. Sur ce chiffre, 5509 personnes reçurent des secours en argent.

Il a été dépensé par ma légation pour le repatriement des Badois et Bavarois — sans compter les frais des consuls de Suisse en France, qui eurent aussi à s'occuper de cette affaire — 69,755 francs pour la Bavière, et 29,000 francs pour le grand-duché de Bade, sommes qui furent intégralement remboursées par ces deux pays.

Les princes de ces états ayant résolu de me donner un témoignage de satisfaction et de reconnaissance pour les services rendus à leurs sujets par ma légation, et, d'autre part, les principes constitutionnels de la Confédération suisse m'interdisant d'accepter aucune décoration, ils me firent présent de leur portrait, les représentant de grandeur naturelle.

Le roi de Bavière et le grand-duc de Bade en me faisant cet honneur, me témoignèrent leur vive gratitude pour l'activité et le dévouement dont la légation suisse avait fait preuve pour sauvegarder, sous tous les rapports, les intérêts des deux pays.

CHAPITRE XV

DIFFICULTÉS RELATIVES AUX COMMUNICATIONS ENTRE LES MEMBRES DU CORPS DIPLOMATIQUE RESTÉS A PARIS ET LEURS GOUVERNEMENTS

Quand l'investissement de Paris par l'armée allemande fut devenu vraisemblable et que le gouvernement provisoire français eut envoyé une délégation à Tours, je demandai au conseil fédéral si je devais suivre cette délégation ou rester dans la capitale. Le conseil fédéral me donna pour instructions de ne pas quitter Paris, surtout parce qu'on devait à la colonie suisse de ne pas la priver de la protection de la légation dans ces circonstances difficiles, et parce qu'il était plus conforme aux usages diplomatiques de laisser le ministre plénipotentiaire dans la ville où se trouvait le ministère des affaires étrangères. J'accueillis cette décision avec plaisir, car elle était l'expression de mon plus vif désir, malgré les jours difficiles que je prévoyais dès ce moment déjà. Mais, il s'agissait de savoir comment nous entretiendrions des relations directes avec nos gouvernements respectifs. Cette question préoccupa le conseil fédéral qui me chargea d'en conférer avec mes collègues du corps diplomatique et de nous mettre d'accord sur des démarches à faire en commun, en exprimant l'espoir que les assiégeants ne s'opposeraient point au passage d'un « courrier neutre ».

Recherchant les moyens d'aboutir à une entente avec mes collègues, j'appris que Lord Lyons, ambassadeur de S. M. Britannique, le prince de Metternich, ambassadeur d'Autriche, Djemil-Mehemed Pacha, ambassadeur de Turquie et M. Okuneff, chargé d'affaires de Russie, venaient de quitter Paris.

J'informai de ce fait le conseil fédéral en ajoutant qu'il ne restait plus à leur poste que les diplomates ayant le rang de *ministre,* avec lesquels je ne tarderais pas à entrer en relations au sujet de la question d'un « courrier neutre ».

En effet, le lendemain du départ des ambassadeurs, c'est-à-dire le dimanche 18 septembre 1870, je me rendis chez le nonce apostolique pour lui faire part de la demande de quelques-uns de nos collègues, tendant à provoquer une réunion dans laquelle chacun émettrait son avis sur les circonstances dans lesquelles le corps diplomatique se trouvait placé.

Monseigneur Chigi approuva pleinement l'idée d'agir d'un commun accord, et me déclara qu'il n'hésiterait pas à réunir chez lui le corps diplomatique. Il fut convenu que cette convocation n'aurait lieu que si le bombardement nous était dénoncé.

Cependant, le jeudi soir 22 septembre, je recevais, ainsi que mes collègues, la circulaire suivante:

« Vu la gravité des circonstances, le soussigné,
« nonce apostolique, prie MM. les chefs de mission
« diplomatique à Paris, de bien vouloir se rencontrer
« chez lui demain (23 ct.), à 11 h. du matin, à l'effet
« d'aviser à suivre une règle de conduite commune.
          « Flavius Chigi, archevêque de Myre. »

Tous les ministres et chargés d'affaires présents à Paris assistèrent à cette réunion.

Le nonce ouvrit la séance en annonçant que, sur la demande de quelques-uns d'entre nous, il n'avait pas voulu renvoyer plus longtemps une convocation motivée par la situation, qui lui paraissait devenir menaçante.

Il fit allusion aux manifestations du *parti rouge*, qui cherchait à renverser le gouvernement, et il ajouta que, si cette tentative devait réussir, aucun habitant de Paris ne pouvait prévoir quelles en seraient les conséquences. En terminant, il précisa le but de la réunion en posant, comme sujet des délibérations, les trois questions suivantes:

a. Quels sont les moyens que pourraient adopter les ministres étrangers pour rester, malgré l'investissement de Paris, en rapport avec leurs gouvernements?

b. A quel moment convient-il que le corps diplomatique quitte la capitale?

c. Les ministres, dans cette circonstance, devront-ils agir collectivement ou séparément?

Le nonce insista surtout sur le fait que, à son point de vue, notre présence à Paris était inutile.

Comme je me trouvais être le doyen des ministres présents, et qu'en outre aucun des ambassadeurs n'était à Paris, je crus pouvoir et devoir prendre le premier la parole.

Sur la première question, je demandai que l'assemblée voulût bien prier le nonce de faire, au nom de ses collègues, des démarches auprès du ministre des affaires étrangères, dans le but d'obtenir un courrier neutre.

Je fis remarquer que, en ce qui concernait la France, j'avais la conviction que cette faveur nous serait accordée et que M. Jules Favre s'empresserait de faire, auprès de qui de droit, les démarches nécessaires si la demande lui en était faite. J'exprimai l'espoir que la Prusse ne se refuserait pas à faire droit à une demande qu'autorisaient les usages du droit international.

Si, contre mon attente, un refus devait nous être opposé, le blâme en retomberait, non sur nous, mais sur ceux qui nous refuseraient cette concession. Enfin nous serions justifiés vis-à-vis de nos gouvernements respectifs, et nous aurions le sentiment de n'avoir rien négligé pour assurer un service régulier de notre correspondance.

Sur la seconde question, j'émis l'opinion qu'il était préférable de ne pas nous prononcer, ni dans un sens ni dans l'autre, car il ne me paraissait pas exister de motifs d'agir autrement qu'au moment du départ des ambassadeurs, et de revenir sur la décision prise à cette époque, de rester à Paris. La situation extérieure était en effet la même; quant à la situation intérieure, je déclarai ne pouvoir partager l'opinion qu'elle devait nous engager à quitter la capitale. D'abord, nous ne saurions, vis-à-vis du gouvernement français, alléguer comme motif de notre départ le fait que nous craignions de voir son autorité méconnue. J'ajoutai qu'à mon point de vue et en tenant compte de ce que M. Jules Favre restait à Paris, la résolution que nous prendrions de quitter cette ville serait envisagée sous un jour très défavorable et paraîtrait peut-être encore plus inopportune qu'il y a huit jours.

Enfin, qu'il me paraissait prématuré de décider d'ores et déjà que le corps diplomatique quitterait la capitale dans le cas où le bombardement lui serait formellement dénoncé. Il y aurait plutôt lieu d'attendre, à mon avis, jusqu'à ce que cette dénonciation devienne un fait accompli. On pourrait alors convoquer une nouvelle réunion et agir selon les circonstances.

Passant à la troisième question, j'objectai « qu'il était plus conforme à notre dignité et à notre position d'agir collectivement, de prendre des mesures communes plutôt que de vouloir travailler chacun à notre gré et de nous désunir ».

Je fis allusion au départ des ambassadeurs, en déclarant que nous ne pouvions ni ne devions imiter cet exemple, car les rapports que nous avions chaque jour à soutenir comme collègues exigeaient que les résolutions d'un intérêt majeur, pour chacun de nous, fussent prises en commun et que nous devions nous entendre librement et franchement pour, une fois d'accord, agir de concert.

Deux personnes prirent la parole après moi; ce furent M. de Moltke, ministre de Danemark, et M. de Zuylen, ministre des Pays-Bas, qui déclarèrent partager mon avis. Ils conclurent que le nonce avait eu raison de ne pas attendre plus longtemps pour la provocation d'une réunion du corps diplomatique. Mgr. Chigi ainsi interpellé dit que, chacun ayant eu connaissance des négociations tentées entre les belligérants, la réunion était par là légitimée et motivée.

M. Washburne, ministre des Etats-Unis, prit ensuite la parole en anglais, en faisant traduire son discours par le premier secrétaire de sa légation. Lui aussi se joignit sous tous les rapports à mes conclusions et aux considérations que j'avais développées pour les appuyer. Les autres ministres et les consuls y adhérèrent également, mais sans motiver leur vote.

Le résultat de nos délibérations fut que nous resterions à Paris jusqu'à nouvel ordre et que, si le bombardement de la ville venait à nous être dénoncé, le nonce nous convoquerait de nouveau pour prendre des mesures collectives. Mgr. Chigi fut en outre prié de faire des démarches auprès du ministère des affaires étrangères, afin de chercher à obtenir qu'un courrier neutre fût autorisé à franchir les lignes des deux armées, pour porter les dépêches du corps diplomatique jusqu'à un bureau postal quelconque, à partir duquel les communications seraient libres avec les divers états neutres.

Ces mesures adoptées, le nonce nous promit de nous convoquer sitôt qu'il aurait reçu une réponse à la note qu'il enverrait, au nom de tous, au ministre des affaires étrangères.

Ce fut le 4 octobre suivant, que Mgr. Chigi nous convoqua pour nous donner connaissance de deux lettres que lui avait adressées M. Jules Favre.

La première de ces lettres, datée du 24 septembre, était conçue en ces termes:

„Paris, le 24 septembre 1870.

„Le ministre des affaires étrangères de France au nonce apostolique à Paris.

„Monseigneur,

„J'ai transmis au gouvernement ce que vous avez bien voulu me dire lorsque vous m'avez fait l'honneur de venir me voir hier. Le gouvernement m'a chargé de remercier V. Exc. des sentiments qu'elle m'a témoignés et qui la déterminent, Elle et plusieurs membres du corps diplomatique, à ne point s'éloigner de Paris, dans les cruelles circonstances que nous traversons. Nous avons le ferme espoir que l'ordre ne sera pas un instant troublé et que tout entière au devoir patriotique de la défense, notre population donnera au monde l'exemple de la sagesse en même temps que du courage. Au surplus, le gouvernement ne négligera aucune des mesures de protection qui peuvent garantir votre sécurité et celle de vos collègues. En cas de menace de bombardement il réclamera les immunités qui vous sont dues. Il se prêtera aussi à toutes les combinaisons qui pourront faciliter vos communications diplomatiques et, si V. Exc. le permet, demain dimanche, de 2 à 3 heures, j'aurai l'honneur de me présenter chez Elle pour me mettre plus complètement encore à sa disposition.

„Agréez, etc.

(signé) „JULES FAVRE."

Quant à la seconde lettre, elle contenait en substance la réponse de M. de Bismarck à la demande que lui avait adressée M. Jules Favre, sur l'instigation du nonce.

Voici ce document.

„Paris, le 3 octobre 1870.

„Le ministre des affaires étrangères de France au nonce apostolique à Paris.

„Monseigneur,

„Je reçois seulement aujourd'hui par l'intermédiaire d'un envoyé américain, la réponse que M. le comte de Bismarck devait faire à mes deux questions, l'une relative au bombardement, l'autre relative au départ hebdomadaire d'un courrier diplomatique. Je m'empresse de la communiquer à V. Exc.

„Sur la première, M. de Bismarck se retranche dans la rigueur des nécessités de la guerre, et, semblant éluder ma demande, se borne à me dire qu'il ne peut préciser le moment où la nature de son attaque.

„Sur la seconde, il concède un courrier diplomatique par semaine, à la condition que les dépêches *seront ouvertes et ne traiteront aucun sujet touchant la guerre.* Je crains qu'il ne soit difficile de se conformer à de telles conditions.

„Dans ces conjonctures, je ne puis que répéter ce que j'ai eu l'honneur de dire à V. Exc.

„Je demeure à sa disposition, si Elle juge encore mon concours utile, et je la prie d'agréer, etc.

(signé) „Jules Favre.“

Après la lecture de ces deux documents, j'abordai la discussion de la condition posée par M. de Bismarck *„que les dépêches seront ouvertes“.* Je déclarai que notre position d'agents diplomatiques d'états neutres s'opposait à ce que nos correspondances officielles tombassent entre les mains d'officiers ou d'autorités militaires, et qu'elles fussent lues par elles. *Admettre cette condition serait contraire aux égards dus à nos gouvernements respectifs.*

Nous regretterons tous très vivement, dis-je, d'être privés de correspondances pendant tout le temps que durera le siège de Paris, mais cela sera préférable que de souscrire à la condition imposée par M. de Bismarck.

En terminant, je déclarai en outre que nous devions faire parvenir au quartier général prussien une réponse déclinatoire à ce sujet et dans le sens ci-dessus.

M. Washburne approuva entièrement ma manière de voir. Il demanda également qu'une commission fût nommée pour rédiger le projet de réponse.

L'assemblée, ayant adopté ce mode de procéder, M. le baron de Zuylen, M. Washburne et moi, sous la présidence du nonce, fûmes chargés de la rédaction d'un projet de lettre.

La commission se mit immédiatement à la besogne, de manière que, deux jours après, une nouvelle séance put avoir lieu, dans laquelle il fut donné lecture d'un projet de note à adresser à M. de Bismarck.

Après quelques pourparlers d'une portée secondaire et qui avaient plutôt trait au mode d'expédition de cette dépêche qu'à sa rédaction, nous convînmes d'un commun accord de faire parvenir cette adresse par l'entremise d'un courrier spécial. Voici cette note:

„Paris, le 6 octobre 1870.

„A. S. Exc. M. le comte de Bismarck-Schönhausen, chancelier de la Confédération de l'Allemagne du Nord.

„Monsieur le comte,

„Les soussignés, membres du corps diplomatique résidant à Paris, ont eu, le 24 septembre dernier, l'honneur de faire parvenir à V. Exc. l'expression de leur désir qu'un courrier, porteur de leurs dépêches officielles, pût chaque semaine, à des jours à désigner, franchir les lignes de l'armée assiégeante, et se rendre jusqu'à une localité d'où le service postal régulier fût assuré.

„Par lettre du 3 octobre, M. le ministre des affaires étrangères de France vient de nous informer qu'il avait reçu la veille pour réponse de V. Exc. „qu'un courrier diplomatique „ne pourrait traverser les lignes des troupes assiégeantes *qu'à* „*la condition que les dépêches seront ouvertes et ne traiteront* „*aucun sujet touchant la guerre*".

„Nous nous serions fait un devoir, quant au contenu de nos dépêches, de nous conformer scrupuleusement aux obligations imposées pendant le siège aux agents diplomatiques par les règles et usages du droit international.

„Par contre, notre position d'agents diplomatiques et nos obligations envers nos gouvernements ne nous permettent pas *d'accepter l'autre condition, de ne leur adresser que des dépêches ouvertes*.

„Si cette dernière condition devait être maintenue, il deviendrait impossible, à leur vif regret, aux représentants diplomatiques des états neutres, d'entretenir des rapports officiels avec leurs gouvernements respectifs.

„Veuillez agréer, M. le comte, les assurances de notre très haute considération.

(signé)

„Le nonce apostolique FLAVIUS, archevêque de Myre.
KERN, ministre de la Confédération suisse.
Baron ADELSWAERD, ministre de Suède et Norvège.
Comte de MOLTKE-ITVITFELDT, ministre de Danemark.
Baron BEYENS, ministre de Belgique.
LOPEZ DE AROSEMENA, secrétaire, chargé d'affaires par
    intérim des légations de Honduras et du Salvador.

Baron DE ZUYLEN-DE NYEVELT, ministre des Pays-Bas.

M. HENRIQUE L. RATTON, chargé d'affaires du Brésil.

VICOMTE DE LANCASTRE, chargé d'affaires du Portugal.

WASHBURNE, ministre des Etats-Unis.

TORRÈS CAICEDO, ministre-résident des Etats-Unis de Colombie.

DUC D'AQUAVIVA, chargé d'affaires de Monaco et San Marino.

WILLIAM MARTIN, chargé d'affaires de Hawaii.

JULES THIRION, chargé d'affaires de la république Dominicaine.

V. DE BALLIVIAN Y ROXAS, ministre de Bolivie.

P. GALVEZ, ministre du Pérou.“

Le 10 octobre suivant, M. le comte de Bismarck nous fit expédier, à l'adresse du nonce, un refus catégorique au désir formulé par les membres du corps diplomatique.

Voici ce document.

„Versailles, le 10 octobre 1870.

„Le comte de Bismarck-Schœnhausen, chancelier de la Confédération de l'Allemagne du Nord, à Versailles, à S. Exc. le nonce apostolique à Paris.

„Monseigneur,

„J'ai eu l'honneur de recevoir la lettre en date du 6 octobre dernier, par laquelle les membres du corps diplomatique résidant encore à Paris ont bien voulu m'informer qu'il leur deviendrait impossible d'entretenir des rapports officiels avec leurs gouvernements respectifs, si la condition de ne pouvoir leur adresser que des dépêches ouvertes devait être maintenue.

„Lorsque la continuation du siège de Paris fut rendue inévitable, par le refus d'un armistice par le gouvernement français, le gouvernement du roi prévint de son propre mouvement par une note circulaire du secrétaire d'état, M. de Thile, en date du 26 septembre dernier, les agents des puissances neutres accrédités à Berlin, que la liberté des communications avec Paris n'existait plus qu'autant que les événements militaires le permettaient. Le même jour, je reçus à Ferrières une communication de M. le ministre des affaires étrangères du gouvernement de la défense nationale, qui m'informait du désir exprimé par les membres du corps diplomatique d'être autorisés à expédier des dépêches à leurs gouvernements par des courriers partant chaque semaine et je n'hésitai pas, en me conformant aux règles établies par le droit international, à y faire une réponse, *dictée par les nécessités de la situation militaire.* Les représentants du pouvoir actuel ont cru convenable d'établir le siège de leur gouvernement au milieu des fortifications de Paris et de choisir cette ville et ses environs comme théâtre de la guerre. Si les membres du corps diplomatique, accrédités auprès d'un gouvernement antérieur, se sont décidés à partager avec le gouvernement de la défense nationale les inconvénients inséparables du séjour dans une forteresse assiégée, ce n'est pas le gouvernement du roi qui en porte la responsabilité.

„Quelle que soit notre confiance que messieurs les signataires de la lettre du 6 octobre sauraient personnellement se conformer dans les communications adressées à leurs gouvernements, aux obligations que leur présence dans une forteresse assiégée selon les règles du droit de guerre peut imposer à des agents diplomatiques, il faut cependant tenir compte de la possibilité *que l'importance de certains faits pourrait leur échapper au point de vue militaire. Il est évident d'ailleurs qu'ils se trouveraient hors d'état de nous fournir la même garantie pour les messagers qu'ils croiraient devoir employer, et que nous serions obligés de laisser passer et repasser à travers nos lignes.*

„Il a été créé à Paris un état de choses auquel l'histoire moderne, sous le point de vue du droit international, n'offre aucune analogie précise. Un gouvernement en guerre avec une puissance qui ne l'a pas encore reconnu, s'est enfermé dans une forteresse assiégée et s'y trouve entouré d'une partie des diplomates qui étaient accrédités auprès du gouvernement à la place duquel s'est mis le gouvernement de la défense nationale. En face d'une situation aussi irrégulière, il sera difficile d'établir sur la base du droit des gens, des règles exemptes de controverse sous tous les points de vue.

„Je crois pouvoir espérer que V. Exc. ne méconnaîtra pas la justesse de ces observations et voudra bien apprécier les considérations qui m'empêchent, à mon vif regret, de donner suite au désir exprimé dans la lettre du 6 octobre dernier. Si cependant les signataires ne croyaient pouvoir en admettre la justesse, les gouvernements qu'ils ont représentés à Paris, et auxquels je m'empresserai de communiquer la correspondance échangée avec eux, aviseront de leur côté et se mettront en communication avec le gouvernement du roi pour examiner les questions du droit des gens qui se rattachent à la position anormale que les événements et les mesures du gouvernement de la défense nationale ont créée à Paris.

„Veuillez agréer, etc.

(signé)   „V. BISMARCK.“

Ensuite de cette persistance à vouloir refuser aux membres du corps diplomatique, représentants de pays neutres, ce qu'ils demandaient, nous prîmes la résolution de renoncer à toute communication avec nos gouvernements, plutôt que de subir la violation de notre correspondance, ce qui était, au plus haut chef, incompatible avec notre position officielle.

Cependant, chacun comprendra combien cela nous fut pénible de rester pendant tout le siège de Paris sans communication aucune, soit de notre pays soit de nos familles. Dès le 14 septembre en effet, aucun journal, aucune lettre officielle ou privée ne parvint à la légation.

Lorsque le conseil fédéral m'avait donné pour instruction de rester à Paris, il supposait qu'un courrier neutre pourrait franchir les lignes des armées belligérantes. Ce courrier ne nous étant accordé qu'au prix de conditions impossibles à accepter, il en résulta le fait que nous nous vîmes forcés de renoncer à une correspondance régulière avec nos gouvernements.

Pendant le temps que nous restâmes forcément éloignés de toute communication extérieure, quoique entourés par deux millions d'hommes, la légation rédigea plusieurs rapports très détaillés sur les faits nombreux auxquels nous prenions journellement part.

Ces documents furent expédiés au conseil fédéral beaucoup plus tard, c'est-à-dire dès que les communications furent rétablies d'une manière régulière.

Le 26 octobre 1870 le conseil fédéral chercha de son côté à obtenir du gouvernement allemand la libre entrée et la libre sortie d'un courrier diplomatique, mais cette démarche n'eut pas plus de succès que la précédente.

Longtemps encore, après la capitulation de Paris, il ne put être question de sécurité dans les communications postales et télégraphiques, en sorte que pour les affaires de quelque importance le conseil fédéral dut recourir à des moyens exceptionnels, et, quant à la légation elle se servit de ballons, pour le transport des quelques dépêches qu'elle put expédier au gouvernement fédéral.

Lorsque, après le 18 mars 1871, la révolution eut éloigné de la capitale le gouvernement et à sa suite tous les représentants diplomatiques, j'obtins du conseil fédéral l'autorisation de me transporter à Versailles, car la rapide expédition des affaires et les égards dus au gouvernement exigeaient que la légation se transportât au siège du ministère des affaires étrangères.

Néanmoins, je laissai à Paris une partie du personnel de la légation, sous la direction de M. le secrétaire Lardy. Pendant toute la durée de l'insurrection, celui-ci entretint des relations avec moi au moyen d'un courrier chargé du transport des dépêches.

CHAPITRE XVI

RÉCLAMATIONS DES MEMBRES DU CORPS DIPLOMATIQUE ET DES CONSULS, RESTÉS A PARIS, AU SUJET DU BOMBARDEMENT DE CETTE CAPITALE

Dès les premiers jours de janvier 1871, les forts qui environnent Paris et l'enceinte fortifiée de la ville, à l'est et au sud, furent l'objet d'une violente attaque d'artillerie de la part des troupes de l'armée assiégeante.

Ainsi, dans la nuit du 5 au 6 janvier, un certain nombre d'obus pénétrèrent jusque dans l'intérieur de la capitale. Les jours suivants, le boulevard St-Michel, l'hôpital du Val-de-grâce, l'hôpital de la Pitié, les nombreuses baraques d'ambulance construites dans le jardin du Luxembourg, furent successivement atteints. Les malades et les blessés des hôpitaux et ambulances de la rive gauche de la Seine durent être évacués sur la rive droite; mais déjà les victimes étaient nombreuses.

Des enfants avaient été tués dans une école, des passants atteints sur la voie publique et des habitants, là nuit, dans leurs demeures.

En d'autres termes, Paris se trouvait en présence d'un véritable bombardement et le commandant en chef des troupes allemandes reconnut du reste pleinement le fait, dans les télégrammes qu'il adressa à la reine de Prusse, à Berlin.

Cependant, aucun avertissement préalable n'avait été adressé, avant le commencement du bombardement, soit au gouverneur de Paris, soit au gouvernement de la défense nationale ou au corps diplomatique.

Dans cet état de choses, on trouvait que le devoir des diplomates, encore à Paris, était de ne pas rester inactifs quand la capitale du pays, où ils étaient accrédités, était exposée au feu d'un bombardement et que la vie et la propriété de nos compatriotes étaient chaque jour mises en péril.

Mgr. Chigi, nonce du Saint-Siège apostolique, ayant quitté Paris, je me trouvais être le plus ancien membre du corps diplomatique en France, aussi crus-je devoir prendre l'initiative d'une démarche à faire; à cet effet, j'adressai à mes collègues, le 9 janvier, l'invitation de se réunir chez moi, le lendemain mardi, pour échanger nos idées sur la situation.

Tous les ministres ou chargés d'affaires, présents à Paris, vinrent au rendez-vous.

J'exposai les motifs qui m'avaient engagé à prier les chefs de mission de se réunir. Je rappelai que, dans une précédente réunion qui avait eu lieu chez le nonce du St-Siège avant son départ, l'accord s'était généralement établi qu'il serait opportun de s'entendre sur les démarches collectives à faire, en cas du bombardement de la ville. Je parlai de l'armée assiégeante qui, sans borner son attaque à l'enceinte fortifiée de Paris, avait lancé des projectiles dans la ville même, cela sans aucune dénonciation préalable auprès de l'autorité militaire française, comme me l'avait affirmé la veille M. Jules Favre, sur ma demande de me renseigner à se sujet. J'ajoutai que notre devoir était de faire respecter sur ce point les principes et usages du droit des gens, et que l'opinion publique nous ferait avec raison le reproche de n'avoir pas senti l'importance de notre mission, si nous n'intervenions pas pour faire respecter le droit des non-combattants et de nos nationaux en particulier.

M. le baron Adelswærd, ministre de Suède, déclara qu'il hésitait beaucoup à se prononcer sur l'opportunité d'une semblable démarche, et il invoqua les considérations suivantes. La plupart des états européens n'ayant pas encore reconnu la République française, leurs représentants devaient s'abstenir de prendre une attitude trop accentuée. Plusieurs d'entre nous, ajouta l'orateur, ont en outre demandé et obtenu du comte de Bismarck des sauf-conduits pour s'éloigner de Paris et si, pour ne parler que de ma personne, je ne suis pas parti, c'est principalement parce qu'il est de mon devoir de rester à mon poste.

M. le baron Beyens, ministre de Belgique, et M. le comte de Moltke, ministre de Danemark, appuyèrent la manière de voir du baron Adelswærd.

Quant à M. de Zuylen, ministre des Pays-Bas, sans vouloir se prononcer définitivement, il émit l'opinion qu'on pourrait exposer au chancelier de l'Allemagne du Nord l'étonnement douloureux du corps diplomatique en apprenant qu'aucune dénonciation n'avait précédé le bombardement, mais qu'il serait préférable de ne pas formuler de conclusion.

Je répondis à la première objection qu'il était indifférent, pour traiter cette question, que l'on fût ou non officiellement accrédité. Les représentants, même officieux, des gouvernements étrangers à Paris ont des devoirs diplomatiques à remplir, et, le premier de ces devoirs est de protéger leurs nationaux par tous les moyens légitimes et d'assurer l'observation du droit des gens; cette obligation est inhérente à la qualité de chef de mission. Quant à une note sans conclusion, je déclarai ne pas pouvoir m'en contenter; il faut, dis-je, exposer notre demande d'une telle façon qu'un délai nous soit accordé pour permettre aux non-combattants de s'éloigner de Paris ou de se mettre en sûreté d'une autre manière.

Les représentants des états de l'Amérique du Sud, sans prendre la parole, témoignèrent par leur attitude, de leur adhésion à ces idées.

M. Washburne, ministre des Etats-Unis, déclara se ranger également à ma manière de voir.

MM. de Beyens, de Moltke et Adelswærd annoncèrent alors qu'ils feraient dépendre leur décision définitive de la rédaction d'un projet de note qui leur serait soumis et que je fus prié de rédiger.

J'acceptai cette proposition en demandant qu'une commission me fût adjointe. MM. Washburne et de Zuylen, qui avaient déjà été chargés avec moi de préparer la note à adresser à M. de Bismarck lors de la question d'un service de courriers neutres pendant le siège, furent, à ma demande, désignés pour me seconder.

Avant de lever la séance, la conférence décida, sur la proposition de M. le ministre de Belgique, d'inviter les consuls des états qui, temporairement, n'étaient pas représentés à Paris par leurs ambassades ou légations respectives, à assister à la prochaine réunion. J'avais appuyé cette proposition dans le désir d'obtenir la signature des représentants consulaires des grandes puissances. Le consul d'Angleterre, seul, ne put être convoqué, Lord Lyons n'ayant chargé personne, à son départ de Paris, qui pût représenter les intérêts anglais, à l'exception d'un attaché militaire qui n'avait pas tardé à suivre son chef et à s'éloigner.

Le surlendemain, 12 janvier, à deux heures de relevée, la commission se réunit chez moi, et je lui soumis un premier projet de note.

A la lecture de ce projet, M. de Zuylen insista sur son intention primitive de ne pas formuler de conclusion, et de ne pas demander expressément la fixation d'un délai pour permettre à nos compatriotes de sortir de Paris ou de se réfugier dans les quartiers moins exposés.

Je répondis que, dans mon opinion, il n'était pas digne du corps diplomatique de nous borner à des plaintes; si nous trouvions que le droit des gens n'avait pas été respecté, il fallait avoir le courage de demander *après,* ce qui eût dû être fait *avant,* et ne pas faire entendre à Versailles une simple « note plaintive »! Je pouvais d'autant moins partager cette manière de voir, qu'à l'occasion de l'expulsion des Allemands, au mois d'août précédent, j'avais énergiquement réclamé, auprès du gouvernement impérial, le respect du principe que la guerre se fait entre les états et non point contre les particuliers, et que j'avais reçu les remerciements des gouvernements bavarois et badois pour mon attitude. Je serais donc en contradiction avec moi-même si je ne réclamais pas, avec la même énergie, le respect du droit des gens violé

au préjudice de mes propres compatriotes. L'unanimité, je la désire plus que personne, mais je ne
céderai pas sur la conclusion, et je réclamerai plutôt.
seul que de signer une « note plaintive ».

La conférence avait donc à se prononcer entre
l'opinion de M. de Zuylen et le projet de note.

Le ministre des Pays-Bas s'empressa de déclarer
que si, dans la conférence, personne ne soulevait
d'objections, il se tairait, sinon qu'il se réservait toute
sa liberté.

A divers indices, j'avais cru reconnaître la veille
que M. de Zuylen avait entraîné dans son opinion
quelques-uns des ministres non officiellement accrédités. J'avais donc cru devoir faire une visite à
Mr. Washburne pour savoir s'il se rallierait à mon
projet, dans le cas où la majorité voudrait se borner
à une « note plaintive ». Celui-ci me déclara être prêt
à me soutenir, en raison des sentiments de l'opinion
publique aux Etats-Unis.

Dans une seconde réunion, à laquelle assistaient,
à côté des chefs de mission diplomatique, les consuls
d'Autriche, d'Espagne, d'Italie, de Portugal, de
Turquie et quelques autres, je ne tardai pas à me
convaincre que je ne m'étais pas trompé et qu'il y
avait eu entente entre les représentants de quelques
états monarchiques de l'Europe.

M. de Beyens demanda, dès le début, qu'il ne fût

pas fait mention de délai et qu'on évitât de prendre une conclusion trop précise. Il allégua le grand nombre de Belges présents à Paris et la difficulté pour lui de se procurer les fonds et les moyens de transport nécessaires pour le départ d'un aussi grand nombre de personnes.

Je répondis que, si les Belges étaient nombreux à Paris, les Suisses ne l'étaient pas moins, et que ma légation avait repatrié l'été précédent environ quatre mille Suisses et sept mille Allemands.

Cependant, pour arriver à une entente, M. de Beyens proposa la suppression du mot « départ » qui figurait dans le projet et demanda qu'il fût parlé seulement « de permettre aux neutres de se mettre en sûreté, eux et leurs biens ».

En même temps, M. de Zuylen proposa de rappeler que des obstacles avaient été opposés, par les autorités militaires allemandes, au départ de citoyens des états neutres, et de mentionner le fait que la conférence avait été unanime pour protester contre ces procédés.

Ces changements de rédaction, convenus d'avance entre quelques membres, me paraissaient aller plutôt contre le but que se proposaient leurs auteurs. Je crus néanmoins devoir consentir, dans le désir d'arriver à un accord, à accepter la proposition de M. de Beyens, *bien qu'elle privât la note d'une précision suffisante.*

Les consuls, sur lesquels on avait paru compter pour renforcer le parti des hésitants, témoignèrent par leur attitude du désir qu'ils avaient de sauvegarder les intérêts dont ils étaient chargés.

Je proposai donc que la conférence se réunît de nouveau le lendemain, après que la commission de rédaction aurait revu le projet.

Le vendredi, 13, je soumis à celle-ci le travail préparé le matin. M. de Zuylen s'était fait accompagner par le comte de Moltke, ministre de Danemark, et ces messieurs, tout en se déclarant d'accord sur ma rédaction, revinrent avec une nouvelle insistance sur leur note sans conclusion, qualifiée par moi de « note plaintive ».

Tout était à recommencer. Je ne pus m'empêcher de m'élever contre cette tentative. Je rappelai ce que la Suisse avait fait en faveur des victimes du bombardement de Strasbourg, alors que celles-ci résistaient à l'un des états belligérants. La neutralité n'exclut pas l'humanité. Au contraire, un des premiers devoirs des neutres est de chercher à atténuer le plus possible les rigueurs de la guerre. Je suis certain — dis-je — que l'opinion publique en Suisse me blâmerait sévèrement, si je laissais passer sans réclamations les faits dont nous sommes les témoins et si je n'intervenais pas énergiquement, alors que la vie et la fortune de mes compatriotes sont en jeu. Bien qu'étant sans nouvelles directes de mon gouvernement, j'ai la conviction que le conseil fédéral et le peuple suisse tout entier m'accorderont leur approbation. Enfin et surtout je croirais manquer à mes devoirs et à ce que je me dois à moi-même, si je ne signalais pas vis-à-vis des uns, comme vis-à-vis des autres, ce que je considère comme contraire au droit des gens.

Le ministre de Danemark garda le silence et son collègue des Pays-Bas sentit qu'il se trouvait en présence de convictions bien arrêtées, et que j'étais décidé à ne pas faire de nouvelles concessions.

La discussion avait été longue et vive. Nos collègues du corps diplomatique et les consuls étaient déjà réunis et nous attendaient.

Après que le projet eut été lu par M. Lardy, que j'avais chargé d'assister en qualité de secrétaire aux réunions de la commission et de la conférence, j'annonçai que la commission avait été unanime pour l'adoption du projet. MM. de Beyens et Adelswærd, instruits de ce qui s'était passé, jugèrent inutile d'insister, *et la note fut signée séance tenante par tous les assistants.* Le consul général de Russie, malade, y apposa sa signature dans la soirée, et cette note fut transmise le lendemain par parlementaire au quartier général de Versailles.

Voici ce document:

„A S. Exc. Monsieur le comte de Bismarck-Schönhausen,
chancelier de la Confédération de l'Allemagne du Nord,
à Versailles.

„Monsieur le comte,

„Depuis plusieurs jours, des obus en grand nombre, partant
des localités occupées par les troupes assiégeantes, ont pénétré
jusque dans l'intérieur de la ville de Paris. Des femmes, des
enfants, des malades ont été frappés. Parmi les victimes,
plusieurs appartiennent aux états neutres. La vie et la propriété des personnes de toutes nationalités, établies à Paris,
se trouvent continuellement mises en péril.

„Ces faits sont survenus sans que les soussignés, dont la
plupart n'ont en ce moment d'autre mission à Paris que de
veiller à la sécurité et aux intérêts de leurs nationaux, aient
été, par une dénonciation préalable, mis en mesure de prémunir ceux-ci contre les dangers dont ils sont menacés *et
auxquels des motifs de force majeure, notamment les difficultés opposées à leur départ par les belligérants, les ont
empêchés de se soustraire.*

„En présence d'événements d'un caractère aussi grave, les
membres du corps diplomatique présents à Paris, auxquels
se sont joints, en l'absence de leurs ambassades et légations
respectives, les membres soussignés du corps consulaire, ont
jugé nécessaire, *dans le sentiment de leur responsabilité envers leurs gouvernements et pénétrés des devoirs qui leur
incombent envers leurs nationaux, de se concerter sur les
résolutions à prendre.*

„Ces délibérations ont amené les soussignés à la résolution
unanime de demander que, conformément aux principes et
aux usages reconnus du droit des gens, des mesures soient
prises pour permettre à leurs nationaux de se mettre à l'abri,
eux et leurs propriétés.

„En exprimant avec confiance l'espoir que Votre Excellence voudra bien intervenir auprès des autorités militaires dans le sens de leur demande, les soussignés saisissent cette occasion pour vous prier d'agréer, M. le comte, les assurances de leur très haute considération.

„Paris, le 13 janvier 1871.

Signé:

„Kern, ministre de la Confédération suisse.

„Bᵒⁿ Adelswærd, ministre de Suède et Norvège.

„Cᵗᵉ de Moltke-Itvitfeldt, ministre de Danemark.

„Bᵒⁿ Beyens, ministre de Belgique.

„Bᵒⁿ de Zuylen de Nyvelt, ministre des Pays-Bas.

„Washburne, minister of the United States.

„Ballivian y Roxas, ministre de la Bolivie.

„Duc d'Aquaviva, chargé d'affaires de St-Marin et Monaco.

„Henriquo Luiz Ratton, chargé d'affaires de S. M. l'empereur du Brésil.

„Julio Thirion, chargé d'affaires ad interim de la république Dominicaine.

„Husny, attaché militaire et chargé d'affaires de Turquie.

„Lopez de Arosemena, chargé d'affaires de Honduras et du Salvador.

„C. Bonifaz, chargé d'affaires du Pérou.

„Bᵒⁿ G. de Rothschild, consul général d'Autriche-Hongrie.

„Bᵒⁿ Th. de Vœlkersahm, consul général de Russie.

„José M. Calvo y Feruel, consul d'Espagne.

„L. Cerruti, consul général d'Italie.

„Joaquin Proenza Vieira, consul général de Portugal.

„Le vice-consul gérant de Grèce, Georges A. Vuzos."

La réponse de M. le comte de Bismarck ne se fit pas attendre. Quelques jours plus tard, je recevais une note conçue en ces termes:

„Le comte de Bismarck-Schönhausen, chancelier de la Confédération de l'Allemagne du Nord, à Versailles, à M. Kern, ministre de la Confédération suisse, à Paris.

„Versailles, le 17 janvier 1871.

„J'ai eu l'honneur de recevoir la lettre du 13 de ce mois, signée par vous et M. le ministre des Etats-Unis, ainsi que par plusieurs des agents diplomatiques accrédités antérieurement à Paris, par laquelle vous me demandez, en invoquant les principes du droit des gens, d'intervenir auprès des autorités militaires pour que des mesures soient prises qui permettraient aux nationaux des signataires de se mettre à l'abri, eux et leurs propriétés, durant le siège de Paris.

„Je regrette qu'il me soit impossible de reconnaître que les réclamations, que les signataires de la lettre me font l'honneur de m'adresser, trouvent dans les principes du droit international *l'appui nécessaire pour être justifiées.*

„Il est incontestable que la résolution, unique dans l'histoire moderne, de transformer en forteresse la capitale d'un grand pays et de faire de ses environs un vaste camp fortifié renfermant presque trois millions d'habitants, a créé pour ces derniers un état de choses pénible et extrêmement regrettable. La responsabilité en retombe exclusivement sur ceux qui ont choisi cette capitale pour en faire une forteresse et un champ de bataille. Dans tous les cas, ceux qui ont élu leur domicile dans une forteresse quelconque et continuent de leur propre gré à y séjourner pendant la guerre, ont dû être préparés aux inconvénients qui en résultent.

„Paris étant la forteresse la plus importante en France, dans laquelle l'ennemi a concentré ses forces principales qui, de leurs positions fortifiées au milieu de la population, attaquent constamment les armées allemandes par des sorties et par le feu de leur artillerie, *aucun motif valable* ne peut être allégué pour exiger des généraux allemands de renoncer à l'attaque de cette position fortifiée, ou de conduire les opérations militaires d'une manière qui serait en contradiction avec le but qu'il s'agit d'atteindre.

„Je me permettrai de rappeler ici que de notre côté rien n'a été négligé pour préserver la partie paisible de la population, appartenant à des pays neutres, des inconvénients et des dangers inséparables d'un siège. Le 26 septembre dernier, le secrétaire d'état, M. de Thile, adressa une circulaire à ce sujet aux ministres accrédités à Berlin et je fis notifier de mon côté, par une lettre en date du 10 octobre dernier, à S. Exc. le nonce apostolique et aux autres agents diplomatiques résidant encore à Paris, la communication que les habitants de la ville auraient à supporter désormais les effets des opérations militaires Une seconde circulaire, en date du 4 octobre dernier, s'attachait à faire ressortir les conséquences, qui résulteraient pour la population civile de Paris, d'une résistance prolongée jusqu'à son extrême limite. Le 29 du même mois, le contenu de cette circulaire fut communiqué par moi à M. le ministre des Etats-Unis d'Amérique, que je priai en même temps d'en donner connaissance aux membres du corps diplomatique.

„Il résulte de ce qui précède, que les avertissements et les recommandations de quitter la ville assiégée n'ont pas fait défaut aux nationaux des puissances neutres, quoique ces avertissements, inspirés par un sentiment d'humanité et par les égards que nous tenons à témoigner aux citoyens appartenant à des nations amies, soient *aussi peu prescrits par*

*les principes du droit international, que la permission qui
leur fut accordée de franchir nos lignes.*

„Les usages et les principes reconnus du droit des gens,
*exigent encore moins que l'assiégeant avertisse l'assiégé des
opérations militaires qu'il croit devoir entreprendre dans le
cours du siège,* comme j'ai eu l'honneur de le constater relativement au bombardement dans une lettre adressée à M. Jules
Favre, le 26 septembre dernier. Il était évident que le bombardement de Paris devait avoir lieu *si la résistance était
prolongée, et on devait par conséquent s'y attendre.* Quoique un exemple d'une ville fortifiée de cette importance et
contenant dans ses murs des armées et des moyens de guerre
aussi nombreux fût inconnu à Vattel, il dit à ce sujet:

„Détruire une ville par les bombes et les boulets rouges
est une extrémité à laquelle on ne se porte pas sans de grandes
raisons. Mais elle est autorisée cependant par les lois de la
guerre, lorsqu'on n'est pas en état de réduire *autrement* une
place importante de laquelle peut dépendre le succès de la
guerre ou qui sert à nous porter des coups dangereux.“

„Dans le cas actuel, il serait d'autant moins fondé d'élever
une objection contre le siège de Paris que notre intention
n'est nullement de détruire la ville, ce qui serait pourtant
admissible d'après le principe émis par Vattel, mais de rendre
intenable la position centrale et fortifiée où l'armée française
prépare ses attaques contre les troupes allemandes et qui lui
sert de refuge après leur exécution.

„Je me permettrai enfin de vous faire remarquer, Monsieur
le ministre, ainsi qu'aux autres signataires de la lettre du
13 de ce mois, qu'après les avertissements que j'ai rappelés,
il a été permis pendant des mois entiers aux neutres qui
en faisaient la demande, de franchir nos lignes sans autre
restriction que de faire constater leur nationalité et leur
identité et que, jusqu'à ce jour, nos avant-postes mettaient à

la disposition des membres du corps diplomatique et de ceux qui étaient réclamés par leurs gouvernements ou par leurs représentants diplomatiques, des sauf-conduits pour continuer leur voyage. Plusieurs des signataires de la lettre du 13 janvier dernier sont avertis depuis quelques mois qu'ils peuvent franchir nos lignes, et ils ont depuis longtemps l'autorisation de leurs gouvernements respectifs de quitter Paris. Des centaines de nationaux des puissances neutres, dont les représentants nous avaient adressé la même demande en leur faveur, se trouvent dans une situation analogue. Nous n'avons pas de renseignements authentiques sur les raisons qui les ont empêchés de profiter d'une permission qu'ils possèdent depuis si longtemps. Mais, s'il faut en croire des communications particulières, ce sont les autorités françaises qui s'opposent à leur départ et même à celui de leurs représentants diplomatiques. Si cette information est exacte, il n'y aurait qu'à recommander à ceux qui sont forcés contre leur gré de séjourner encore à Paris, d'adresser leurs plaintes et leurs protestations aux représentants du pouvoir actuel. Dans tous les cas, je me crois autorisé, d'après ce qui précède, à ne pas admettre, en ce qui concerne les autorités allemandes, l'assertion contenue dans la lettre du 13 janvier, que les nationaux des signataires auraient été „empêchés de se soustraire au danger par les difficultés opposées à leur départ par *les* belligérants".

„Nous maintiendrons même aujourd'hui l'autorisation accordée aux membres du corps diplomatique de franchir nos lignes, ce que nous considérons comme un devoir de courtoisie internationale, quelque difficile et nuisible que puisse en être l'exécution pour les opérations militaires dans la phase actuelle du siège. Quant à leurs nombreux nationaux, je regrette de ne voir plus à l'heure qu'il est d'autre moyen que la reddition de Paris pour les mettre à l'abri des dangers insé-

parables du siège d'une forteresse. S'il était admissible, sous
le point de vue militaire, d'organiser la sortie de Paris d'une
partie de la population que l'on peut évaluer à 50,000 hommes
avec leurs familles et leurs biens, nous n'aurions pas les
moyens de pourvoir à leur alimentation ni aux moyens de
transport qui seraient nécessaires pour leur faire franchir la
zone que les autorités françaises ont fait évacuer et dégarnir
de leurs ressources avant l'investissement de la ville. Nous
nous trouvons dans la triste situation de ne pas pouvoir sub-
ordonner l'action militaire aux sympathies que nous inspirent
les souffrances de la population civile de Paris; notre ligne
de conduite est rigoureusement tracée par les nécessités de
la guerre et par le devoir de préserver nos troupes contre
de nouvelles attaques de l'armée ennemie.

„Après l'observation consciencieuse de la convention de
Genève, dont nous avons fait preuve dans les circonstances
les plus difficiles, il serait superflu de donner l'assurance que
l'artillerie allemande ne dirige pas son feu avec intention sur
les constructions *occupées par des femmes, des enfants ou
des malades*. Par suite de la nature des fortifications de Paris
et de la distance à laquelle se trouvent encore nos batteries,
il est aussi difficile *d'éviter que des bâtiments que nous
désirerions épargner, soient endommagés par hasard, que
de prévenir des blessures parmi la population civile, qui
sont à déplorer dans le cours de chaque siège.* Si ces acci-
dents pénibles, *que nous regrettons sincèrement,* se produi-
sent à Paris sur une plus grande échelle que dans d'autres
forteresses assiégées, il faut en conclure qu'on aurait dû éviter
d'en faire une forteresse ou de prolonger la défense au delà
d'un certain terme. En aucun cas, il ne peut être permis à
une nation quelconque, après avoir déclaré la guerre à ses
voisins, de préserver sa forteresse principale de la reddition,
en invoquant les égards de l'ennemi pour la population

inoffensive, les étrangers qui habitent la forteresse ou les hôpitaux qui s'y trouvent et au milieu desquels ses troupes cherchent un asile, dans lequel, après chacune de leurs attaques, elles pourraient à l'abri des hôpitaux en préparer d'autres.

„Je vous prie, Monsieur le ministre, de vouloir bien porter le contenu de ma réponse à la connaissance des signataires de la lettre du 13 janvier dernier et d'agréer l'assurance réitérée de ma haute considération.

(signé)   „V. Bismarok."

Cette lettre fut soumise par moi à la commission qui exprima l'opinion que la réponse *devant* être adressée au chancelier allemand par le corps diplomatique et les consuls, ne pouvait, pour certaines raisons, être signée par tous les intéressés.

Cependant, comme il s'agissait de questions d'une haute importance pour l'avenir du droit international, il importait de rectifier un certain nombre d'erreurs de fait, contenues dans la lettre du comte de Bismarck, afin de ne laisser planer aucun doute à cet égard. Quant au fond de la question, nous trouvâmes qu'il n'y avait pas lieu d'engager une discussion qui n'aboutirait pas, nous le sentions, au résultat désiré: il fut convenu qu'on se bornerait à déclarer que le corps diplomatique et les agents consulaires n'avaient point contesté le droit de bombarder une place forte, si les nécessités militaires l'exigent, mais avaient entendu et persistaient à maintenir que, d'après les usages et principes du droit des gens, le bombardement devait être précédé d'une dénonciation.

Quant à la forme à donner à la lettre, MM. Washburne et de Zuylen proposèrent de soumettre à la conférence l'idée de me charger, comme doyen du corps diplomatique, de maintenir, vis-à-vis du chancelier allemand, au nom de mes collègues, le bien-fondé de notre déclaration commune.

La conférence accepta les propositions de la commission, à l'unanimité. Voyant cela, je déclarai que je signerais volontiers seul la lettre à adresser à M. de Bismarck, à condition qu'elle fût soumise avant tout à la conférence, afin de couvrir ma responsabilité et pour faciliter la tâche qui m'incombait d'exprimer les pensées de mes collègues.

Le lendemain, 23 janvier, le projet que je présentai ayant été approuvé, il fut immédiatement transmis au comte de Bismarck, par parlementaire.

Voici ce document:

„Le ministre de la Confédération suisse à Paris à M. le comte de Bismarck-Schönhausen, chancelier de la Confédération de l'Allemagne du Nord, à Versailles.

„Paris, le 23 janvier 1871.

„Monsieur le comte,

„J'ai eu l'honneur de recevoir la réponse adressée par V. Exc. le 17 janvier à la note signée le 13 du même mois par les membres du corps diplomatique présents à Paris, ainsi que par un certain nombre de membres du corps consulaire, en l'absence de leurs ambassades et légations respectives

„Conformément au désir exprimé par V. Exc., j'ai communiqué immédiatement cette réponse aux signataires de la note du 13 janvier.

„J'ai été chargé, *par une résolution unanime*, d'appeler l'attention de V. Exc. sur certaines *erreurs de faits* qui se sont glissées dans sa réponse.

„V. Exc. informe les signataires que, par une circulaire en date du 4 octobre, Elle s'est attachée „à faire ressortir les conséquences qui résulteraient pour la population civile de Paris d'une résistance prolongée jusqu'à son extrême limite", et Elle ajoute :

„Le 29 du même mois, le contenu de cette circulaire fut communiqué par moi à M. le ministre des Etats-Unis d'Amérique, que je priai en même temps d'en donner connaissance aux membres du corps diplomatique." Après avoir fait les recherches nécessaires, M. Washburne a *déclaré „„qu'aucune communication exprimant un désir de ce genre ne lui est parvenue et que cette assertion repose sur une erreur""*.

„Dans un autre passage de sa réponse, V. Exc. s'exprime comme suit: .... „je me crois autorisé, d'après ce qui précède, à ne pas admettre, en ce qui concerne les autorités allemandes, l'assertion contenue dans la lettre du 13 janvier, que les nationaux des signataires auraient été empêchés de se soustraire au danger par les difficultés opposées à leur départ par *les* belligérants".

„Tout en reconnaissant l'empressement avec lequel V. Exc. a mis, au début du siège, des sauf-conduits à la disposition des personnes appartenant aux états neutres, et, sans contester le fait que les autorités militaires françaises ont cru devoir revenir au commencement du mois de novembre sur les autorisations de départ *précédemment accordées*, il résulte néanmoins des déclarations de plusieurs membres du corps diplomatique et du corps consulaire, que dans le courant du même mois, V. Exc. leur a fait savoir que les autorités militaires allemandes avaient „résolu *de ne plus accorder à personne la permission de traverser les lignes des troupes assiégeantes“*. Les signataires de la note du 13 janvier *étaient donc fondés à déclarer que des difficultés ont été opposées au départ de leurs nationaux par les belligérants.*

„V. Exc. ajoute que d'après des „communications particulières“ qui lui sont parvenues, les autorités françaises se seraient même „opposées au départ de représentants diplomatiques“ des états neutres. *Ce fait n'étant connu d'aucun des chefs de mission diplomatique présents à Paris,* il y a donc lieu d'admettre *que ces „communications particulières“ reposent sur des renseignements erronés.*

„En soumettant à un nouvel examen les correspondances échangées, vous vous convaincrez facilement, M. le comte, *de l'exactitude des rectifications que j'ai l'honneur de vous soumettre.*

„Quant au fond même de leur demande, il a paru aux signataires de la note du 13 janvier *que le point de vue auquel se placent les autorités militaires allemandes était trop différent du leur — et le refus conçu en termes trop positifs, pour que des développements ultérieurs sur les principes et usages du droit des gens puissent aboutir au résultat désiré.* Ils ne peuvent cependant s'empêcher de faire observer que V. Exc. s'attache principalement à démontrer, en invoquant l'autorité de Vattel, que les lois de la guerre autorisent, comme dernière extrémité, le bombardement d'une ville fortifiée L'intention des signataires de la note du 13 janvier, *n'a point été de contester ce droit extrême. Ils se sont bornés à af_ firmer — et ils croient pouvoir maintenir — d'accord avec les autorités les plus considérables du droit international moderne et avec des précédents de différentes époques, la règle* que le bombardement d'une ville fortifiée doit être précédé d'une dénonciation.

„Il ne reste donc aux représentants diplomatiques et consulaires des états neutres, en raison des devoirs qui leur sont imposés par la gravité de la situation et de *l'importance des intérêts engagés, qu'à faire part à leurs gouvernements respectifs des correspondances échangées avec V. Exc.,* „„tout en maintenant le bien-fondé de leur réclamation"".

„Il me sera permis, en terminant, d'exprimer, tant au nom des signataires de la note du 13 janvier qu'en mon nom personnel, *le vif et sincère regret de ce que les autorités militaires allemandes n'aient pu se décider à concilier les nécessités de la guerre avec le désir d'atténuer les souffrances de la population civile de toute nationalité établie à Paris.*

„Je saisis cette occasion pour vous prier d'agréer, M. le comte, les assurances réitérées de ma très haute considération.

(signé) „KERN,
ministre de la Confédération suisse à Paris."

Trois semaines environ après l'envoi de cette note à M. le comte de Bismarck, celui-ci me fit parvenir, par l'intermédiaire d'un parlementaire, sa réponse que je transcris également *in extenso:*

„Le comte de Bismarck-Schœnhausen, chancelier de la Confédération de l'Allemagne du Nord, à Versailles, à M. Kern, ministre de la Confédération suisse, à Paris.
„Versailles, 17 février 1871.

„Monsieur le ministre,

„J'ai eu l'honneur de recevoir la communication par laquelle V. Exc. a bien voulu me faire connaître, sous la date du 23 janvier, le résultat d'une conférence de MM. les signataires de la note collective du 13 dernier, relativement à la situation faite aux étrangers par le bombardement.

„En réservant aux gouvernements de V. Exc. et de MM. vos cosignataires l'initiative d'un examen plus approfondi de la question théorique, je me borne à maintenir que la dénonciation préalable d'un bombardement n'est point exigée d'après les principes du droit des gens, ni reconnue comme obligatoire par les usages militaires.

„Quant aux communications privées qui m'étaient parvenues relativement aux obstacles que les autorités militaires de Paris opposaient au départ des étrangers, j'étais d'autant plus fondé à croire à leur authenticité que je les trouvai confirmées par des témoignages officiels. — M. le baron van Zuylen m'écrivit sous la date du 23 novembre dernier que les autorités militaires de Paris avaient déclaré s'opposer aux départs d'étrangers, alléguant que ces départs gênaient les opérations militaires. Et vous-même, M. le ministre, je me permettrai de vous le rappeler, avez dans un rapport adressé à M. le président de la Confédération helvétique, et passant par les mains de nos autorités militaires, fait mention d'une communication reçue de M. Jules Favre et portant que M. le gouverneur de Paris avait suspendu *toutes* les sorties.

„Je vous prie, M. le ministre, de vouloir bien donner connaissance de la présente à MM. les cosignataires de la note du 13 dernier et d'agréer l'assurance de ma haute considération.

(signé) „V. BISMARCK."

Cette note, dont le contenu revient sur la question des départs dont le rapport avec le bombardement de Paris est très indirect, invoque une lettre de M. Jules Favre, que j'avais adressée en son temps au conseil fédéral, lettre qui lui était parvenue par l'entremise du quartier général de Versailles.

Dans ce document, M. Jules Favre me remerciait d'être resté à Paris, et ajoutait que, par suite de considérations militaires, toutes les sorties avaient dû être momentanément suspendues. Comme j'avais demandé au ministre des affaires étrangères des sauf-conduits pour 165 de mes compatriotes, il ne s'agissait évidemment que du départ de particuliers et non du départ de diplomates. La même observation s'applique à M. de Zuylen, ministre des Pays-Bas, qui avait demandé des sauf-conduits pour un certain nombre de Néerlandais, et qui avait reçu du gouverneur de Paris une réponse analogue à la mienne.

Il eût donc été facile de répondre encore une fois à M. de Bismarck pour rectifier ces erreurs de fait.

Mais, à mon avis, dans les circonstances que nous traversions, une continuation de la correspondance n'aurait eu aucun résultat pratique. C'est pourquoi, en communiquant cette note au corps diplomatique et aux agents consulaires, j'exprimais l'opinion qu'il n'y avait pas lieu de nous réunir pour de nouvelles démarches communes, ce qui fut accepté par chacun.

Le conseil fédéral, auquel je communiquai toutes les négociations qui furent faites au sujet du bombardement de Paris, approuva l'attitude prise par moi dans cette question, de même que les arguments, fondés sur le droit des gens, que nous eûmes à soutenir vis-à-vis du quartier général allemand. Les témoignages que nous reçûmes de toutes parts, nous prouvèrent que les démarches des chefs de mission et des consuls restés à Paris, furent favorablement appréciées, non seulement en France, mais surtout dans les pays neutres.

CHAPITRE XVII

SITUATION DE LA COLONIE SUISSE A PARIS PENDANT LE SIÈGE DE LA COMMUNE. — SECOURS ACCORDÉS AUX SUISSES NÉCESSITEUX

La période qui s'étend du mois d'août 1870 au mois de juin 1871 a été, sous beaucoup de rapports, une des plus intéressantes de ma carrière, et, parmi les souvenirs de cette période, le plus précieux est d'avoir été appelé, en raison de ma position officielle, à coopérer au soulagement du sort d'un grand nombre de nos compatriotes. Mais si j'ai pu le faire, je le dois avant tout et surtout à la générosité et à l'universelle sympathie dont la colonie suisse à Paris a été l'objet. Je n'ose songer à ce qu'aurait été pendant le siège ou sous le règne de la commune, le sort de nos compatriotes, si la Suisse n'avait, par sa charité et son patriotisme, mis à ma disposition des sommes suffisantes pour faire face à tant de besoins.

Dès le commencement de la guerre, et tout particulièrement lors des premières défaites de l'armée française, l'irritation de la population en France contre tous les étrangers parlant allemand était telle qu'un grand nombre de Suisses se virent dans l'obligation de quitter le territoire français et de réclamer à cet effet des secours de ma légation.

Les sociétés suisses de Paris furent également mises à contribution dans une très large mesure, et leurs caisses furent épuisées en peu de temps. Dans la colonie suisse un grand nombre de personnes étaient absentes, ce qui m'empêchait de faire appel à leur concours charitable.

La misère se faisant sentir chaque jour davantage, je cherchais les moyens de pouvoir venir en aide à nos compatriotes malheureux, lorsque, le 25 août 1870, au soir, le général Trochu, gouverneur de Paris, fit afficher un arrêté portant « que tout individu dépourvu de moyens d'existence, dont la présence à Paris constituerait un danger pour l'ordre public ou la sécurité des personnes ou des propriétés, ou qui s'y livrerait à des manœuvres de nature à entraver ou à affaiblir les mesures de défense et de sûreté générales, sera expulsé de la capitale ».

Cette décision de l'autorité militaire, qui s'appliquait à toute personne dépourvue de moyens d'existence, sans distinction de nationalité, frappant les Français au même titre que les Suisses et les autres étrangers, était formelle. Elle ne pouvait donner lieu à aucune réclamation diplomatique, par la raison qu'elle n'était nullement contraire aux règles du droit international.

Dans cette occurrence et pour faire face aux exigences du moment, je crus devoir adresser au conseil fédéral une demande de crédit de deux mille francs. Mais les Suisses indigents arrivèrent si nombreux à ma chancellerie que je me vis forcé de demander un second crédit de quatre mille francs. — Le conseil fédéral voulut bien m'accorder plus tard un crédit illimité auprès du « Crédit lyonnais » à Paris.

Pour faciliter le repatriement de nos compatriotes malheureux, le premier point était de chercher à arriver à une entente avec les diverses compagnies de chemin de fer, pour obtenir une réduction sur le prix du transport des émigrants.

Depuis longtemps déjà, les lignes de l'Est et de Paris-Lyon-Méditerranée accordaient des billets à moitié prix aux indigents suisses qui se présentaient munis de recommandations spéciales de nos sociétés de bienfaisance. Comme la ligne de Strasbourg était coupée depuis le commencement de la guerre, et que celle de Mulhouse menaçait de l'être d'un moment à l'autre, je m'adressai de préférence à M. Audibert, directeur général de l'exploitation du chemin de fer Paris-Lyon. Celui-ci se mit avec le plus grand empressement à ma disposition et donna immédiatement les ordres nécessaires pour que des billets fussent délivrés à Paris pour Pontarlier, avec réduction de la moitié de la taxe.

Dès ce moment, les repatriements s'exécutèrent chaque jour régulièrement, et je supposais que tout irait bien de ce côté, lorsque, quelques jours après, la direction de police du canton de Neuchâtel me signala des retards réitérés, provenant de ce que les bagages d'émigrants ne portaient aucune désignation spéciale. Malgré de nombreuses démarches auprès de M. Audibert et de la direction de la gare de Lyon à Paris, il fut matériellement impossible de faire droit à cette réclamation. La gare était encombrée à tel point que la compagnie dut renoncer à l'enregistrement des bagages des voyageurs et même en interdire le transport. Les salles d'attente offraient le spectacle d'une désolation complète. Des malheureux, appartenant à toutes les nations et à toutes les professions, y avaient établi leur campement; les femmes essayaient de dormir sur les matelas et les hardes qu'elles emportaient, les hommes montaient la garde autour d'elles, et ces familles prenaient avec elles dans les wagons les objets qui ne se perdaient pas dans ce tumulte et dans cette confusion indescriptibles. Je recommandai le plus possible à nos compatriotes de mettre eux-mêmes à leurs bagages des affiches portant le mot « émigrants », afin de faciliter le triage à l'arrivée à Neuchâtel, mais, d'après ce que j'appris, un petit nombre seulement prirent cette précaution.

Quant au nombre de Suisses qui quittèrent Paris, il ne m'est pas possible de l'indiquer, même approximativement. Dès que les premiers revers de l'armée française furent connus à Paris, tous les travaux furent suspendus. Le régime des passeports ayant été rétabli par les autorités françaises, près de deux mille Suisses vinrent faire viser leur papiers, pour se rendre soit dans leur pays, soit en Angleterre ou en Belgique. Dès démarches ayant été faites auprès du ministre de l'intérieur pour obtenir la suppression des passeports, et le retour à l'ancien état de choses ayant pu être obtenu à l'égard des Suisses, la plupart des personnes aisées purent quitter la capitale à dater du 18 août, en évitant la formalité inutile du visa. Quant à nos compatriotes indigents, le chiffre en fut extrêmement considérable, alors même que beaucoup d'ouvriers suisses avaient déjà quitté la capitale avant le décret d'expulsion précité. Le nombre des billets délivrés à moitié prix s'est élevé à 3417 pour les Suisses. Si l'on y joint 7000 Allemands environ et 2000 Suisses qui firent viser leur passeports sans réclamer de secours, chacun pourra se rendre compte de l'activité et de l'énergie qui durent être déployées pour faire face à la situation.

Tout Suisse, dont la nationalité était constatée, recevait, si sa position paraissait l'exiger, la somme de quinze francs, nécessaire pour le voyage de Paris à Neuchâtel. Néanmoins, comme il était indispensable de procéder avec la plus stricte économie, ce secours de route était diminué suivant que le postulant pouvait encore disposer de quelque argent. Aucun de nos compatriotes n'a, à ma connaissance, essayé de réclamer à plusieurs reprises le secours de route, soit en se présentant plusieurs fois, soit en produisant d'autres papiers de légitimation. Les fraudes étaient du reste beaucoup moins faciles que de la part des Allemands, d'abord à cause du nombre plus restreint des Suisses et ensuite parce que la fréquentation des sociétés suisses de secours permit au personnel de ma légation d'entrer en relations avec bon nombre de nos compatriotes. Le chiffre total des Suisses secourus fut de 1036; les sommes dépensées s'élevèrent à frs. 14,616. 50.

Mais un bon nombre, ceux qui possédaient quelques économies et qui avaient confiance en l'avenir, restèrent à Paris. Mal leur en prit, car, au contraire de ce qu'ils supposaient, la situation devint toujours plus pénible. Aussi, lorsque l'armistice fut signé et que les communications furent de nouveau rétablies, j'exposai au conseil fédéral l'accroissement graduel de la misère et la position dure et malheureuse des Suisses à Paris.

Celui-ci, prenant en considération la situation critique de nos compatriotes, chargea une délégation spéciale de porter à Paris les dons recueillis en Suisse et d'exprimer à la colonie toute la sympathie du peuple pour les épreuves supportées par elle pendant le siège.

Cette délégation était composée de MM. Chenevière, à cette époque membre du gouvernement genevois, et Dr Roth, alors secrétaire du département politique fédéral, actuellement ministre suisse à Berlin.

Le jour où les délégués du conseil fédéral se présentèrent devant la colonie suisse réunie, fut un beau jour de fête patriotique, dont le souvenir restera longtemps vivant dans le cœur de chacun des assistants.

En souhaitant la bienvenue aux représentants de l'autorité fédérale, je les remerciai, au nom de tous, pour la généreuse sympathie dont la mère-patrie venait de nous donner une preuve si touchante.

« La situation douloureuse, dis-je, dans laquelle « la colonie suisse s'est trouvée par suite du long « et rigoureux investissement de Paris, a vivement « préoccupé la sollicitude de la légation suisse, dès « les deux premiers mois du siège.

« En présence de la misère et du nombre toujours « croissant des nécessiteux, il lui a paru indispensable « d'exposer à Berne la pénible situation dans laquelle « se trouvaient nos compatriotes.

« Le conseil fédéral, à la suite de ces dépêches,

« a adressé à tous les gouvernements cantonaux
« une proclamation, destinée à éveiller leur sollicitude
« en faveur des Suisses à Paris.

    « Cet appel a rencontré, dans la patrie tout entière,
« le meilleur accueil. — Gouvernements cantonaux,
« comités de secours, formés dans toutes les parties
« de la Suisse, se sont empressés de réunir des dons
« très considérables pour venir en aide aux mal-
« heureux de notre colonie. Aussi, notre reconnais-
« sance et notre gratitude sont-elles acquises à notre
« chère et bien-aimée patrie! »

MM. Roth et Chenevière prononcèrent à leur tour
les paroles suivantes : « C'est l'offrande des jour pros-
« pères, c'est la semence confiée à la Suisse dans des
« temps meilleurs que nous vous apportons. Vous pouvez
« l'accepter la tête haute et le front levé, car elle vient
« de cœurs amis et c'est dans l'infortune qu'on ap-
« prend à les connaître. Le conseil fédéral nous a
« dit: Allez, et si vous rencontrez dans la grande
« cité quelques mains qui se tendent avec angoisse
« vers vous, ah! saisissez-les dans une chaude et
« sympathique étreinte, car si la Suisse, dans les
« jours prospères, enveloppe dans un même amour
« ses enfants, ceux qui souffrent lui sont plus chers
« encore. Allez, et si quelques-uns de nos compatriotes,
« disséminés dans la malheureuse capitale, vous de-
« mandent dans leur découragement : Où est la patrie ?
« répondez: La voici, *un pour tous, tous pour un.* »

De chaleureuses marques d'approbation se firent entendre, puis, le président de la société suisse de secours mutuels et le vice-président de la société helvétique de bienfaissance rappelèrent le témoignage de dévouement de la légation pendant cette douloureuse époque.

A la suite de cette réunion, MM. les délégués du conseil fédéral procédèrent immédiatement à la répartition des sommes suivantes, dont ils étaient porteurs:

A l'asile suisse des vieillards à Paris	fr.	10,000
A la société helvétique de bienfaisance	»	20,000
A la société suisse de secours mutuels	»	10,000
A la caisse de secours de la légation	»	10,000
	Total fr.	50,000

Cette somme de fr. 50,000 représentait, à l'époque du départ de MM. Chenevière et Roth pour Paris, à peu près le montant des dons recueillis en Suisse. La somme allouée à la légation fut de fr. 10,000 seulement, parce que celle-ci avait déjà reçu directement, pendant le siège de Paris, fr. 16,000 de la part des comités de Neuchâtel et Genève.

Cet argent permit de procéder à la distribution de secours jusqu'à la date de la constitution d'une commission mixte, composée de membres des deux sociétés de bienfaisance. Le nombre des nécessiteux était si considérable que la légation et les sociétés durent déployer toute leur activité pour suffire à leur tâche sans faire attendre trop longtemps les demandeurs, car l'absence complète de travail avait tellement épuisé toutes les ressources, que bon nombre de nos compatriotes seraient littéralement morts de faim si des secours, organisés sur une grande échelle, et composés essentiellement de pain et de bons pour les fourneaux économiques de la ville, n'avaient pas eu lieu.

Pendant cette époque néfaste, les fonds ne manquèrent heureusement pas pour le soulagement de tant de malheureux.

Le conseil fédéral et les sociétés de Paris, de même que la légation, firent leur possible pour atténuer, dans la mesure de leurs forces, les ravages toujours plus effrayants du paupérisme.

Voici du reste l'exposé sommaire des recettes et des dépenses affectées dans ce but.

Le total des recettes au 30 juin 1871 s'est élevé à fr. 418,793. 86.

Les dépenses furent les suivantes :

1° Par les délégués du conseil fédéral directement fr. 50,000, sous déduction de fr. 10,000 remis à la légation et compris dans les dépenses de celle-ci pour secours . . . . fr. 40,000. —

2° Par arrêté du conseil fédéral en date du 6 mars :

a. aux Suisses victimes de la guerre dans les départements . fr. 25,000. —

A reporter   fr. 25,000. —   fr. 40,000. —

Report fr. 25,000. — fr. 40,000. —

b. à l'asile suisse des vieillards . . . . » 30,000. —

c. aux deux sociétés suisses à Paris, leur déficit et un cinquième en plus . . . » 35,562. 40

» 90,562. 40

3° Par la société de secours mutuels, du 1er février au 27 mars . . . . » 8,000. —

4° Par la commission mixte, du 27 mars au 30 juin . . . . . . » 30,000. —

5° Par la légation, secours directs » 42,272. 90

6° Par la même, pour repatriements » 22,812. 95

7° Par la commission des dons anonymes . . . . » 29,179. 90

Total fr. 262,828. 15

Au 30 juin 1871, il restait un solde disponible de . . . . » 155,965. 71

Total général fr. 418,793. 86

Lors de la clôture de la souscription en Suisse il était impossible de prévoir les événements dont Paris fut le théâtre après la capitulation. Le travail qui commençait quelque peu à reprendre, ne tarda pas à être suspendu, et pendant tout le règne de la commune il fut matériellement impossible de cesser les distributions de secours. A l'absence de travail s'étaient jointes la crainte d'un nouvel investissement de la capitale et la nécessité de venir en aide à nos compatriotes, pour qu'aucun d'eux ne pût prétendre avoir été contraint par la misère d'entrer au service de l'insurrection. Cet état de choses, imprévu lors du voyage de MM. les délégués fédéraux à Paris, eut la conséquence que des secours considérables, hebdomadaires ou journaliers, furent encore distribués. Ces secours, prélevés sur les fr. 155,965. 71 de boni, s'élevèrent

pour la légation à	fr. 42,272. 50
pour la société helvétique à .	» 27,393. 50
pour la société de secours mutuels à	» 18,509. —
pour la commission mixte à . .	» 29,184. 25

Total fr. 117,359. 25

La légation eut à elle seule à recevoir pendant les mois de janvier et février de cent à deux cents personnes par jour. De son côté, la société helvétique organisa deux distributions par semaine au lieu d'une, et la société de secours mutuels, aussitôt que de nouvelles ressources eurent été mises à sa disposition, s'empressa de procéder sur la même base de deux distributions de secours par semaine.

Le nombre des indigents ayant peu à peu diminué sans cesser d'être considérable, il parut utile de réunir en un seul, pour la distribution des secours hebdomadaires, les comités des deux sociétés. De cette manière on évitait les abus qui se présentèrent parfois, par suite de secours accordés au même individu par chacune des deux sociétés. Un local spacieux fut choisi et, grâce au mobilier de l'ambulance suisse mis obligeamment à notre disposition, les demandeurs purent attendre assis, et sans avoir à craindre les intempéries, que leur tour fût venu. Cette organisation, inaugurée à la fin de mars 1871, subsista pendant tout le temps de la commune de Paris et dura encore, sur un pied beaucoup plus restreint, jusqu'a la fin de juillet suivant.

Le nombre des personnes secourues par la légation fut depuis le début du siège au 30 juin de 5,792
par la société helvétique 4,591
par la société de secours mutuels 2,649
par la commission mixte, du 27 mars au
30 juillet 5,267

Total des personnes 18,299

Ces quelques détails statistiques suffiront pour faire ressortir l'importance de la tâche à remplir et des difficultés que nous eûmes à surmonter.

Il peut paraître singulier qu'un nombre aussi considérable de nos compatriotes établis à Paris durent vivre de secours pendant si longtemps, sans chercher à se procurer des ressources. A cela j'objecterai que, indépendamment du long chômage qui régna à Paris après la capitulation et sous la commune, il convient de faire remarquer que non seulement les individus souffrirent, mais encore que certaines professions furent gravement compromises. Les horlogers, bijoutiers, décorateurs et en général tous les ouvriers exerçant des métiers de luxe, se virent en partie obligés de suspendre leurs affaires sur la place de Paris. En outre, beaucoup de familles ayant restreint leur train de maison, plusieurs centaines de jeunes gens des deux sexes, en service à Paris comme domestiques, se virent pendant le siège renvoyés impitoyablement par leurs maîtres; lorsque toutes leurs économies furent épuisées, sans espoir d'obtenir de nouvelles places, la plupart de ces derniers, de même qu'un certain nombre de femmes et d'enfants malades, furent repatriés, lors de la publication du décret d'expulsion du général Trochu.

Une somme de dix-sept mille francs avait été transmise à la légation par le comité de secours de Bâle pour être distribuée à titre anonyme aux pauvres honteux. Une seconde somme de trente mille francs fut en outre envoyée plus tard, pour le même but, par le comité de Genève.

La crise que la France traversa ne frappa pas seulement les classes pauvres proprement dites. Celles-ci furent exceptionnellement secourues de toutes parts. Elle frappa surtout un grand nombre de personnes jouissant d'une certaine aisance, de petits rentiers qui virent disparaître toutes leurs économies, des marchands dont le commerce fut suspendu sans que leurs obligations eussent diminué, des industriels dont le travail cessa, des employés dont le traitement fut supprimé ou réduit, etc. On voit qu'il y avait là un champ très vaste et dans lequel la charité patriotique put s'exercer d'une manière féconde. Un secours accordé à temps et sans bruit peut relever une position compromise, faciliter la reprise du travail. Quelques fonds pour permettre à un honnête ouvrier de dégager ses outils placés au mont-de-piété, de se procurer des matières premières, seront certainement employés d'une manière plus utile que de simples secours accordés pour subvenir à l'existence journalière.

Aussi n'hésitai-je pas à constituer, sous ma présidence, une commission composée du président de la société de secours mutuels, M. Chenevard, du président du conseil de l'asile suisse, M. Krauss, du vice-président de la société helvétique, M. Ruchet, et de l'ancien président de la société de secours mutuels, M. Joyet. M. Lardy, premier secrétaire de la légation, se chargea de remplir auprès de la commission les fonctions de secrétaire, de procéder aux paiements, de consigner dans des procès-verbaux les décisions de la commission, les sommes votées et les noms des personnes assistées.

Inauguré à la fin de février 1871, ce service

fonctionna sans interruption, une fois par semaine, même pendant les deux mois du règne de la commune. 250 familles furent secourues et reçurent fr. 29,179. 90, soit en moyenne fr. 116 par famille. Le don le plus élevé fut de fr. 500.

Les dépenses de cette commission furent donc loin de s'élever à la somme à laquelle on devrait s'attendre. Le motif réside dans le fait que la loi sur les loyers entra en vigueur seulement le premier juillet. Aucune poursuite ne pouvant être faite de ce chef par les propriétaires d'immeubles sous le règne de la commune, l'examen de tous les secours destinés à faciliter le paiement des termes arriérés fut renvoyé pendant les derniers mois.

Je crois pouvoir affirmer que les dons distribués à titre anonyme constituèrent la partie la plus efficace, la plus réellement utile de l'œuvre des sociétés ou commissions suisses à Paris, et que c'est surtout par ce moyen qu'il fut possible de répondre aux intentions des souscripteurs.

Un grand nombre de familles suisses furent en retard de trois et même de quatre termes pour leur loyer. La plupart des propriétaires ne firent l'abandon que d'un seul terme. Il en resta donc le plus souvent deux ou trois à payer. Comment un père de famille, ou même une personne seule, pouvait-il faire face à cette charge, alors que pendant plus de neuf mois

il avait été privé de travail et avait perdu toutes ses
économies, s'il n'avait même été obligé de recourir
à la charité de ses compatriotes? Il est de fait qu'un
très grand nombre de personnes non seulement furent
hors d'état de payer les termes arriérés, mais encore
ne purent qu'à grand'peine payer le terme courant
et furent menacées de perdre, avec leur logement,
le modeste mobilier qui formait le gage légal du
propriétaire. Le travail reprit avec une grande lenteur,
et ces familles durent se déclarer satisfaites si elles
gagnaient de quoi se suffire au jour le jour. Quant
à payer les dettes contractées pendant la guerre, il
y avait dans la règle impossibilité absolue.

Des familles, et le nombre en fut grand, préférèrent
mettre leur mobilier au mont-de-piété plutôt que de
recourir aux sociétés de secours. La commission sus-
nommée eut l'occasion de constater, dans chacune de
ses réunions, un grand nombre de cas de ce genre
et eut à intervenir souvent dans des circonstances
analogues.

L'hiver qui suivit la guerre fut rude à traverser,
et nous pûmes nous rendre compte de la nature des
nouvelles misères à soulager; nous répartîmes un
grand nombre de dons entre les diverses branches
de nos services de secours.

L'asile suisse des vieillards ne fut pas non plus
oublié, et, bien qu'une somme de fr. 40,000 lui eût

été allouée par décision du conseil fédéral en date du 6 mars, il me parut opportun de prélever encore, sur le produit des souscriptions, une somme d'environ fr. 3000 pour couvrir les frais de réparations à la maison où étaient logés nos vieillards. La lutte avait été très violente dans ce quartier, lors de l'entrée de l'armée régulière à Paris. Plusieurs obus et un nombre considérable de balles atteignirent la maison; heureusement, personne ne fut blessé.

Bon nombre de Suisses furent en outre victimes des violences de la guerre et des désastres qu'elle entraîne à sa suite. Des propriétés furent séquestrées, des meubles et des maisons furent détruits, des atteintes furent portées à la liberté individuelle, des personnes furent emmenées en otage, etc. Ces tristes faits et d'autres encore donnèrent lieu à de nombreuses plaintes de Suisses établis en France, qui s'adressèrent au conseil fédéral dans la pensée qu'ils avaient droit à des indemnités et qu'il pouvait les leur faire obtenir.

A plusieurs reprises il fut question, au sein de l'assemblée nationale à Bordeaux et à Versailles, de ne pas laisser exclusivement à la charge des particuliers fortuitement atteints par la guerre dans les provinces dévastées, les dommages matériels qu'ils avaient subis, mais d'en faire supporter au moins une partie à l'ensemble de la nation et de payer des

bonifications dans une certaine mesure. Dans ce cas,
j'avais reçu du conseil fédéral pour instructions de
faire ensorte que les Suisses établis en France ne
fussent pas, sous ce rapport, traités moins favorablement que les Français. Toutefois, la France ne répondit pas pour toutes les pertes en biens mobiliers
et immobiliers que l'ennemi fit subir aux particuliers
et il va sans dire que je ne pus pas réclamer de la
France, pour mes compatriotes, des indemnités ou des
bonifications qu'elle n'accorda pas à ses propres ressortissants. Il n'était pas possible non plus d'adresser
des réclamations de ce genre à l'Allemagne, dont les
armées causèrent le dommage, dans tous les cas —
et ce sont de beaucoup les plus nombreux — où il
s'est agi de réquisitions, de contributions imposées
à des Suisses établis, de dommages matériels causés
à leur propriété. En revanche, je m'occupai des cas
dans lesquels on avait saisi des marchandises neutres,
ou exercé sans motif des violences contre des Suisses
qui s'étaient fait reconnaître comme tels.

Il me reste un grand devoir à remplir; c'est celui
de réitérer, après un laps de temps de seize années,
l'expression de ma gratitude envers tous ceux qui
concoururent de près ou de loin, par leurs efforts
individuels ou leur dévouement charitable, à la grande
œuvre patriotique dont les Suisses à Paris furent l'objet.

Après les sacrifices de toute nature imposés à la

mère-patrie, nous n'aurions jamais osé espérer en notre faveur un élan aussi unanime et tant de générosité. Nous savions bien que, dans notre malheur, la Suisse viendrait nous tendre la main. *Nous comptions sur elle, mais le succès dépassa nos espérances.*

Les donateurs furent si nombreux, l'empressement fut si grand qu'il ne me fut pas possible d'adresser à chacun la mention personnelle à laquelle il avait droit, et de lui répéter quels sentiments la colonie suisse éprouva à son égard. Gouvernements cantonaux, comités spéciaux, formés tant en Suisse qu'à l'étranger, consulats ou légations, etc., vous tous en un mot, dont les noms figurèrent sur les listes de souscription, soyez persuadés qu'à côté du souvenir des malheurs dont nous avons été à la fois témoins et victimes, viendra toujours se placer la mémoire de ceux qui nous ont tendu la main.

Veuille le Dieu qui protège notre patrie, récompenser les donateurs et inspirer aux citoyens suisses ces sentiments d'union, de dévouement au bien et cet esprit de sacrifice dont l'histoire de notre pays offre tant d'exemples.

CHAPITRE XVIII

NÉGOCIATIONS RELATIVES AU TRAITÉ DE COMMERCE FRANCO-SUISSE DE 1882 ET DE SES ANNEXES. — DISCOURS DE MONSIEUR LE CONSEILLER FÉDÉRAL NUMA DROZ

Les fonctions les plus importantes qui incombèrent à la légation pendant les deux dernières années de mon ministère, furent les négociations, commencées en 1880 entre la Suisse et la France, pour la revision du traité de commerce de 1864.

L'existence de stipulations commerciales constitue, entre les deux pays, une tradition dont l'origine remonte au XV⁰ siècle.

N'ayant pas la prétention de faire l'historique des traités et des rapports commerciaux existant entre la Suisse et la France depuis cette époque reculée, je me bornerai à citer le fait que, lorsque la France, après la chute du premier empire, sortit du régime du blocus continental, la restauration, et plus tard le gouvernement de Louis-Philippe, n'adoptèrent pas un régime douanier libéral; le pouvoir parlementaire était soumis à l'influence d'un certain nombre de grands industriels, auxquels il semblait tout naturel d'obtenir de l'état le prélèvement de véritables impôts perçus à leur profit sous le prétexte de protéger le travail national.

C'est seulement sous le second empire, alors que le chef de l'état s'était réservé pour lui seul le droit de conclure des traités, que la France est entrée dans ce qu'on a appelé la voie du „*libre échange relatif*“. Le traité anglo-français de 1860 à fait naître le traité franco-suisse de 1864, qui a étendu à notre pays les avantages obtenus par l'Angleterre, assuré à nos industries d'exportation d'importants débouchés et rendu de grands services aux deux parties contractantes, puisqu'il a parfois doublé ou à peu près le chiffre des échanges entre les deux pays.

Cependant, le traité du 30 juin 1864 n'était pas sans imperfections; le tarif à l'entrée en France était resté un des plus élevés de l'Europe, et celui à l'entrée en Suisse avait le très grave inconvénient de nous lier pour toutes les marchandises sans aucune exception, ce qui empêchait la Confédération de se procurer des recettes même sur les articles n'intéressant en aucune façon la France, et ce qui nous privait de toute liberté d'action pour négocier avec d'autres gouvernements.

Si donc je me plais à rendre justice aux progrès réalisés en 1864, vis-à-vis de l'état de choses antérieur, je dois constater qu'une revision de ce traité était indispensable, aussi bien dans l'intérêt de nos finances que dans celui de nos exportations.

La nécessité de reviser ce traité s'était généralement fait sentir, tant en Suisse qu'en France, déjà à l'occasion de la première prolongation de cet acte international.

En Suisse, le tarif douanier voté par l'assemblée fédérale en première lecture, le 28 juin 1878, en fait foi.

Afin de permettre au conseil fédéral de faire usage de ce nouveau tarif dans les négociations futures, l'assemblée fédérale prit, le même jour, un arrêté déclaré d'urgence, par lequel le conseil fédéral était autorisé, sous réserve de l'approbation des chambres, « à frapper d'une taxe additionnelle correspondante, « les produits provenant d'états qui ne traitent pas « la Suisse sur le pied de la nation la plus favorisée, « ou dont le tarif général impose des droits parti- « culièrement élevés sur les produits suisses ».

Du côté de la France, en 1876, le conseil supérieur du commerce fut convoqué pour préparer un tarif général sur la base du tarif conventionnel.

Le 9 février 1877, le ministère Jules Simon déposa à la chambre des députés un premier projet de tarif général des douanes; la dissolution de la chambre après le 16 mai empêcha de l'examiner.

Le 21 janvier 1878, le ministère Waddington

présenta un nouveau projet qui majorait de 24 pour 100 la plupart des produits fabriqués.

En mars de la même année, la commission de la chambre chargée de l'examen de ce projet, et qui eut pour présidents successifs MM. Jules Ferry, Tirard et Malézieux, décida une enquête dont les résultats furent publiés, au moins en partie. Au cours de la discussion à la chambre des députés, M. Tirard, devenu ministre du commerce, déposa, le 12 février 1880, un troisième projet de tarif général qui est devenu la dernière base officielle des délibérations parlementaires en France. La chambre des députés termina l'examen du tarif en juin 1880, le sénat en février 1881, et, après le règlement de quelques divergences entre les deux chambres, le nouveau tarif général français fut promulgué le 7 mai suivant.

Tel est, d'une manière succinte, l'ensemble des mesures préliminaires prises, tant en Suisse qu'en France, pendant le temps qui précéda l'ouverture des négociations.

Avant de m'étendre sur les travaux qui eurent lieu à l'occasion du traité de commerce franco-suisse de 1882, il me sera certainement permis de rappeler ici le fait que j'avais déjà eu l'honneur de négocier celui de 1864, dont la durée fut fixée à douze ans, et qui fut prolongé, d'année en année, jusqu'en 1880.

A cette époque, il se produisit dans la plupart des pays avec lesquels la Suisse entretient des rapports douaniers, un mouvement plus ou moins accentué dans le sens du protectionnisme. Cette circonstance rendit très difficile la situation de notre pays, et l'on comprend que beaucoup de personnes, même parmi celles qui avaient été jusqu'alors les plus attachées au principe du libre échange, se demandaient, avec une certaine inquiétude, si la Suisse pouvait, sans s'exposer à compromettre gravement l'avenir de son industrie, demeurer seule fidèle à ce principe et continuer à l'appliquer dans la même mesure que précédemment, alors qu'elle ne serait plus au bénéfice de la réciprocité.

Ce fut là une question des plus délicates et qui ne manqua pas d'être traitée par M. le conseiller fédéral N. Droz dans le discours qu'il prononça au sein du conseil national, le 22 avril 1882, discours sur lequel je me permettrai de revenir.

Dans le courant du mois de mai 1881, le gouvernement de la République française fit savoir au conseil fédéral qu'il était prêt à entrer en négociations avec lui pour la conclusion d'un nouveau traité de commerce et que son intention était de le mettre en vigueur dans un délai de six mois. A la fin de mai, le ministère français des affaires étrangères me fit savoir qu'il désirait entamer en première ligne des pourparlers avec le gouvernement britannique, et proposa la date du 1er septembre 1881 pour ouvrir les conférences franco-suisses.

L'intervalle de trois mois, entre la dénonciation et l'ouverture des conférences, fut employé à la préparation des négociations et cela de la manière suivante:

Des études spéciales furent faites par ma légation pour résumer les documents parlementaires et autres publications officielles parues en France dans les dernières années, pour autant naturellement qu'ils étaient de nature à intéresser nos industries. Chacune des sections de la commission fédérale d'experts prépara de son côté des rapports détaillés; la première section sur les tissus, la paille et les machines; la seconde section sur la bijouterie, l'horlogerie et les boîtes à musique; et la troisième section sur l'agriculture et les industries diverses.

J'avais reçu pour cette mission des instructions du conseil fédéral qui m'adjoignit en outre des délégués spéciaux, versés dans les affaires de douane et de commerce et qui coopérèrent, avec beaucoup d'activité, à ces négociations.

Sur la proposition de M. Tirard, alors ministre du commerce, la présidence de la conférence des délégués des deux pays me fut confiée et je pris part aux délibérations jusqu'à la conclusion du traité et de ses annexes.

Pendant le cours des négociations, la chute du ministère Freycinet, survenue au moment où s'élevèrent certains différends assez sérieux entre les négociateurs des deux pays, fit croire un moment à la rupture des négociations; aussi je trouvai, d'accord avec M. Lardy, indispensable que le conseil fédéral désignât, pour assister aux négociations, des délégués spéciaux, munis d'instructions plus étendues et plus générales. C'est dans ce but que furent nommés comme commissaires M. Ruchonnet, chef du département de justice et police d'abord, puis M. Droz, chef du département du commerce et de l'agriculture.

Grâce à l'activité et au concours de ces deux délégués, de même qu'au zèle et à l'appui persévérants de M. Lardy, nous réussîmes à vaincre les difficultés existantes et qui se présentèrent tout particulièrement dans le règlement des tarifs.

A ces difficultés vint se joindre la chute du ministère Gambetta, qui fut de nouveau remplacé par un ministère Freycinet, en sorte que les négociations, commencées d'abord avec M. le ministre du commerce Tirard, continuées avec son successeur M. Rouvier, furent reprises et terminées avec M. Tirard.

L'on put arriver enfin, après plus de cinq mois de négociations, à la conclusion d'un traité qui fut signé par les commissaires des deux gouvernements sous la réserve, usitée en pareil cas, de sa ratification par les autorités supérieures des deux pays.

Ce fut dans le courant de la session d'avril 1882 que les chambres fédérales ratifièrent ce traité.

La discussion sur cet important document, qui avait donné tant de tracas et tant de besogne, fut le sujet de vives attaques de la part de certains chefs protectionnistes.

A ce propos, il est de mon devoir de déclarer que ce fut particulièrement au concours tout spécial de MM. Droz et Ruchonnet, soutenus par les experts délégués, que le traité réunit au sein des chambres une très forte majorité.

Au conseil national, le 22 avril, un premier appel nominal eut lieu sur la durée du traité; celle de dix ans prévalut par 92 voix contre 29 et trois abstentions.

En votation définitive, le traité fut ratifié par 104 voix contre.20 rejetants.

La décision du conseil des états, qui eut lieu le 26 avril suivant, donna un résultat tout aussi brillant, soit 32 oui contre 2 non, de sorte que — le 12 mai suivant, la ratification ayant été également accordée par la France — ce traité devint ainsi un fait accompli.

J'ai parlé plus haut du concours laborieux de MM. Ruchonnet et Droz, qui avaient été délégués simultanément à Paris pour soutenir la légation dans la grande et belle tâche qui lui avait été dévolue.

M. Droz, entre autres, prononça aux chambres un discours qui fit sensation et qui fut le point de départ de la décision prise par les conseils législatifs de la nation.

Je me fais un plaisir comme un devoir de transcrire ici in extenso ce discours qui explique, mieux encore que je ne pourrais le faire, les diverses phases par lesquelles ce traité a passé avant que nous arrivions à une solution aussi favorable et qu'on doit à bon droit qualifier d'heureuse, si l'on met en parallèle les négociations anglo-françaises, par exemple, qui furent rompues pendant les travaux mêmes.

DISCOURS DE M. LE CONSEILLER FÉDÉRAL DROZ A LA SÉANCE DU CONSEIL NATIONAL DU 22 AVRIL 1882

(Compte-rendu sténographique)

„Monsieur le président et Messieurs,

„J'ai longtemps hésité avant de prendre la parole dans ce débat. D'une part, la ratification du traité par l'assemblée m'a toujours paru chose certaine, et ma parole ne changera pas grand'chose à la situation. D'autre part, j'ai été mêlé de très près à la négociation, et je n'aime pas à avoir l'air de parler *pro operis propriis*, surtout quand ce n'est pas absolument nécessaire. Il a donc fallu un motif supérieur pour me faire sortir du silence, et ce motif je crois devoir vous l'indiquer en peu de mots.

„Nous sommes arrivés en Suisse à une phase importante de notre existence économique, et je n'hésite pas à dire aussi à une phase importante de notre histoire politique. Car, depuis que les bras dont nous disposons, au lieu d'aller se mettre en grand nombre au service des états voisins, cherchent tous leur occupation exclusive dans les travaux de l'agriculture et de l'industrie, il en est résulté dans notre vie intérieure et dans nos rapports internationaux, une profonde transformation. Le système économique que nous avons librement choisi forme actuellement l'une des bases essentielles de notre état; la question que nous discutons aujourd'hui est donc une question fondamentale, et je ne suis pas étonné de l'intérêt et de l'animation avec lesquels on la discute de part et d'autre.

„Il y a environ 60 ans, les autorités fédérales se sont trouvées sérieusement en face d'une question semblable. Vous savez que la France a toujours été un de nos principaux débouchés, et que nos pères, lorsque dans les siècles passés ils faisaient des traités d'alliance avec les souverains de ce pays, n'oubliaient pas d'y introduire des clauses spéciales pour le commerce de leurs tissus et de leurs fromages. Or, après le blocus continental et les traités de 1815, notre pays s'étant vu fermer ses débouchés par le protectionnisme qui s'était développé puissamment, en France comme ailleurs, la diète fut amenée à s'occuper d'un tarif de représailles, mais en vint bientôt à reconnaître qu'il était dans l'intérêt de la Suisse de ne pas suivre les errements des autres pays, qu'elle devait au contraire se faire un régime économique conforme à ses véritables besoins, qui paraissaient alors être la vie et la production à bon marché. Ce point de vue a été maintenu et confirmé dans deux circonstances importantes de notre histoire, sur lesquelles j'aurai l'occasion de revenir, la revision du pacte fédéral en 1847, et la revision de la constitution fédérale en 1872—74.

„Ce que vous avez maintenant à décider, ce n'est pas tant, au fond, de savoir s'il faut ratifier un traité de commerce plus ou moins favorable, mais bien plutôt de savoir si vous voulez persévérer, en général, dans le système économique que nos pères, nos devanciers et nous-mêmes avions jusqu'ici déclaré le meilleur, le plus profitable à nos intérêts.

„Dans une question de cette portée, de la solution de laquelle dépend notre prospérité nationale, le silence du conseil fédéral n'est pas possible: vous ne le comprendriez pas, vous ne le pardonneriez pas. C'est pour cette raison que je me suis décidé à prendre la parole, et non point dans l'unique but de justifier l'œuvre à laquelle j'ai collaboré ou de me défendre contre des attaques. Vous me permettrez cependant de faire l'un et l'autre à l'occasion et en passant.

„Monsieur le président et Messieurs,

„La véritable tendance des adversaires du traité de commerce se révèle dans l'un des motifs et dans l'une des conclusions des pétitions qui vous ont été adressées; elle s'est particulièrement révélée dans les articles de journaux et dans les assemblées où le rejet du traité a été proposé. „Point de „traité, a-t-on dit, qui ne soit pas basé sur la *réciprocité.*"

„Mais qu'entend-on par la réciprocité? On me contredira peut-être ici, mais je ne crois pas me tromper en disant que la grande majorité des partisans de la réciprocité entend par là l'égalité des taxes des deux côtés de la frontière.

„En 1870, à l'occasion de la revision fédérale, la société suisse des arts et métiers, la même qui réclame de nouveau la réciprocité, s'était adressée à la commission du conseil national pour obtenir qu'on introduisît dans la constitution une disposition ainsi conçue: „La Confédération ne pourra „conclure de traités de commerce que sous les conditions „suivantes: *a.* qu'en toutes choses le principe de la réciprocité „prévaudra." . . . . .

„La commission se borna à faire remarquer dans son rapport imprimé que le principe invoqué dans la pétition, aurait pour conséquence d'empêcher la conclusion de tout traité, vu la diversité des systèmes commerciaux et douaniers.

„Vous voyez, par cette citation, que tout homme de bon sens comprend la demande de la même manière que moi. J'en pourrais fournir d'autres preuves, s'il était besoin. En tout cas, il n'est pas inutile d'examiner cette demande de plus près.

„Je pose en thèse que, de deux choses l'une, ou bien les partisans de la réciprocité ne savent pas ce qu'ils demandent, ou bien s'ils le savent, c'est qu'ils veulent arriver, par une voie détournée, à ce que la Suisse fasse un tarif autonome à l'exclusion de tout traité de commerce. La commission du conseil national de 1871 avait du reste jugé la question de la même manière que moi.

„Ou bien ils ne savent pas ce qu'ils demandent. Car pourrait-on imaginer un état plus chaotique que celui qui consisterait à percevoir à chacune de nos frontières les taxes si différentes que prévoient pour les mêmes articles le tarif français, le tarif allemand, le tarif autrichien, le tarif italien, et (non seulement ces tarifs, mais ceux de tous les autres états dont nous tirons et auxquels nous envoyons des produits? Les partisans de la réciprocité la demandent au nom de la dignité nationale. Belle dignité nationale que celle qui consisterait à dépouiller l'assemblée fédérale et le peuple suisse du droit de régler le régime économique suivant nos besoins et qui transporterait à Paris, à Berlin et ailleurs la compétence législative pour nos tarifs de douane!

„Messieurs, un tel système ne supporte pas l'examen d'une assemblée comme la vôtre. Je ne veux pas examiner maintenant la seconde alternative, celle du tarif autonome, j'y reviendrai plus tard, mais je tiens à vous dire comment je conçois la réciprocité raisonnable qui fait en réalité la base de tout traité de commerce.

„La réciprocité raisonnable, la seule qu'on puisse et doive exiger, c'est la réciprocité relative, celle qui résulte de la satisfaction, relative aussi — car il n'y a rien d'absolu en cette matière — des intérêts si divers de deux peuples qui concluent un traité de commerce.

„Ces intérêts sont créés ou bien par des lois naturelles ou bien par des lois artificielles. Pour ce qui nous concerne, grâce au système économique que nous avons adopté, on peut dire que toutes nos industries se sont développées suivant cette loi naturelle qui fait que chacun va vers le métier, vers la profession qui convient le mieux à ses aptitudes et lui procure le plus de gain, que lorsqu'une industrie traverse une phase critique, elle ne doit chercher qu'en elle-même et dans l'esprit d'initiative les moyens de se transformer et de s'améliorer. Nous avons été habitués à ne pas attendre le secours venant de l'état sous la forme de droits protecteurs, et c'est sous le régime du libre-échange, à peine mitigé par les droits si minimes de notre tarif de péages, que le travail a vécu et grandi jusqu'ici.

„Ainsi, lorsqu'après la création des chemins de fer, les céréales et le bétail de boucherie sont descendus en Suisse à des prix contre lesquels nos agriculteurs ne pouvaient lutter, qu'ont-ils fait? Ils ont examiné quel était le genre de production pour lequel ils étaient les maîtres, et ils ont reconnu que c'était l'industrie laitière et l'élevage du bétail. Ce sont ces industries qu'ils se sont attachés à développer, en laissant les autres à l'arrière-plan. N'ont-ils pas bien fait, Messieurs ? Et croyez-vous que le peuple suisse aurait accepté de payer son pain et sa viande plus cher pour maintenir dans le pays des industries onéreuses, tandis qu'il est prouvé que l'industrie laitière et l'élève du bétail peuvent être exercées avec beaucoup plus de profit que la culture des céréales et l'engraissage du bétail ?

„Ainsi, lorsque dans les montagnes du Jura, l'industrie de la dentelle est venue à péricliter, on n'a pas cherché à la maintenir par des lois artificielles, mais les mains disponibles se sont tout naturellement portées vers l'horlogerie, qui donnait un gain plus lucratif. Il y a cinquante ans, il y a même moins, les gens à courte vue disaient : „Qu'allons-nous devenir, si tout le monde se jette sur l'horlogerie?" Ceux-là auraient bien voulu avoir le monopole de leur profession ; on ne le leur a naturellement pas accordé. Le pays s'en trouve-t-il plus mal ? Et les 50 à 60 mille ouvriers qui, de Genève à Bâle et à Schaffhouse, s'occupent d'horlogerie, en vivent et font vivre un nombre considérable d'autres personnes, en particulier des artisans et des agriculteurs, contribuent-ils oui ou non à la prospérité nationale ?

„Je pourrais multiplier les exemples et rappeler à quelles causes spéciales est dû le développement des industries du coton, des broderies, des soieries, de la paille, etc. Je pourrais vous montrer comment les simples lois naturelles, fort peu

contrariées par notre tarif de péages, ont amené ce grand
épanouissement industriel que présente notre patrie. Mais,
je n'ai pas à faire ici l'histoire industrielle de la Suisse, et
ce que je viens de dire à titre d'exemple suffit pour la démonstration que j'ai entreprise concernant la véritable réciprocité à exiger d'un traité de commerce.

„Donc, Monsieur le président et Messieurs, suivant le cours
des lois naturelles, nos industries sont arrivées à produire
ce qu'elles pouvaient le mieux vendre, et à faire venir du
dehors ce qu'elles n'avaient pas d'intérêt à fabriquer elles-
mêmes. Il en résulte qu'aujourd'hui par exemple, l'horlogerie
fabrique en moins d'une année un nombre de montres assez
grand pour en mettre une ou deux dans la poche de tous
les Suisses petits ou grands; que la Suisse orientale fait en
une année plus de rideaux brodés qu'il n'en faudrait pour
garnir toutes les fenêtres de nos maisons, plus de cols, de
manches, de bas de jupons que n'en pourraient consommer
raisonnablement toutes les femmes suisses depuis la plus
pauvre jusqu'à la plus riche; que nous pourrions tous nous
vêtir de soie et dormir dans la soie avec les étoffes que fabrique en une année le seul canton de Zurich, et ainsi de suite.

„Evidemment que la production de nos industries excède
infiniment les besoins de notre consommation. La plus grande
partie doit être exportée.

„Or, quand nous faisons un traité de commerce, par exemple
avec la France, voici le langage que la Suisse lui tient: J'ai
du lait, du fromage, du jeune bétail, des bois, des montres,
des broderies, des cotons filés et tissés, des soieries, des tresses
et des chapeaux de paille, etc., beaucoup plus qu'il ne m'en
faut, je désire en vendre chez toi, laisse-les entrer à des
conditions favorables.

„A cette ouverture, la France répond: Je veux bien; mais
moi, j'ai du vin, des ouvrages de mode, des confections, des
tissus de laine, des tissus de lin plus que je n'en consomme,
je demande que tu les acceptes aux taux les plus bas qu'il
te sera possible.

„Voilà le point de départ de la négociation. Quant à la base, elle ne peut être autre que le système économique et douanier de chaque pays. Il serait en effet tout à fait inadmissible que la Suisse dît à la France:

„Pour que je traite avec toi, commence par mettre ton tarif douanier au niveau du mien, tout comme il n'est pas admissible que la Suisse élève son tarif au niveau de celui de la France, si elle n'en reconnaît pas la nécessité intérieure.

„La réciprocité absolue étant donc une impossibilité, la réciprocité relative consiste dans ce que chaque pays fait à l'autre *des concessions* sur son système économique. Le pays qui a des droits protecteurs doit nécessairement faire des concessions plus grandes que celui qui n'a que des droits fiscaux, puisque sans cela, l'entente ne pourrait s'établir; je veux dire par là que si le marché fermé par des droits protecteurs ne s'ouvrait pas suffisamment, le traité de commerce ne se conclurait pas.

„Je le répète encore une fois, Messieurs, il n'y a pas d'autre réciprocité possible que la réciprocité relative basée sur le système douanier de chaque pays; cette réciprocité est l'essence même des traités de commerce, tandis que la réciprocité absolue, demandée par les pétitionnaires, en est la négation.

„Je reprends maintenant, Messieurs, la question du tarif autonome que j'avais laissée tout à l'heure en suspens, et je réitère mon assertion que le résultat conscient ou inconscient de l'opposition qui réclame la réciprocité absolue, c'est *l'abandon des traités de commerce.*

„Or, à mon avis, ceux qui rêvent l'autonomie douanière absolue méconnaissent les vrais intérêts non seulement de l'ensemble, mais d'eux-mêmes. L'autonomie douanière, c'est le droit d'élever ou d'abaisser à son gré, du jour au lendemain, les droits d'entrée et de sortie, c'est la possibilité toujours ouverte de jeter la perturbation la plus profonde et la plus subite dans les relations internationales du commerce et de l'industrie, c'est l'instrument le plus dangereux qu'on puisse diriger contre la civilisation et le progrès.

„Je sais fort bien, Messieurs, qu'il est de droit international que chaque état puisse gérer ses douanes comme il l'entend, et faire de la protection ou de la prohibition sans s'inquiéter de savoir si, en plein état de paix, il ne cause pas à son voisin de profondes et irrémédiables blessures.

„Mais, Messieurs, quand je songe aussi que ces mêmes états civilisés qui revendiquent comme une prérogative de leur souveraineté l'autonomie douanière absolue, sont allés forcer, à coups de canon, la Chine et le Japon à s'ouvrir à leur commerce; quand je songe aux campagnes à main armée qu'on organise dans le même but en Afrique et ailleurs, je dis que ce principe absolu est faux et doit disparaître de plus en plus devant les progrès de la civilisation et devant le principe supérieur de la solidarité humaine. Car si nous construisons des chemins de fer et si nous fondons des unions postale et télégraphique universelles, c'est pour que les peuples échangent leurs idées et leurs produits, et non point pour qu'ils relèvent à la frontière de chaque état des barrières qui nous feraient retourner à la barbarie des temps passés.

„J'ai, Messieurs, cette conviction profonde que le souffle du protectionnisme qui a dans ces derniers temps de nouveau troublé les esprits, devra faire place avant peu à des conceptions plus justes et plus claires du véritable intérêt des nations. Il n'est pas possible que le commerce universel, qui a besoin d'expansion et de liberté, se laisse indéfiniment lier par des entraves douanières inextricables. Il faudra bien que non seulement la Chine, le Japon, l'Inde et l'Afrique s'ouvrent, mais les états civilisés devront aussi s'ouvrir, et ce sont les petits états, comme le nôtre, qui doivent surtout seconder ce mouvement, car l'autonomie douanière telle que de grands états la pratiquent conduit à l'étouffement et à la ruine des petits états.

„Nous devons donc être partisans des traités de commerce, qui atténuent l'autonomie douanière et qui donnent à nos relations la sécurité dont elles ont un besoin impérieux, et je suis heureux de constater que dans cette assemblée la grande majorité partage mon sentiment.

„Tout en étant adversaire convaincu des tarifs autonomes, je ne me livre cependant pas à l'illusion qu'on puisse arriver facilement au libre échange complet. Les impôts de douane sont trop agréables à percevoir pour qu'ils ne séduisent pas les gouvernements. Je ne perds pas non plus de vue que la constitution fédérale assigne à la Confédération comme ressource principale le produit des péages. Je n'hésite pas enfin à reconnaître qu'il peut se présenter des circonstances où un tarif de combat s'impose à nous comme une nécessité malheureuse, de même qu'un peuple libéral et pacifique ne peut toujours éviter la guerre.

„Mais ce que je crois devoir affirmer hautement, fidèle en cela à nos traditions et à notre droit constitutionnel, c'est qu'en général les tarifs de péages de la Confédération suisse ne doivent pas s'écarter de l'esprit dans lequel ils ont été élaborés jusqu'ici.

„Je ne m'oppose pas à l'élaboration d'un tarif rationnel réformant celui de 1851, mais j'estime qu'il faut rester fidèle aux principes qui sont posés dans la constitution fédérale.

„En 1848, lorsqu'on a élaboré l'article 20 (aujourd'hui article 29), la question a déjà été discutée; comme je vous ai déjà cité les procès-verbaux de la revision fédérale de 1872, permettez-moi de remonter plus haut et de vous indiquer quels sont les principes qui ont présidé à l'institution de nos péages. Je trouve dans les procès-verbaux de la diète de 1847 le passage intéressant que je vais vous lire. Il n'est pas long, mais d'autant plus significatif.

„On a demandé des mesures de protection vis-à-vis de „l'industrie étrangère, qui inonde la Suisse de ses produits; „le tarif de péage devait être combiné de manière à concilier „les intérêts de la consommation avec ceux de la production „de l'industrie indigène. Les amendements sont conçus comme „suit:

„1º Le tarif des péages sur les objets fabriqués à l'étranger

„sera modéré et combiné de manière à concilier les intérêts
„de la consommation avec ceux de la production de l'in-
„dustrie indigène.

„2° Les taxes sur les produits de l'industrie étrangère
„devront être fixées d'après les besoins de la consommation
„intérieure et la concurrence faite à l'industrie indigène.

„Contre ces amendements on a néanmoins fait observer
„que des dispositions de ce genre ne dégénèrent que trop
„facilement en droits protecteurs, attendu que la classe in-
„dustrielle, qui forme la portion la plus mobile de la popu-
„lation, ne tarderait pas à obséder les autorités en vue d'en
„obtenir une plus grande protection, ce qui ne pourrait se
„faire qu'au préjudice des consommateurs, conséquemment
„de la majorité du peuple."

„Voilà la politique douanière que nos pères ont voulue.
Voilà celle que nous avons ratifiée et confirmée en 1874. C'est
la même politique qui a aussi trouvé son expression, je puis
le dire, dans le tarif de 1878, si nous le considérons dans
son ensemble.

„Sous ce dernier rapport, il me semble qu'on a trop perdu
de vue, d'un certain côté, le véritable but du tarif de 1878.
Certains industriels se sont habitués à le considérer comme
quelque chose qui leur était dû, et même, tant il est vrai
que l'appétit vient en mangeant, à le considérer comme un
simple à compte sur des prétentions qui vont bien au delà·

„D'après le message du conseil fédéral et les rapports des
commissions du conseil national et du conseil des états, le
tarif de 1878 a eu trois buts:

„1° donner à la Confédération les ressources supplémen-
taires dont elle a ou peut avoir besoin;

„2° fournir une base et un moyen de négociation pour les
traités de commerce;

„3° faire une meilleure classification des articles, dégrever
les uns dans l'intérêt de nos industries et en relever certains
autres qui peuvent supporter des augmentations sans qu'on
modifie par là les bases de notre système économique libéral

„Ce programme, nous l'avons tous accepté dans ses grandes lignes; vous avez donné au conseil fédéral la mission de l'exécuter, et je puis dire que, dans les négociations avec la France, nous l'avons fidèlement poursuivi et réalisé.

„Je sais bien que les adversaires du traité s'efforcent de faire croire que nous n'avons pas réussi dans notre tâche, et ils en attribuent la cause à ce que le tarif de 1878 n'était pas adopté en dernier débat. Ils se fondent pour le prouver sur la résistance que les négociateurs français ont opposée à ce que ce tarif fût pris comme base de négociations; ils rappellent avec amertume qu'à plusieurs reprises ils ont demandé à l'assemblée fédérale de passer au second débat, et ils veulent aujourd'hui qu'on refuse le traité pour préparer une meilleure base de négociations en faisant un tarif surélevé.

„Messieurs, je crois qu'il faut ramener ces critiques à leur juste valeur. Si l'assemblée fédérale n'a pas voulu dépasser le premier débat avant d'avoir devant elle les traités de commerce, elle savait ce qu'elle faisait. Elle a persévéré dans cette idée, et à mon avis elle a bien fait.

„Si, d'autre part, les négociateurs français ont cherché à affaiblir notre base, c'était de leur part un procédé de discussion habilement choisi, mais qu'ils ont abandonné lorsque nous leur avons déclaré de la manirèe la plus explicite, textes en mains, que le tarif était exécutoire, même avant le second débat, par simple arrêté du conseil fédéral.

„Nous aurions eu un tarif définitif que la résistance des négociateurs français aurait été la même, car ce n'est pas à une question de forme, à une question intérieure, à une question d'applicabilité ou de non applicabilité du tarif de 1878 — question dont nous sommes seuls juges — qu'ils s'achoppaient. Ce qu'ils voulaient éviter, c'étaient des relèvements de droits. Nous leur demandions le statu quo à l'entrée en France, ils réclamaient de leur côté le statu quo à l'entrée en Suisse. Voilà quel était le terrain de la discussion, la nature de la difficulté. Avec un tarif définitif, ç'aurait été absolument la même chose.

„Je pose en fait que le tarif de 1878 a servi autant qu'il devait servir, car en effet:

„1° Il a été possible, par l'usage que nous en avons fait, d'assurer à la Confédération des ressources immédiates dont le conseil fédéral, et en particulier mon honorable collègue M. le chef du département des finances, qui n'est pas sous ce rapport facile à contenter, se déclarent satisfaits.

„Pour l'avenir, nous avons recouvré notre liberté d'action sur la moitié des articles du tarif de 1864 et nous nous sommes débarrassés de la clause finale de ce tarif, ensorte que nous avons la possibilité, quand les besoins seront venus et que l'assemblée fédérale et le peuple suisse y consentiront, de nous faire des ressources à notre gré.

„Le but financier du tarif de 1878 est donc atteint.

„2° Après avoir servi de moyen de négociation vis-à-vis de la France, le tarif de 1878, grâce aux nombreux articles restés libres et que nous avons choisis avec soin, pourra servir au même usage vis-à-vis d'autres états.

„3° Les relèvements inscrits dans le nouveau tarif conventionnel et la liberté que nous nous sommes réservée sur d'autres articles nous permettront de procéder dans une large mesure au remaniement de notre tarif dans le sens que j'ai indiqué tout à l'heure.

„Voilà l'ensemble de la situation, Messieurs, et qui n'est pas en réalité, bien loin de là, celui qu'on cherche à vous représenter de la part des adversaires du traité. On peut sans doute regretter que sur des points de détail, nous n'ayons pas réussi, mais qui est-ce qui peut espérer de mener une négociation si difficile et si compliquée, où des centaines de questions sont en jeu, sans que par ci par là certaines espérances soient déçues?

„M. le président et Messieurs,

„J'ai parlé jusqu'ici en me plaçant surtout au point de vue de notre régime douanier suisse. C'est la nature de l'opposition faite au traité qui m'a obligé de rester dans cet ordre d'idées. Quant au tarif à l'entrée en France, je juge superflu, après toutes les manifestations qui se sont produites dans les milieux intéressés, de m'en occuper bien longuement.

„Cependant certaines branches regrettent de n'avoir pas été traitées favorablement, mais en général les chiffres convenus sont acceptables, et ce serait un véritable malheur que le traité fût rejeté. On nous objecte que l'industrie horlogère sera en partie perdue, par le motif que la fabrique Japy, par exemple, nous inonde de ses produits. La vérité, en ce qui concerne cette branche d'industrie, est que c'est nous qui avons commis la faute, en 1878, d'inscrire dans notre tarif de péages exactement les mêmes droits qui figurent dans le traité. Lorsque nous avons demandé aux Français d'abaisser leurs droits d'entrée sur les articles d'horlogerie, ils nous ont répondu: „Mais c'est vous-mêmes, libre-échangistes, qui avez inscrit ces droits dans votre propre tarif; de quoi vous plaignez-vous donc?“

„Dans les régions horlogères, on s'est ému des droits prévus par le tarif de 1878; la société intercantonale des industries du Jura a réclamé, et toutes les sections ont demandé, par leurs signatures, la diminution des droits pour l'entrée des montres en Suisse. On n'a pas voulu donner raison à ces pétitions, et la France s'en est prévalue et nous a dit que nous n'avions pas à nous plaindre de ce qu'elle adoptait nos propres chiffres.

„Nous aurions, il est vrai, pu demander l'inscription de ces articles dans le tarif B. Si nous ne l'avons pas fait, c'est que la société intercantonale des industries du Jura nous avait dit que l'industrie horlogère ne voulait absolument pas être protégée. Et les horlogers ont de bonnes raisons pour cela; ils sont libre-échangistes et ont besoin, pour leur industrie, des articles de provenance française. Si vous voulez que cette branche puisse lutter contre la concurrence étrangère, ne la protégez pas.

„Mais il y a encore un autre motif pour ne pas faire de protection à cette industrie, c'est que, si les droits sont très élevés, ils ne seront pas perçus en réalité et que la protection deviendrait illusoire. En effet, avec un article qui représente une valeur relativement considérable sous un petit volume, la contrebande s'exercerait à la frontière sur une vaste échelle; les enfants eux-mêmes y seraient régulièrement employés. De cette manière, vous ne pourriez pas faire exécuter les lois que vous auriez votées. Au surplus, M. Künzli peut demander aux horlogers s'ils veulent qu'on s'apitoie sur le sort qui leur est fait et qu'on verse des larmes en leur faveur.

„Quant à l'agriculture, on reproche à nos négociateurs de n'avoir pas été assez adroits pour obtenir une diminution des droits d'entrée sur le bétail. Nous avons, pour cette branche, envoyé à Paris deux experts, qui n'ont rien pu obtenir, ce qui prouve, qu'il ne suffisait pas de se présenter pour arriver à des conditions favorables. La France a dit qu'il y avait engagement du gouvernement vis-à-vis du parlement de ne pas lier les droits agricoles, qu'elle ne pouvait consentir à aucune réduction et que c'était là une condition *sine qua non* pour tous les pays. Or, est-ce bien à nous à discuter ce point et à chercher à vaincre, sans aucune chance de succès, la résistance de la France? Examinons la valeur de notre exportation de bétail en France.

„L'importation totale du bétail pour ce pays, a été pour l'année 1878 de fr. 238,300,000, sur lesquels la Suisse ne figure que pour fr. 3,265,000. Ce n'est donc pas l'importation du bétail suisse que l'on veut empêcher: les bestiaux de notre pays s'achèteront toujours, car c'est du bétail d'élevage, et ce sera l'importateur français qui paiera le droit, et non l'exportateur suisse. Comment, avec un chiffre aussi faible, aurions-nous été à même de lutter et de vaincre?

„On a allégué que l'industrie de la paille aurait eu à souffrir de l'incurie des négociateurs suisses; que l'on avait à tort laissé à l'Italie le soin de régler cet objet et que l'on avait négligé l'industrie des chapeaux de paille. A cela je répondrai que l'Italie a obtenu la réduction à 10 francs (au lieu de 300 francs) du droit sur les chapeaux quelconques, et que la Suisse en profitera en vertu de la clause de la nation la plus favorisée. Il n'y a donc pas de reproche à faire de ce chef au conseil fédéral.

„Quant à la bière, on a déploré que les délégués n'aient pu obtenir le retour au droit de deux francs au lieu de fr. 7. 75 qui sont prévus par le tarif général. Nous avons demandé une réduction, mais la France a absolument refusé de se lier, et ce refus a été opposé à tous les états avec lesquels elle est en négociations.

„L'importation totale de bière en France atteint le chiffre de 18 millions de francs, dans lesquels la Suisse ne figure que pour fr. 150,000 par an. Nous avons obtenu, à l'entrée en Suisse, liberté complète, ce qui pour une importation de trois millions de francs, constitue en faveur de la Confédération, une recette de fr. 150,000 par an; les brasseurs suisses préféreront sans doute cela.

„On a dit qu'il aurait fallu obtenir quelque chose en faveur de la tuilerie. Or, le tarif général français prévoyait un droit de un franc par mille, et ce droit a été supprimé par le traité franco-belge. Quant au tarif B, le droit actuel qui est de fr. 1. 50 par quintal métrique a été porté à fr. 2 par notre tarif de 1878, et ce dernier droit a été inscrit dans le tarif conventionnel. De quoi se plaint-on donc?

„Dans son rapport, M. Kaiser a dit que c'est le traité franco-belge qui fait règle pour la coutellerie. Le fait est inexact, voici les chiffres véritables:

	Traité franco-belge	Traité franco-suisse
Coutellerie commune .	fr. 125	fr. 100
Rasoirs communs . .	„ 250	„ 200
Autres rasoirs. . . .	„ 375	„ 300
Coutellerie fine . . .	„ 600	„ 480

„Quant à l'industrie de la laine, sommes-nous réellement intéressés au tarif des droits d'entrée en France? Sur ce point, la Belgique a obtenu une réduction. L'Angleterre n'en a pas obtenu, ce qui a amené la rupture des négociations.

En fait, notre exportation de cet article en France est nulle ou à peu près; fallait-il donc livrer combat pour cela, et devions-nous réclamer qu'on inscrivît dans le tarif A tous les articles exotiques et tropicaux que nous ne produisons pas, par exemple des noix de coco?

„Je passe maintenant aux *droits d'entrée en Suisse.*

„On a fait au traité le reproche d'inconstitutionnalité, en ce sens que l'article 29 de la constitution qui indique de quelle manière et suivant quelle gradation seront établis les droits de péages. aurait été violé. On met en avant l'échelle de gradation qui a été établie en 1878 pour servir de norme, à raison de tant pour cent, suivant la catégorie des marchandises. J'admets, pour ma part, que cette échelle est conforme à la constitution et pourtant elle n'est pas prescrite par la constitution même.

„Les droits d'entrée actuellement en vigueur sont fixés par la loi de 1851, modifiée par le tarif conventionnel de 1864; ce sont là les bases du tarif B. Sont-elles inconstitutionnelles? Si, dans la constitution fédérale de 1874, on avait eu l'intention sérieuse d'y apporter des modifications, on aurait dit que la loi de 1851 devait être soumise à une revision.

„Pour prouver l'inconstitutionnalité, il faudrait une démonstration pratique, par exemple prouver que les catégories d'articles sont taxées autrement que ne le prescrit la constitution. Les droits sont peut-être trop élevés pour certains articles, mais là n'est pas la question. Prenons un exemple, celui des vins en bouteilles.

„Au point de vue strict, il serait préférable de taxer les vins chers en fûts, qui sont un objet de luxe, à un taux plus élevé que les vins ordinaires, qui sont pour ainsi dire un objet de première nécessité. Or, il est impossible, dans la pratique, de faire cette distinction, les meilleurs dégustateurs étant le plus souvent fort embarrassés pour déterminer la valeur exacte d'un vin. On a donc dû se borner à parler du droit sur les vins en bouteilles, et ce n'est qu'au tout dernier moment que cette question a surgi. Nous avons demandé que les droits d'entrée sur les vins en bouteilles fussent plus élevés que sur les vins en fûts, mais la France a exigé absolument l'égalité des droits, et a déclaré que, ayant obtenu cette égalité dans ses traités avec d'autres pays, il lui était impossible d'acquiéscer à notre demande. Nous avons dû céder, mais il est à remarquer que la perte sur cet article n'est que de fr. 25,000, tandis que, avec le relèvement de droits de cinquante centimes, nous gagnons un demi-million, sans compter que les droits seront prélevés par 100 kilogrammes, sur le poids brut des envois, tandis qu'ils l'étaient auparavant par hectolitre.

„Il y a peut-être, sur ce point, un certain désaccord entre le tarif conventionnel et la constitution de 1874, mais il ne faut pas oublier que celle-ci dit bien que les principes en matière de péages doivent aussi être observés lors de la conclusion de traités de commerce avec l'étranger, mais qu'elle ajoute les mots: „A moins d'obstacles majeurs". Or, il y avait obstacle majeur, et nous ne pouvions pas sacrifier le traité pour cela. En pratique, les vins importés en bouteilles sont du champagne, qui ne peut s'expédier autrement. Nous produisons bien, il est vrai, des sortes de champagne, mais le travail national ne sera pas restreint par le fait que le vrai champagne ne paiera à la frontière que fr. 3. 50 au lieu de fr. 7.

„Examinons maintenant les diverses industries que l'on représente comme sacrifiées par le traité.

„En première ligne, l'industrie du lin s'est vivement plainte des négociateurs, soit dans la commission, soit dans des assemblées publiques; les industriels de cette branche ont accusé les négociateurs suisses de les avoir sacrifiés et même complètement négligés. Je regrette qu'on se soit servi de cette dernière expression, qui n'est pas conforme à la vérité. Nous avons lutté tant que nous avons pu, et nous avions, à un certain moment, entrevu la possibilité d'obtenir une concession, mais le changement de ministère et le remplacement de M. Rouvier par M. Tirard ont donné une autre tournure aux négociations, et les négociateurs français n'ont pu accéder à nos désirs, en alléguant que nous demandions l'inscription au tarif A de tout ce qui intéresse notre commerce d'exportation, tandis que nous réclamions la liberté la plus étendue possible pour les articles à l'entrée en Suisse. Nous avons, ont-ils dit, un parlement dont les dispositions ne sont pas très favorables; si le traité est conçu selon vos désirs, il risque de ne pas être ratifié.

„Voilà pourquoi les négociateurs ont réclamé le maintien des droits d'entrée fixés pour le lin dans le tarif conventionnel de 1864. Nous avons renoncé avec regret à notre demande, mais nous nous sommes dit qu'il y avait ailleurs des intérêts bien plus considérables à sauvegarder.

„L'industrie du lin compte 9 établissements occupant 469 ouvriers, avec 7 moteurs mécaniques, 9000 broches et 18 métiers mécaniques. Il y a en outre l'industrie domestique, dont la force d'exportation a considérablement diminué ces derniers temps.

„J'ai tenu à m'informer personnellement de ce qui concerne cette industrie, et je me suis adressé à un Emmenthalois, homme âgé, bien placé pour fournir des renseignements exacts et qui n'est ni fabricant de lin ni marchand de fromages. Voici les données que j'ai recueillies de ce vieillard:

„Dans la première partie de ce siècle, l'industrie du lin était une des principales industries suisses; elle était surtout répandue dans le canton de Berne, et ses produits s'expédiaient en quantités considérables à l'étranger. On venait de loin aux foires bernoises, entre autres à Berthoud et à Langenthal, pour le commerce des toiles de lin. La culture du lin était aussi très répandue, et les femmes occupaient leurs soirées d'hiver à filer le lin. C'était encore le temps où la filature et le tissage se faisaient à la main.

„Tout cela a bien changé, et deux ennemis sont venus porter le coup mortel à l'industrie du lin: d'abord la mécanique, qui a tué partout l'industrie du lin et bien d'autres; puis le coton, qui est à meilleur marché et qui s'est substitué presque complètement au lin pour l'habillement du peuple. Ce sont dont la mécanique et le coton qui ont amené l'industrie linière au point où elle en est.

„La première conséquence a été que la culture du lin a considérablement diminué. La filature à la main ne pouvant pas lutter contre la filature mécanique, les femmes ont cessé de cultiver le lin, sauf pour l'usage domestique. Les 9000 broches à filer que nous comptons en Suisse ne trouvent donc plus leur matière dans le pays et doivent la faire venir de plus en plus de l'étranger, ainsi que le prouvent les chiffres suivants, extraits de nos statistiques fédérales.

„De 1855 à 1859, l'importation du lin a été, en moyenne, de 700 quintaux métriques; de 1870 à 1874, de 9500 quintaux métriques; de 1875 à 1879, de 11,500 quintaux métriques.

„C'est une matière première qui s'en va. L'Italie, la Belgique, l'Allemagne et la France cultivent le lin pour suffire à leurs besoins et nous en revendent, tandis que la Suisse n'en produit pas assez.

„On a fréquemment allégué, dans les motifs donnés pour le rejet du traité, l'importance de l'industrie du lin, qui représenterait une production de 4, 5, 6 et même 7 millions et qui occuperait de 5 à 6000 ouvriers, y compris les métiers domestiques. La personne bien renseignée avec laquelle je me suis entretenu et qui connaît l'Emmenthal à fond, fait au sujet de ces chiffres les observations suivantes.

„Il n'est pas possible d'évaluer avec quelque certitude la production des toiles de lin, attendu que la plupart de ces toiles sont faites ponr l'usage domestique. Quant au nombre des ouvriers, il est possible qu'il s'élève à quelques milliers, mais, ce qu'on ne doit pas perdre de vue, c'est que ces ouvriers ne sont pas toujours occupés au tissage, et tissent non-seulement du lin, mais aussi du coton et des étoffes milaine, la plupart pour l'usage domestique. La femme cultive le lin pour l'usage de la maison; elle le file ou le fait filer, puis le tisse ou le fait tisser dans la famille ou au dehors, mais il ne s'agit pas d'une industrie dans le sens propre du mot, pas plus qu'on n'admet que le paysan qui fait son pain soit un industriel-boulanger.

„Voilà ce qu'affirme un Emmenthalois, qui n'est, je le répète, ni fabricant de lin ni marchand de fromages; dans l'un comme dans l'autre cas, son témoignage pourrait être suspecté.

„Il me paraît évident que, si vous releviez les droits d'entrée sur le lin, vous arriveriez bien à satisfaire les quelques fabricants de lin, mais ces droits seraient évidemment sans profit pour les paysans qui tissent et filent leur propre lin pour s'en faire des chemises et des draps de lit.

„Je regrette que cette industrie ne se trouve pas dans d'autres conditions, mais notre pays n'est pas le seul. La commission de la chambre des députés de Belgique, pays où cette industrie est très développée, dit que le tissage du lin à la main traverse une phase difficile et que le gouvernement devrait veiller à remplacer cette industrie par une autre.

„Malgré toute la sollicitude que nous voudrions avoir, cette industrie seule ne peut ni ne doit nous engager à rejeter le traité.

„Quant à la laine, nous avons réussi à obtenir un relèvement de droits de 60 pour cent, soit de 16 à 25 francs.

„Il en résultera un impôt complémentaire d'environ 300,000 fr., que le peuple suisse devra verser à la caisse fédérale pour procurer à l'industrie de la laine une satisfaction que celle-ci juge insuffisante. A cette somme, il faut encore ajouter l'élévation de prix qui se produira sur les marchandises indigènes. L'importation des tissus de laine pure est évaluée à 24 millions de francs. Quant à la production de laine à l'intérieur, les données varient de 8 à 12 millions. En prenant ce dernier chiffre, ce seraient donc 150,000 fr. que nous aurions à payer directement aux fabricants; en supposant 8 millions, on arriverait à un impôt supplémentaire de 400,000 francs en tout.

„Reste la question de la durée du traité.

„On a objecté à ce sujet que celui-ci ne devait pas avoir

une durée de 10 ans. Le conseil fédéral n'a jamais eu la moindre hésitation à ce sujet, et nous avons conclu le traité pour dix ans, comme l'ont fait les autres pays. Nous avons eu pour cela deux motifs.

„En premier lieu, pour fixer nos relations avec la France, nous devons adopter un terme assez long pour que les fabricants aient le temps d'amortir les frais de transformation de leurs outillages. Or, cinq ans ne suffisent pas pour cela, et l'incertitude qui a régné ces dernières années, depuis la dénonciation des traités, est en partie cause de la crise qui a sévi sur l'industrie. Cinq ans suffisent tout juste pour s'organiser. En outre, il ne faut pas oublier que la France aurait aussi le droit, à cette échéance, de dénoncer le nouveau traité, et alors nous nous retrouverions de nouveau dans le même état d'incertitude qui nous a été si préjudiciable.

„Le mal ne serait pas aussi grand si les autres pays, qui sont nos concurrents en France, n'avaient avec cette nation que des traités de cinq ans. Or, ce n'est pas le cas. Ces pays sont la Belgique, l'Angleterre, les Pays-Bas et la Suède, qui tous ont stipulé dix ans comme durée de leurs traités. L'Allemagne est liée par l'article 11 du traité de Francfort, et l'Angleterre a la clause de la nation la plus favorisée. Si notre traité cessait au bout de cinq ans, nous tomberions sous le coup du tarif général. Voilà quels sont les motifs pour lesquels le traité a été conclu pour dix ans.

„L'Italie, il est vrai, a obtenu de pouvoir, au bout de cinq ans, dénoncer son traité avec la France, mais seulement pour le cas où elle arriverait à cette époque, à dénoncer celui qui la lie avec l'Autriche. Si l'Italie a obtenu cette clause, c'est que la France était plus ou moins en délicatesse avec elle, par suite des événements de Tunis et du rejet par les chambres françaises du premier traité. Mais, sauf cette éventualité, le traité est aussi conclu pour dix ans.

„A supposer même qu'il soit dans notre intérêt de réduire la durée du traité, ce qui est très contesté, serait-il possible d'obtenir cette réduction? Non, et dans nos déclarations sur ce point nous nous fondons sur quelque chose qui est à notre connaissance et peut-être partiellement aussi à la vôtre.

„A une faible majorité, obtenue par une coalition entre les adversaires du ministère et quelques grands fabricants, intéressés à l'industrie de la fécule de pommes de terre, les chambres des Pays-Bas ont rejeté le traité de commerce conclu avec la France. Mais les industriels ont immédiatement fait une déclaration publique priant le ministère de ne pas se retirer. Le ministère leur a dit: „Eh bien! allez vous-mêmes négocier un nouveau traité". La France a refusé de rouvrir les négociations. Après le rejet, on s'est levé partout en Hollande pour protester, car beaucoup d'autres industriels étaient intéressés à un traité de commerce avec la France, par exemple l'industrie des fromages, etc. On a fait une convention supplémentaire de navigation, dans laquelle on a inséré quelques clauses relatives au commerce, et l'on en a appelé d'une chambre de mauvaise humeur à une chambre mieux disposée.

„Mais il n'a jamais été question de ne donner au traité qu'une durée de cinq ans.

„Nous savions cela quand nous avons déclaré à la commission qu'il était inutile de rouvrir les négociations sur un point quelconque.

„Quand j'ai vu l'insistance qu'on mettait à réclamer une réduction de la durée du traité, j'ai tenu à m'informer comment une ouverture dans ce sens serait accueillie. M. Kern s'est rendu chez MM. Tirard et de Freycinet pour leur demander si, cas échéant, l'on pourrait obtenir la clause de l'Italie. La réponse a été que cela était impossible, attendu que le traité avait déjà été ratifié par les chambres.

„Vous avez entendu les voix de l'agriculture et de toutes nos industries réunies soit dans les cantons, soit dans les sociétés fédérales, et vous savez que la grande majorité des intérêts se prononce pour la ratification, jugeant que, si à divers égards les droits à l'entrée en France sont encore trop élevés pour permettre à nos produits de se présenter sur le marché de nos voisins, l'ensemble du tarif est cependant acceptable.

„Après avoir longuement lutté à Paris pour obtenir les satisfactions dont nous regrettons tous l'absence dans le tarif français, il me sera bien permis de réitérer ici l'expression de ces regrets et de dire que la France se serait certainement montrée plus équitable vis-à-vis d'un petit pays libéral, républicain, ami et ouvert comme le nôtre à ses produits, si elle avait accordé nos demandes relatives aux rideaux, aux broderies communes, aux tissus de coton légers, aux petites montres d'or, et à quelques autres industries spécialement suisses. Ces concessions auraient pu nous être faites sans répercussion pour d'autres pays. C'est pourquoi le refus qui nous a été opposé me tient à cœur.

„Mais je crois aussi qu'il faut bien se garder de faire du pessimisme en semblable matière, et je dois dire que sur beaucoup d'autres points qui nous intéressaient particulièrement, les négociateurs français ont fait preuve d'un véritable esprit de conciliation et d'amitié pour notre pays.

„Les industries du lin, de la laine, et les arts et métiers se trompent dans leurs calculs lorsqu'ils croient qu'après le rejet du traité, leur situation deviendrait meilleure.

„Il est incontestable qu'une crise industrielle serait la conséquence de l'application du tarif général français. Combien de millions de francs de salaires et de bénéfices de commerçants suisses seraient compromis à partir du 16 mai, date bien prochaine, Messieurs? On s'est livré à cet égard à des calculs plus ou moins tendencieux dans un sens ou dans l'autre. Mais ce que personne ne peut contester, c'est qu'il y aurait un grand désarroi chez nos agriculteurs et nos industriels.

„Je comprends qu'on demande des sacrifices à notre peuple quand cela est véritablement nécessaire, et je sais aussi qu'on ne fait jamais appel en vain à l'esprit de dévouement du peuple suisse, quand une raison patriotique l'exige.

„Mais, Messieurs, où est ici la raison patriotique? Avons-

Kern, Souvenirs politiques.   24

nous été véritablement froissés dans notre dignité nationale
par les exigences de la République française? Le conseil
fédéral a-t-il conclu un traité qui lui a été imposé et que la
conscience populaire repousse?

„Ah! je sais bien qu'on a fait appel à ce genre d'arguments dans l'agitation contre le traité. Je n'ai pas besoin,
Messieurs, de les réfuter, car la conscience populaire l'a déjà
fait, et elle a prononcé que ni le conseil fédéral, ni la majorité de votre commission, ni la majorité de cette assemblée
n'ont porté et ne porteront atteinte à la dignité nationale en
ratifiant le traité.

„Non, c'est calmement, c'est avec un sage esprit de pon-
dération que le traité a été examiné par nous, par votre
commission, par les industriels intéressés, et a été déclaré
acceptable. Le peuple suisse en a le sentiment profond, et
s'il pouvait se trouver ici, comme dans la chambre des députés de Hollande, une majorité formée d'une coalition d'industriels mécontents et d'adversaires du ministère pour repousser le traité, — ce qui évidemment ne saurait être le
cas, — que croyez-vous, dans cette supposition, que dirait le
peuple suisse?

„J'ai la ferme persuasion que, quand vous viendriez lui
proposer un tarif de combat, au milieu de la crise industrielle
et agricole que le rejet du traité aurait inévitablement provoquée, le peuple suisse déchirerait cette œuvre de ses mains
souveraines, et vous dirait: „Ce n'est pas assez d'avoir mutilé
nos principales industries, vous voulez encore entraver par
vos droits protecteurs ce qui me reste de forces productives
pour l'exportation et me renchérir la vie! Ce sacrifice, je ne
vous le dois pas et je n'y consentirai pas.".

„Messieurs, je prie les adversaires du traité de vouloir bien
considérer qu'après son acceptation, il restera à achever définitivement l'œuvre du tarif de 1878. Je suis, quant à moi,
partisan d'un remaniement du tarif actuel qui est loin d'être
la perfection, et je crois qu'il sera possible de répondre à
bien des vœux légitimes sans renoncer pour cela aux prin-

cipes de politique douanière libérale sur lesquels repose notre prospérité.

„Mai si l'on veut que cette œuvre difficile et dans laquelle des intérêts bien divers doivent être ménagés, — si l'on veut que cette œuvre s'accomplisse dans un esprit de conciliation, j'estime que l'on devrait se mettre aussi d'accord pour accepter un traité qui répond, c'est incontestable, aux intérêts du plus grand nombre. Nous sommes un pays de démocratie, nous sommes habitués à ne pas faire prédominer les intérêts particuliers sur l'intérêt général, mais nous avons aussi généralement su, en bons confédérés, donner aux intérêts particuliers les satisfactions légitimes qui leur étaient dues. Je le répète, cela est possible dans une large mesure, et si libre-échangistes que par exemple les Suisses romands soient dans leur immense majorité, j'ai la certitude qu'ils ne refuseront pas d'entrer dans la voie des concessions, si on use de bons procédés à leur égard. Or, ils sont les premiers intéressés au traité avec la France et l'on ne doit pas être surpris s'ils ont répondu à la vive opposition faite au traité par une protestation énergique contre toute modification future au tarif fédéral en vigueur.

„L'extrême appelle nécessairement l'extrême. C'est de cela que je prie les adversaires du traité de se souvenir en se disant bien que le jour où un nouveau tarif viendra devant le peuple, il pourra être utile pour eux que le souvenir de l'opposition au traité n'ait plus laissé d'amertume dans les cœurs.

„Voilà mes arguments que je vous soumets sans arrière-pensée, avec la conviction que le mieux est de ratifier le traité comme conforme aux intérêts du pays."

Les conventions annexes du traité de commerce qui furent adoptées en même temps que celui-ci, sont les suivantes:

1° Traité d'établissement.

2° Convention sur la propriété littéraire et artistique.

3° Conventions pour la garantie réciproque des marques de fabrique et de commerce, des noms commerciaux, des dessins et des modèles industriels.

4° Convention sur les rapports de voisinage et sur la surveillance des forêts limitrophes.

Ces conventions — ai-je dit — furent ratifiées en même temps que le traité, avec la stipulation toutefois que, pour leur ratification, elles seraient indivisibles ou solidaires, mais qu'ensuite chacun de ces traités ou conventions aurait une existence séparée et pourrait dès lors être dénoncé indépendamment des autres.

Avant de clore ce chapitre, il est de mon devoir de déclarer ici que, quoique j'eusse pris part aux délibérations de la conférence des délégués des deux pays jusqu'à la conclusion du traité et de ses annexes, je dus malheureusement me convaincre que ma santé avait considérablement souffert vers la fin des délibérations, de sorte qu'il ne me fut pas toujours possible de les suivre dans tous leurs détails.

Il fallut donc l'activité extraordinaire et le concours empressé de mes collaborateurs, pour terminer ce travail si laborieux et si compliqué, et qui, par suite de l'expérience faite dans d'autres états, peut être regardé comme heureux. Aussi la Suisse tout entière peut-elle se réjouir de la ratification accordée, par les autorités supérieures de la Confédération, à cet acte international.

Avec l'adoption du traité de commerce, j'ai regardé ma mission officielle, en qualité de ministre suisse, comme terminée et je me suis convaincu que ma santé et mes forces avaient souffert à ce point, qu'il était devenu absolument nécessaire de me retirer de toutes les affaires publiques et de prier le conseil fédéral de vouloir bien m'accorder ma démission de mes fonctions.

Je ne veux ni ne dois omettre de déclarer formellement que M. Lardy, mon successeur comme ministre, alors premier secrétaire de la légation, poste qu'il remplit pendant quatorze ans, m'a toujours prêté, avec un zèle infatigable, en temps de paix comme pendant la guerre, son appui aussi habile que dévoué et persévérant. Il m'en a donné des preuves éclatantes que je sais hautement apprécier, non seulement en ce qui se rattache au traité de commerce, mais surtout en tant qu'il s'est agi des indigents de la colonie suisse et des affaires de la légation en général. Ce n'est pas seulement comme premier secrétaire qu'il a montré ses capacités et son zèle mais souvent aussi, pendant des épidémies par exemple, et lorsqu'il fut appelé à fonctionner comme chargé d'affaires ad interim. Les services signalés par lesquels il s'est si hautement distingué resteront profondément enracinés dans mon cœur avec la sympathie et la gratitude qu'ils méritent.

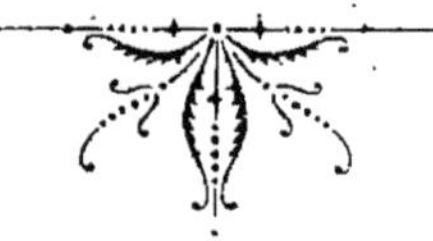

CHAPITRE XIX

MA DÉMISSION COMME MINISTRE DE LA CONFÉDÉRA-TION SUISSE. — DOCUMENTS OFFICIELS

A l'occasion de ma retraite, je reçus de nombreuses marques de sympathie de la part du conseil fédéral et du président de la République française, S. Exc. Monsieur Jules Grévy.

J'ai hésité longtemps à livrer à la publication la lettre que le conseil fédéral a bien voulu m'adresser à cette occasion, de même que celle de S. Exc. Monsieur Jules Grévy à la Confédération, et que le conseil fédéral m'avait communiquée en son temps, par la raison que je les trouve trop élogieuses. Cependant, comme elles font partie intégrante de mes *souvenirs politiques* qu'elles complètent, je me décide à les publier, mais je le fais sans ostentation aucune comme sans prétention, simplement à titre de documents officiels.

Berne, le 24 novembre 1882.

Le conseil fédéral suisse à M. le Dr J.-C. Kern, envoyé extraordinaire et ministre plénipotentiaire de la Confédération suisse, à Paris.

Monsieur le ministre,

Par lettre du 20 courant, vous nous avez demandé de vous relever de vos fonctions d'envoyé extraordinaire et ministre plénipotentiaire de la Confédération suisse auprès du gouvernement français, que vous occupez depuis vingt-cinq ans.

Votre détermination a excité en nous un profond regret, car elle met un terme à votre activité prolongée et bienfaisante pour votre pays, auquel vous avez rendu, dans un grand nombre d'occasions, des services extraordinaires.

Il n'y a que bien peu d'hommes d'état suisses auxquels il ait été donné de fournir une carrière aussi longue et aussi utile que celle que vous avez parcourue, pendant un demisiècle, au service de l'état.

A votre nom se rattache toute une série des négociations les plus importantes, qui, principalement grâce à votre coopération, ont été menées à bonne fin.

Si maintenant, après une vie aussi occupée, vous exprimez le vœu de résigner vos fonctions, nous devons reconnaître que ce désir est pleinement justifié.

En conséquence, nous acceptons votre démission, et nous vous prions de recevoir l'expression de notre profonde gratitude pour les services que vous avez rendus à votre patrie, tout en désirant qu'il vous soit donné de jouir encore pendant de longues années de l'amour et de l'estime de vos concitoyens.

Agréez, Monsieur le ministre, l'assurance de notre considération distinguée.

Au nom du conseil fédéral,
Le président de la Confédération:
(Signé) BAVIER.
Le chancelier de la Confédération:
(Signé) RINGIER.

Monsieur Jules Grévy, président de la République française,
à la Confédération suisse, et, en son nom, au conseil fédéral

Fidèles et grands amis,
Alliés et confédérés,

L'honorable Monsieur Kern nous a remis la lettre que vous
nous avez écrite, pour nous annoncer que vous avez dû vous
rendre à son désir de se retirer de la vie publique et que
vous avez mis fin à la haute mission qu'il remplissait depuis
de longues années en France, au nom de la Confédération
suisse. — Nous partageons les regrets que vous fait éprouver
la détermination de cet agent, dont nous avons vivement
apprécié l'expérience, l'esprit de conciliation et le patriotisme
sincère.

Nous nous plaisons à lui rendre, auprès de vous, cette
justice qu'il s'est acquis l'estime et la confiance la plus entière
de tous ceux qui se sont trouvés à même de travailler avec
lui au maintien et au développement des relations si nombreuses et si importantes que le voisinage et une amitié
constante ont établies entre les deux pays.

Nous profitons de cette occasion, pour vous renouveler
l'assurance des vœux que nous formons pour la prospérité
de la Confédération suisse et nous vous offrons, chers et
grands amis, alliés et confédérés, l'expression de notre haute
estime et de notre amitié.

Ecrit à Paris, le 5 mars 1883.

Votre bon ami, allié et confédéré:
(Signé) JULES GRÉVY.

(Contresigné) Challemel-Lacour.

D'autres lettres me furent encore adressées à l'occasion de ma retraite, entre autres par M. Challemel-
Lacour, alors ministre des affaires étrangères de la

République française, et par les consuls et vice-consuls de la Confédération suisse résidant en France et en Algérie.

Une adresse, signée par environ 3000 compatriotes habitant la France, me fut en outre remise, à l'occasion de mon départ de Paris, par une députation spéciale.

Tous ces documents renferment trop d'éloges pour qu'il me soit permis de les reproduire ici: j'y ai vu essentiellement les témoignages d'une amitié et d'une estime dont j'ai été vivement touché.

Avant de poser ma plume, il me reste un grand devoir à remplir, celui de consigner ici l'expression de ma plus vive gratitude pour tous les sentiments de bienveillance qui m'ont été exprimés pendant ma carrière politique.

Une sincère reconnaissance restera profondément gravée dans mon cœur jusqu'aux derniers jours de ma vie.

DOCUMENTS REÇUS A L'OCCASION DE MA DÉMISSION

Des parents et de nombreux amis m'ayant exprimé le désir de pouvoir prendre connaissance des documents mentionnés au précédent chapitre, pages 377 et 378, je me décide, quoique la rédaction et l'impression de l'ouvrage soient déjà terminées et pour me conformer à leur vœu, d'ajouter ici ces documents.

I. LETTRE DE M. CHALLEMEL-LACOUR, MINISTRE DES AFFAIRES ÉTRANGÈRES A PARIS

Paris, le 2 mars 1883.

Monsieur le ministre,

Je suis heureux de vous faire connaître que M. le président de la république, voulant vous donner au nom du gouvernement de la république française, une marque exceptionnelle de haute estime, a décidé que deux vases de la manufacture nationale de Sèvres vous seraient offerts, au moment où vous quittez un poste que vous avez occupé avec la plus grande distinction pendant un quart de siècle.

Je me félicite d'être chargé de vous remettre ce présent, témoignage du souvenir que vous laissez en France.

L'expérience et le zèle éclairé, le patriotisme que vous avez mis à soutenir les intérêts de votre pays, s'alliaient en vous à un esprit de justice et de conciliation et à des sentiments de sympathie pour la république française qui vous ont acquis la confiance de tous ceux qui ont été appelés à travailler avec vous au développement des relations d'amitié et de bon voisinage entre la France et la Confédération.

Personnellement j'ai été depuis trop longtemps à même d'apprécier vos éminentes qualités pour ne pas vous demander la permission de vous offrir l'expression des vifs regrets que me fait éprouver votre retraite.

Veuillez agréer, Monsieur le ministre, les assurances de la haute considération, avec laquelle j'ai l'honneur d'être votre très humble et votre très obéissant serviteur

(signé) CHALLEMEL-LACOUR.

II. LETTRE-CIRCULAIRE DES CONSULS ET VICE-CONSULS DE SUISSE ET DES PRÉSIDENTS DES SOCIÉTÉS SUISSES DE BIENFAISANCE EN FRANCE ET EN ALGÉRIE

Monsieur le ministre,

Les consuls de Suisse, les vice-consuls et les présidents des sociétés de bienfaisance résidant en France et en Algérie obéissent à un besoin de leur cœur en venant vous exprimer leurs patriotiques regrets de perdre en vous, Monsieur le ministre, un chef hiérarchique qui leur avait donné des preuves si nombreuses de sympathie et de haute bienveillance.

Dans leurs modestes fonctions les soussignés étaient certainement soutenus par le sentiment du devoir, mais ils avaient aussi votre exemple sous les yeux, sachant l'accueil et les encouragements que chaque compatriote recevait auprès de vous.

Vous avez aussi, Monsieur le ministre, et à l'égard de tous, pratiqué ces sentiments de confraternité, qui ont été, de tous temps, l'apanage de notre vieille patrie.

Nous étions fiers de la voir représentée au dehors par un citoyen si digne de respect et nous n'oublions pas, Monsieur le ministre, que si notre pays a conquis en France une situation si honorable, c'est à vos habiles et constants efforts pendant vingt-cinq années que nous le devons. Vous emportez dans votre retraite la récompense la plus digne, la plus haute et la plus durable, à savoir la profonde estime, l'attachement sympathique et la vive reconnaissance de tous vos concitoyens.

C'est dans ces sentiments que nous avons l'honneur de nous dire, Monsieur le ministre, avec considération et respect vos très humbles subordonnés.

(Suivent 25 signatures.)

III. ADRESSE, SIGNÉE PAR 2876 COMPATRIOTES HABITANT PARIS, QUI, A L'OCCASION DE MON DÉPART, ME FUT REMISE PAR UNE DÉLÉGATION

Monsieur le ministre,

Les Suisses de Paris viennent, à l'occasion de votre départ, vous exprimer leur respectueuse sympathie ainsi que leur reconnaissance.

Les services que vous avez rendus à notre patrie comme homme public sont nombreux et assez connus, pour qu'il soit superflu de les détailler. Le pays les a appréciés; nous nous sommes associés de cœur à son jugement.

Les rapports que vous soutenez depuis vingt-cinq ans avec la colonie de Paris nous appartiennent de plus près. Il nous importe souverainement, séparés comme nous le sommes par la diversité des circonstances et des milieux, de trouver dans le représentant fédéral le lien qui doit maintenir l'unité. Ce lien vous l'avez été. Jamais vous n'avez fait défaut à nos aspirations nationales. Avec une bonne volonté infatigable vous vous êtes prêté aux manifestations répétées de nos diverses sociétés.

Dans les jours de malheur vous avez eu souci de nos besoins et vous avez appelé sur nous l'aide de la mère-patrie. Dans les jours prospères, vous nous avez parlé des fêtes ou des épreuves du pays, nous conviant à y participer, nous faisant prendre place dans les événements, comme il convient à des frères.

Nous ne saurions oublier enfin votre sollicitude pour les pauvres, votre concours empressé à toutes nos combinaisons philanthropiques, la générosité avec laquelle vous destinez aux malheureux, depuis plusieurs années, l'intégralité des émoluments de chancellerie.

Par toutes ces choses, Monsieur le ministre, se légitime notre attachement à votre personne et le souvenir que nous conserverons de vous. Veuillez agréer nos vœux les plus sincères pour que vous jouissiez longuement du repos que vous avez si bien mérité.

Paris, janvier 1883.

(Suivent 2876 signatures.)

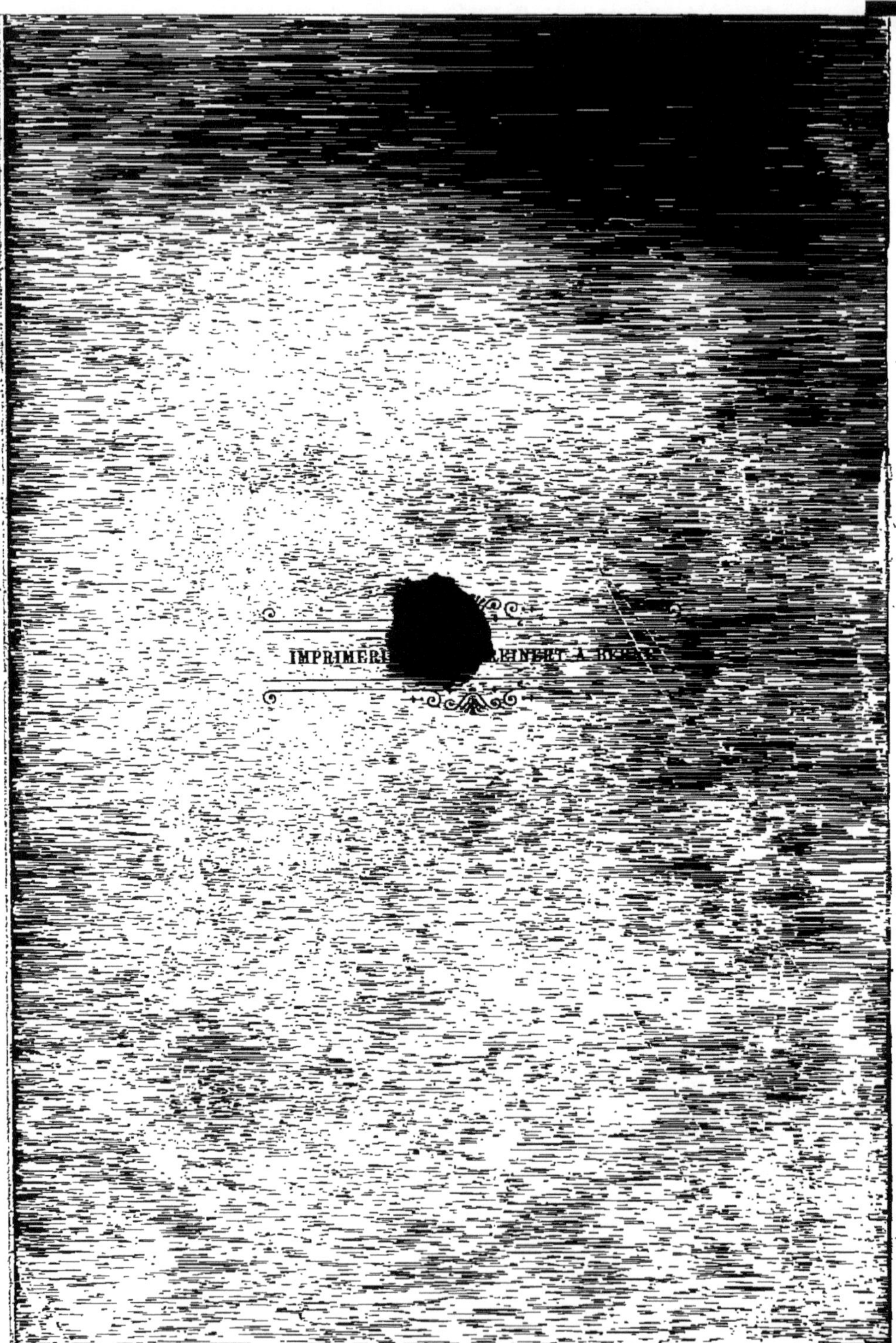
IMPRIMERIE ... HENNET A ...

9 782019 940294